LILITH

EC
EDITORIAL CÁNTICO
COLECCIÓN EL ÁRBOL DEL SILENCIO
DIRIGIDA POR RAÚL ALONSO

cantico.es · @canticoed

© Golrokh Eetessam Párraga, 2024
© Editorial Almuzara S. L., 2024
Editorial Cántico
Parque Logístico de Córdoba
Carretera de Palma del Río, km. 4
14005 Córdoba
Imagen de cubierta: *Adam; Eve* (entre 1495 y 1554)
de Giuliano Bugiardini
Imagen de la página 217: *La Belle Dame sans Merci* (1893)
de John William Waterhouse
Imagen de la página 222: *Lady Lilith* (1866)
atribuido a Dante Gabriel Rossetti

ISBN: 978-84-19387-96-7
Depósito legal: CO 389-2024

Impresión y encuadernación:
Imprenta Luque S.L.

GOLY EETESSAM PÁRRAGA

LILITH

HISTORIA Y MITOLOGÍA DE LA PRIMERA MUJER DE ADÁN, MADRE DE LOS DEMONIOS Y ORIGEN DEL MAL EN EL MUNDO

EDITORIAL CÁNTICO
COLECCIÓN EL ÁRBOL DEL SILENCIO

SOBRE LA AUTORA

Golrokh Eetessam Párraga, nacida en Madrid el 7 de septiembre de 1979, es una destacada profesional en los campos de la docencia, el periodismo y la literatura. Desde 2014, ejerce como profesora de lengua y literatura castellana en diversos Institutos de Educación Secundaria en la Comunidad de Madrid, complementando su amplia experiencia como educadora en academias y como secretaria y oficial administrativo en entornos legales y culturales. Eetessam es licenciada en Filología Hispánica por la Universidad Autónoma de Madrid, posee dos másteres en Periodismo y Estudios Literarios por la UCM y ha concluido su tesis doctoral en 2016. Su carrera periodística incluye roles como redactora, maquetadora y coordinadora de contenidos, destacando su trabajo en "Faro de Vigo" y prácticas en "El Cultural" de ABC. Además, ha colaborado como correctora de notas de prensa y ha contribuido a la revista general MC y al diario YA. En el ámbito literario, ha publicado investigaciones sobre la representación de la mujer vampiro y Lilith en la literatura y el arte, y ha compartido su poesía en revistas y antologías. Eetessam ha sido finalista y premiada en diversos certámenes de poesía y narrativa, evidenciando su profundo compromiso con la creación literaria. Su participación como ponente en jornadas y seminarios refleja su activa contribución al debate y la difusión de la literatura y la cultura.

ALFABETO DE BEN SIRA
SEGUNDA REDACCIÓN, 34

שברא הקב"ה אדם הראשון יחיד, אמר לא טוב היות האדם לבדו, ברא לו אשה מן
האדמה כמוהו וקראה לילית, מיד התחילו מתגרין זה בזה, אמרה היא איני שוכבת
למטה, והוא אומר איני שוכב למטה אלא למעלה שאת ראויה למטה ואני למעלה,
אמרה לו שנינו שוין לפי ששנינו מאדמה, ולא היו שומעין זה לזה, כיון שראתה לילית
אמרה שם המפורש ופרחה באויר העולם, עמד אדם בתפלה לפני קונו ואמר, רבש"ע
אשה שנתת לי ברחה ממני, מיד שגר הקב"ה שלשה מלאכים הללו אחריה להחזירה,
אמר לו הקב"ה אם תרצה לחזור מוטב, ואם לאו תקבל על עצמה שימותו מבניה בכל
יום מאה בנים, עזבו אותה והלכו אחריה והשיגוה בתוך הים במים עזים שעתידין
המצריים לטבוע בו וספרוה דבר ה' ולא רצתה לחזור, אמרו לה אנו נטביעך בים,
אמרה להם הניחוני שלא נבראתי אלא להחליש התינוקות כשהן משמונה ימים מיום
שיולד אשלוט בו אם הוא זכר, ואם נקבה מיום ילדותה עד עשרים יום.

Cuando Dios creó al primer hombre e individuo [Adam, de tierra moldeado], dijo, *no es bueno que el hombre esté solo*, para él creó entonces una mujer del mismo polvo y la nombró Nocturna, Leiñt [/Lilit]; pronto, comenzaron a reñir el uno con la otra: ella le explicó, *yo no he de tenderme por debajo*, y él le aclaró, *yo no he de acostarme sino arriba, a ti te corresponde yacer debajo y a mí, por encima*. Ella contestó: *somos iguales, nos han forjado con la misma tierra*, mas ni él la escuchaba ni ella le oía. Al comprender Leilit-la-nocturna lo que deparaba la situación, pro-

9

nunció el Nombre inefable y floreció en todo su esplendor y se hizo una con el espacio del mundo.

Adam, de pie en son de rezo ante su Dios creador, atónito y consternado, se quejó: *Soberano del Universo, la mujer que me diste, de mí huyó.* Inmediatamente, el Soberano Dios Todopoderoso lanzó en su búsqueda al batallón de tres ángeles que tras ella corrieron para traerla de vuelta. El Ser Todopoderoso se dirigió a Adam y le anunció: "Si La Nocturna en su deseo encuentra la voluntad de regresar, estará en ella su mejor destino; si no acepta retornar, deberá ser responsable por la muerte de cien de sus hijos todos los días de su vida". Los tres ángeles dejaron ir a La Nocturna y la siguieron hasta encontrarle en el mar de las bravas aguas, en las que algún día habrían de ahogarse los egipcios.

En su encuentro con Leilit, reportaron los tres ángeles las palabras de Adonai. Mas ella no quiso volver a Adam. Respondieron los ángeles: *te hundiremos entonces en el fondo de los mares.* Ella replicó: "¡dejadme en paz si habéis de creer que no he nacido sino para dominar a las criaturas que llegan al mundo! ¡desde el primero al octavo día de los varones, y desde el primero al vigésimo día de las hembras!"

INTRODUCCIÓN

Siempre ha existido en la literatura el tipo de hembra mala y perversa que disfruta del dolor ajeno, a la que se ha denominado habitualmente como mujer fatal. Pero, ¿siempre? ¿Podemos saber si la idea de la maldad innata de la mujer que tanto ayudaron a extender las religiones monoteístas es realmente anterior a estas? Porque mujeres malas ha habido siempre, en la realidad y en la ficción. Y antes hubo también diosas malas, seres sobrehumanos que hicieron gala de una crueldad única, extensible a todo aquel que las rodeara.

A lo largo de estas páginas vamos a analizar las características que hacen de la mujer generalistamente mala una mujer fatal, a establecer las características individuales que construyen el arquetipo para entender que las más básicas características están presentes desde el comienzo de la leyenda hebrea de Lilith y van completándose con los matices que sus herederas le otorgan, de acuerdo con los cambios sociales y culturales.

Las mujeres malas son un vicio, para los artistas y para el arte, una vez que comienzas a dibujar el mal se convierte en una atrayente adicción. Es por eso que probablemente lo más complicado sea elegir de qué hablaremos y qué dejaremos en el tintero. A lo largo de estas páginas nos centraremos, principalmente en aquellas obras y autores que contribuyeron *de facto* a la creación, fijación y difusión del arquetipo, quienes aportaron un nuevo matiz que se hizo imprescindible para las generaciones posteriores que recurrieron a la misma imagen. He procurado, además, crear una línea temporal clara de influencias no sólo literarias, sino también psicológicas y sociales para relacionar el auge o la minimización del arquetipo en determinados momentos históricos con el desarrollo de la figura de la mujer fatal[1] de cada época.

Qué es lo que caracteriza y distingue el arquetipo de la *femme fatale* de las otras mujeres sencillamente malas, cómo ha ido haciéndose con esta colección de elementos esenciales y qué factores psicosociales y literarios han contribuido a ello serán los principales hilos conductores por los que acompañaremos a Lilith y a sus malignas herederas desde las primeras referencias etno-religiosas en Mesopotamia hasta la decadencia estilística del *fin de siècle* europeo.

---

[1] Como señaralemos a lo largo de este trabajo, la imagen arquetípica, en religión, arte y literatura de la *femme fatale* es una creación específicamente masculina pues es su visión la que determina sus características principales. No existe tal imagen, con el mismo valor, en la literatura escrita por mujeres, aunque aparecen también ocasionalmente representadas en obras realizadas por mujeres, que recogen los elementos básicos del arquetipo, y lo utilizan para dotarlo (o no) de un nuevo significado.

I

PARA EMPEZAR, UN POCO DE TEORÍA: MITOS Y ARQUETIPOS

Empezaremos adentrándonos en el objeto de este estudio que son los orígenes, el nacimiento y desarrollo del mito de la mujer fatal a través de las literaturas europeas. Pero para acercarnos a él primero debemos definir mínimamente y explicar la metodología utilizada, por muy someramente que se haga.

Esta obra se inscribe dentro del campo de la tematología, cuya finalidad es la de interpretar las variaciones y metamorfosis del tema literario a través del tiempo. Dentro de este campo he recurrido sin embargo a la interdisciplinariedad al denominar con un término psicológico lo que ha devenido sin embargo en mito literario: el arquetipo. Como defiende Jung, el arquetipo como elemento estructural de la psique inconsciente es anterior al mito, pero en este caso va más allá, lo sobrepasa y le sobrevive.

Aquí el objeto de la comparación (la imagen arquetípica y por tanto, estereotipada, de la mujer fatal) está íntimamente relacionado con la metodología determinada para tal estudio.

En este libro he seguido el método denominado de temática selectiva, un estudio de la mutación y migración de los temas perennes a través del tiempo y a lo largo de diferentes culturas.

Nuestro objeto de estudio tiene un claro punto central: el mito parabíblico de Lilith. Un mito parabíblico es aquel que parte de una interpretación de la Biblia pero que no se menciona explícitamente ni con extensión, a veces, ni siquiera por su nombre, pero que sin embargo crea una imagen mítica única, particular y diferenciada, cuyos rasgos singulares se han desarrollado ampliamente en la literatura, el arte y el cine.

II

EN EL ORIGEN DE LA MALDAD

Todas empezamos en Sumer

Rastrear los orígenes de un mito puede, y suele, llevar hasta el comienzo de la Historia, en concreto, hasta el comienzo de la Historia escrita. Y es que todo, y todos, en este lado del mundo, empezamos en Sumer. Las raíces del arquetipo mitológico femenino encarnado en la figura de Lilith se asientan con fuerza en la tradición cultural mesopotámica y, posteriormente, en la sumeria. Si hablamos de sistemas mitológicos y literaturas con todos los matices etno-religiosos posibles con más de cinco mil años de antigüedad, se impone tratar de establecer unas fronteras más o menos estables que nos guíen a través de la ristra confusa y profusa de nombres divinos que surgirán a lo largo de las siguientes páginas.

Sumer, considerada la primera civilización de la historia, se sitúa en Oriente Medio, en la parte sur de la Antigua Mesopotamia, donde, tras el año 3000 a. C., el pueblo sumerio creó un conjunto de ciudades estado entre las que destacó Uruk, que cuenta con una importante presencia en el conocido poema de Gilgamesh[2]. La expansión de la cultura de la ciudad por el resto

---

2 Esta epopeya, la más extensa de Mesopotamia, es babilónica y, por tanto, postsumeria.

del territorio mesopotámico dio lugar a la cultura sumeria. La importancia de este enclave para la cultura posterior es tal que aparece mencionado en la Biblia (Génesis 10:10) que atribuye su fundación a Nimrod, quien, posteriormente, fundó la afamada ciudad de Babilonia.

Cientos de años después, en 1792 a. C. Hammurabi ascendió al trono de Babilonia, construida en torno al año 2000 a. C., por entonces una ciudad con poca relevancia en la vida política, cultural y militar de la zona, que comenzó una expansión que terminaría en la conquista de Asiria y todo el norte de Mesopotamia.

En el año 3300 a.C., el pueblo sumerio inventa la escritura pictográfica, origen de la cuneiforme y establece, en su literatura, una constelación de mitos que perfilan las distintas personalidades de los dioses mesopotámicos.

Los orígenes del pueblo sumerio y de su lengua, que no es ni semítica ni indoeuropea, son aún un profundo misterio que ha dado pie a todo tipo de descabelladas teorías. Lo que sí sabemos es que su presencia aceleró los aspectos de la vida cultural del Oriente Próximo. Crearon un sistema de escritura y cosmología revolucionario que precipitó el desarrollo de la literatura, el derecho, las matemáticas, la astronomía y el registro riguroso de archivos y relatos:

Sabemos que los babilónicos, como terminaron siendo denominados los seguidores de Hammurabi, conservaron la mitología, la lengua, la literatura y el sistema de enseñanza de los sumerios, que transmitieron, traducido al acadio por todo el Próximo Oriente, difundiendo así durante los siguientes dos mil años la cultura sumeria por Anatolia, Asiria y Canáan. Es decir, gran cantidad de los mitos, himnos y relatos que hemos considerado pertenecientes a la cultura asiria o cananea pueden ser hasta 3000 años más antiguos.

La relación y retroalimentación entre la gran cantidad de figuras divinas es inevitable cuando hablamos de épocas tan lejanas de las que apenas conservamos algunos datos dispersos en sellos y tablillas y muy pocos restos escritos.

Por tanto, a la hora de hablar de mitología sumeria y mesopotámica resulta también necesaria la referencia a la cultura siria que alcanzó su esplendor al mismo tiempo que Sumer. Ebla, su principal ciudad, y el territorio sirio en general, fue ocupado en el segundo milenio antes de Cristo por cananeos, fenicios y arameos. Tras estos, los hebreos llegaron a establecerse al sur de Damasco, en Canaán. En total, durante estos dos milenios, egipcios, sumerios, asirios, babilónicos e hititas ocuparon Siria. Resulta, por tanto, inevitable la asimilación de los distintos sistemas mitológicos propios por parte de cada uno de estos pueblos. Lo que viene a ser un "déjame ahí esos dioses, que ya lo arreglo yo".

Para hacernos una idea de lo que es el desarrollo vital de un mito, debemos tener también en cuenta la diferencia existente entre el mito único, que presenta una estricta unidad de composición, y el ciclo mitológico, que engloba distintas composiciones literarias con tema y trama propios o versiones diferentes de un mismo mito. La unidad, la coherencia y continuidad entre los diversos episodios que componen un mito total viene dado por la coincidencia en los motivos y en el tono general de la concepción mitológica. Puede haber un ciclo mitológico compuesto por varios mitos o composiciones autónomas en las que cada una de ellas gira en torno a un mitema particular.

En la zona que podemos denominar como la Antigua Mesopotamia, en la que incluimos tanto los pueblos antes mencionados como los pueblos semitas (tomando este término desde el punto de vista lingüístico, es decir, englobando en él a los acadios, arameos, fenicios y hebreos, entre otros), la principal deidad era ʽEl , el padre de todos los dioses. ʽEl es el padre de la pareja de hermanos y amantes formada por Baal[3] y Anat, diosa caldea de la fertilidad, también relacionada con la guerra.

La diosa de la fertilidad, aunque está calificada como proveedora de vida, también suele vincularse con la muerte. Para autores como Álvarez de Toledo, la creación vital está íntimamente ligada con las fuerzas eróticas y, en particular, con la sexualidad femenina que, de un modo u otro, a lo largo de la mitología clásica ha estado unida a la imagen y el miedo a la mortalidad humana.

No en vano es Anat, guerrera y cazadora, a la que se describe "chapoteando en sangre", la que muestra un carácter más violento y temperamental y quien, finalmente, termina por descuartizar al dios Mot, con quien cíclicamente peleaban ella y su hermano[4], y somete la voluntad de 'El. Según Julio Trebolle:

> Su figura es comparable a la Innana sumeria a través de la Ishtar acadia. La iconografía la figura con la forma de pájaro representando a la diosa alada de la guerra.
>
> Astarté aparece también como consorte de Baal en los textos cananeos, aunque en lugar menos destacado. En los fenicios y en los bíblicos adquiere mayor relieve que Anat.[5]

Todas estas diosas tienen en común una iconografía similar y una serie de símbolos propios que han ido heredando e influyendo entre sí. Tanto Inanna como Ninhursag, diosa de los animales, en Sumer, Ishtar en Babilonia, Anat en Canaán, As-

---

3 Esta figura mitológica, sorprendentemente y prácticamente vacía de sus significados originales, ha alcanzado una nueva relevancia en la literatura postmoderna.

4 En las tablillas KTU 1.5 y 1.6 encontramos versos interesantes en el enfrentamiento entre la vida y la muerte, entre Baal y Mot: Cuando aplastaste a Leviatán, la serpiente huidiza, / acabaste con la serpiente tortuosa, / el 'Tirano' de siete cabezas. (cfr. Arnaud et al.: 1995)

5 Trebolle, 2008: 126

tarté en Fenicia y, más tarde, Hécate y Artemisa en Grecia, aparecen vinculadas a la luna, el poder sobrenatural sobre el transcurso de las estaciones. La íntima simbiosis entre estas diosas la expresa a la perfección Julio Trebolle:

> Entre la divinidades femeninas, a Inanna, hija de An, "marcial y voluptuosa", se la representa generalmente como diosa guerrera con alas rodeada de nimbo de estrellas y, como diosa del amor, en posición frontal, desnuda, con alas también y tocado de cuernos. Su símbolo característico era la estrella o un disco con una estrella; su animal, el león. El nombre sumerio deriva probablemente de una supuesta Nin-ana, "Señora del Cielo"; el acadio Ištar, se prolonga con el sirio Astarté. La diosa mantiene una relación ambigua con su marido o amante, Dumuzi, de cuya muerte o desaparición en los infiernos es responsable. Con el tiempo aglutinó la práctica totalidad de las figuras de las diosas[6].

Todas ellas tienen además en común el uso de la violencia y la cercanía con la guerra (de ahí que no hayan sido pocos los estudiosos que han relacionado estas divinidades con la helena Atenea). Tanto la siria Astarté como Baal son guerreros y cazadores, además, también Anat «desarrolla frente al hombre su característica violencia y, por encima incluso de la voluntad del mismo dios supremo acarrea la muerte al héroe [Aqhat] que se enfrenta», como describe Del Olmo Lete[7]. Pero como hemos visto con la contraposición fertilidad/muerte, las dualidades son moneda de cambio habitual en estas figuras. Al mismo tiempo, por ejemplo, Astarté es la diosa del agua, especialmente de las fuentes, y su imagen en las ciudades fenicias aparece al lado de Ba'al-Shamem, y se retrata como la reina del cielo con las representaciones de nuevo de la luna y el sol en su carro-trono.

---

6 Trebolle, 2008: 121.

7 Del Olmo Lete, 1998:26.

'Atar-'ata es el nombre arameo en el que se unen las figuras de las diosas Anat y Astarté, que en griego dará Atargatis, y cuyo culto estaba caracterizado por los ritos orgiásticos, las autolaceraciones de los fieles y la vestimenta femenina de los sacerdotes castrados.

En el panorama, ocasionalmente confuso, de las deidades sumerio-mesopotámicas, Ishtar representa por excelencia la figura de la mujer no sometida. No es sólo la más conocida y venerada de las diosas, también la más contradictoria y, por tanto, la más propicia a ser confundida con otras deidades femeninas secundarias.

Son múltiples los ejemplos de esta asimilación, por ejemplo Anunit "Reina del Cielo", esposa de Samash, al igual que Aa y Gula, es a menudo confundida con Ishtar: Tras la dominación semítica, las tres se unificaron en sola diosa, hija del dios Luna, Sin, considerada como la estrella matutina, Venus, representada en la diosa Ishtar. Lo mismo sucede con Davkina, esposa de Enki-Ea, el dios más antiguo y "morador de las aguas".

Esta integración pasó a darse también con Anat, "Diosa del Cielo y la Tierra", consorte de Anu a la que se veneró posteriormente como Ishtar, y fue identificada como madre de Ea (Enki) y reina de los infiernos y de los mundos de ultratumba. Frecuentemente se la consideró la versión femenina de Anu, más que su consorte.

Sin embargo, su primigenia imagen sumerio-acadia nos conduce directamente a la diosa Nanu, a la que se adoraba en la antigua Uruk, en la Babilonia meridional. Esta fusión y confusión entre los diversos nombres de las diosas es muy habitual en la mitología antigua, debido en parte a la falta de información completa y, en parte, a las distintas asimilaciones dadas en los diferentes pueblos que adoptaban figuras divinas y características de los enclaves más cercanos o con los que más trato tenían. Está todavía poco claro, de hecho, si Anat y Astarté (también conocida como Ashtoret) eran dos diosas separadas o una única diosa. Astarté al igual que Inanna e Istar, era llamada "reina del cielo". En algunos momentos en estas recopilaciones nominales existe también cierta confusión acerca de si Astarté era uno de los nombres o facetas de Aserá, o si era hija de Aserá junto con Anat, o si se trataba incluso de otro nombre para la misma diosa.

Ishtar, también conocida como Inanna, aparecerá a lo largo de la historia mitológica, religiosa y artística de Mesopotamia, a veces con otros nombres, en el panteón de los dioses, al fin y al cabo durante la época babilónica, Ishtar era considerada como la única diosa, la cual reunía en sí las características de las otras figuras femeninas divinizadas

Autores como J.M. de la Prada defienden que el paso de la Ishtar sumerio-acádica a la Ishtar asirio-babilónica transfiguró su imagen en diosa de la tierra.

En sus orígenes, sin embargo, fue una diosa ctónica[8], protagonista del afamado mito del "descenso a los infiernos" en sus distintas versiones. Este viaje al submundo simboliza su carácter de diosa de la fertilidad, ya que representa la muerte de la dulzura primaveral, bajo el ardor y el frío del verano y el invierno, así como el cíclico renacer que caracteriza otros mitos relacionados con deidades de la fecundidad, como la fenicia Militta o Zarpunit. Ishtar representa la naturaleza tan cruel y como generosa, que mata para devolver a la vida con su inamovible periodicidad.

Existen diversas versiones del mito del descenso de Ishtar-Inanna a los infiernos. Este mito sumerio se recoge en trece tablillas y otros fragmentos que datan de la primera mitad del

---

8 En mitología y religión, y en particular en la griega, el término ctónico (del griego antiguo χθόνιος khthónios, 'perteneciente a la tierra', 'de tierra') designa o hace referencia a los dioses o espíritus del inframundo, por oposición a las deidades celestes.

segundo milenio antes de Cristo, procedentes de la ciudad sagrada de Nippur. Las sucesivas ediciones, a partir de 1937, con la correcta reunión de los fragmentos dispersos, ha permitido conocer su exacto argumento.

En la primera de ellas, en la versión acadia, la diosa bajó al infierno para recuperar a Dumuzi, su amante/marido, de la crueldad de la diosa Allat, diosa del mundo de las sombras, la dominante y espectral figura de ultratumba. Ella es la encargada de conducir las almas al submundo, una suerte de Perséfone con rasgos de Caronte y con mayor poder en la cosmogonía asirio-babilónica. Se la representa en diversos grabados a lomos de un caballo sobre una barca, dando el pecho a dos pequeños leones. En el panteón sumerio-acadio, Allat es sustituida por la diosa Ereskigal que, en el descenso de Inanna, aparece como la hermana mayor, encolerizada y capaz de las más increíbles atrocidades:

> Ella la miró de pies a cabeza con una mirada de muerte
> pronunció una palabra contra ella, una palabra de cólera,
> emitió un grito contra ella, un grito de condenación.
> La mujer, enferma, fue transformada en cadáver
> (y) el cadáver fue suspendido de un clavo.[9]

En la segunda versión, sin embargo, Ishtar hace gala de una mayor crueldad y hace realidad su venganza al condenar a su amante a las penas del infierno por la indiferencia mostrada ante su desgracia. La ambición es lo que mueve a Inanna. Ella es ya la señora del cielo, pero desea poseer también el inframundo, la misma ambición que, en otro de los mitos que tratan sobre su figura la lleva a seducir y engañar a Enki, el dios padre, señor de los abismos y de todas las aguas y protector de los 'me', las leyes divinas que reúnen la esencia de la civili-

---

9 Prada, 1997: 183

zación, para apropiarse de las tablillas en las que se escriben y que su celoso guardián le da sin problema embriagado por su seductora belleza.

En la versión posterior asirio-babilónica, los protagonistas del mito son Tammuz (por Dumuzi) e Ishtar. Existen algunas variables claras: la tortura es más visible; mientras la diosa Ishtar está fuera de la tierra, ésta deja de ser fértil; al negarse los otros dioses a ayudarla, la diosa amenaza con resucitar a los muertos para forzar a sus semejantes a intervenir a su favor. Pero el principal cambio se encuentra en el final, en la alternancia en el infierno, cada seis meses de Tammuz y su hermana Geshtinanna, en la representación mitológica de la muerte ritual y periódica del rey, una versión que remarca la relación de la diosa con la fertilidad.

Podemos ver las diversas interpretaciones de este mito (desde la muerte igualadora hasta las ansias hegemónicas de los acadios o los lazos existentes entre la familia y el amor voluble, junto con el conocido viaje iniciático, tan repetido en la literatura mundial de todos los tiempos), mas lo destacable de este relato mítico es que está repleto de imágenes y motivos que han pasado con gran fuerza a la literatura universal: las siete puertas del infierno, el guardián del "País-sin-retorno", las leyes establecidas por la Reina del Infierno, la prenda que debe dejarse en éste para poder salir, etc.

Pero, sobre todo, destaca Ishtar-Inanna que presenta en casi todos los mitos un carácter dual, en el que aúna su parte amorosa y la guerrera (más habitual en la imaginería y mitología asiria, cuyo pueblo se caracterizaba por su belicosidad). Como diosa del amor cuya residencia planetaria le fue concedida a "la estrella del crepúsculo, que precede a la aparición de la Luna, y la del amanecer que preconiza la salida del sol", la identificación con las grecorromanas Afrodita y Venus es inevitable.

Al igual que ellas, Ishtar ha tenido numerosos amantes, entre los que destaca Dumuzi[10], el Tammuz asirio-babilónico cuya correlación podría establecerse con el propio Adonis. También aparece como seductora de Gilgamesh en la conocida epopeya. El héroe, sin embargo, conocedor de la amplia lista de antiguos amantes despechados y utilizados por la diosa, ya que ella es, por naturaleza, infiel, decide no concederle sus deseos, lo que despierta la ira de la divinidad que convence al dios Anu para que destruya la ciudad de Uruk en una horrorosa matanza. Este ansia sexual insatisfecha lleva a la diosa a cometer actos de similar atrocidad a los que más tarde el mundo hebreo asociará con Lilith. De Ishtar dirán los estudiosos que conoció todos los avatares del sexo, del amor carnal, llegando hasta la bestialidad al amar sucesivamente a un león y a un caballo.

Lilith, como tal, aparecerá también en diversos relatos mitológicos de la época. Según J. M. de la Prada:

> Debemos destacar a la diosa Lilith, a la que con posterioridad se ha considerado como la primera esposa de Adán. Bellísima y seductora, conducía a los hombres a la perdición mediante sus asechanzas eróticas, sus continuas incitaciones a la lujuria más desenfrenada. Se la ha representado como una hermosa mujer, desnuda, con garras en lugar de pies, dotada de alas y coronada, portando una cuerda y una vara de medir, y rodeada de una escolta de búhos y leones[11].

Si la figura de Lilith es anterior, coetánea o posterior a Inanna es algo complejo de establecer de un modo seguro, debido a la escasez de testimonios veraces con los que contamos hoy día. Lo que sí podemos afirmar, sin embargo, es que ella, Lilith,

---

10 Dumuzi es un amante juvenil que representa el ímpetu de la pasión joven e invencible y, al mismo tiempo, el cíclico renacer anual de la luz tras la caída de las tinieblas sobrevenidas por la muerte.

11 Prada, 1997: 56.

aparece ya mencionada en el *Poema de Gilgamesh*, en la historia de Inanna y el árbol hullup. En esta historia, la diosa encuentra un hermoso árbol cuya madera desea utilizar, lo lleva a la ciudad de Uruk y allí lo planta en su jardín a orillas del Éufrates. El problema es que, cuando desea talarlo, se encuentran viviendo allí diversas criaturas: «la serpiente "que no tiene el menor encanto" había hecho su nido al pie del árbol, el pájaro Imdugud había tenido a sus pequeñuelos en lo alto de la copa y Lilith había construido su morada en las ramas»[12]. Para expulsarlos, cuenta con la ayuda del héroe Gilgamesh. Según las distintas traducciones del mito, Lilith es descrita como "virgen": «y en su interior la virgen Lilith, deshecha su casa, hubo de huir al desierto»[13] o como apuntan los editores del texto de Kramer a pie de página «un demonio femenino cuyo nombre se ha conservado hasta la demonología judía y medieval»[14].

Si interpretamos el significado último del mito, podemos concluir que el culto a Inanna-Isthar desplazó otro anterior, probablemente de origen acadio, del que no nos queda rastro escrito alguno, en el que parecía venerarse a Lilith. Siguiendo este hilo explicativo, cobra fuerza la explicación más extendida de los orígenes del nombre y el mito de Lilith. Su nombre original en acadio es Lilitu, que proviene de la palabra "lil", que en este idioma significa "viento" o "espíritu". Según Robert Graves:

A "Lilit" se la hace derivar habitualmente de la palabra babilonia-asíria 'lilitú', "demonio femenino, o espíritu del viento", mencionado en los hechizos babilónicos. Pero aparece anteriormente como "Lillake" en una tableta sumeria del año 2000 a. de C. encontrada en Ur y que contiene la fábula de Gilgamesh y el sauce.

12   Kramer, 1978: 270.
13   Prada, 1997, 157.
14   Kramer, 1978: 270

En ella es una mujer diabólica que habita en el tronco de un sauce guardado por la diosa Inanna (Anat) en las orillas del Éufrates.

La etimología popular hebrea parece haber derivado "Lilit" de 'layu', noche, y en consecuencia aparece con frecuencia como un monstruo nocturno peludo, lo mismo que en el folklore árabe. Salomón sospechó que la Reina de Saba era Lilit, porque tenía piernas peludas... Según Isaías XXXIV.14-15 (única mención al tema que se les escapó a los doctos censores bíblicos), Lilit vive entre las ruinas desoladas del desierto edomita, donde le acompañan sátiros (se'ir), búfalos, pelícanos, búhos, chacales, avestruces, serpientes y cuervos[15].

Su traducción dio probablemente origen a una confusión, pues "lil" en hebreo significa noche, lo que nos conduce al significado oscuro y demoníaco de la que, hace unas líneas, hemos caracterizado como joven virgen.

Según señalan Mander y Durand, en la lengua sumeria aparece *en-líl*, y en semítico *i-li-lu*. Este es el más antiguo testimonio de tal transcripción, precedentemente conocido por Kültepe: *s'u-i-li-il*. Aparece mencionado en los textos léxicos bilingües, en un elenco de divinidades sumerias acompañadas por su correspondiente nombre semítico. Estos textos se pueden datar casi con toda seguridad en el período presargónico; aparece tanto en textos administrativos como en textos literarios, sobre todo a la hora de referirse y describir exorcismos.

Por su parte, para Robert Graves y Raphael Patai,

Lilit representa a las mujeres cananeas que adoraban a Anat a las que se permitía una promiscuidad prenupcial (o incluso es una representación de la propia Inanna). Los profetas censuraron a las mujeres israelitas en repetidas ocasiones por seguir las prácticas cananeas[16].

---

15 Graves y Patai, 1986: 46.

16 Graves y Patai, 1986: 61

Por otro lado, no podemos tener ninguna seguridad sobre el carácter de esta diosa o ser demoníaco, según las versiones, ni podemos saber si reunía en su figura las características que más tarde definirían el arquetipo. Existe, incluso, la probabilidad de que sólo se tomara de ella el nombre, ya que la Lilith que crea el mito es muy posterior, la que se halla, por vez primera, en los textos hebreos del Génesis e Isaías. Y esta figura tiene muchas y dispares similitudes con las diosas mesopotámicas Ishtar e Inanna, al igual que las tendrá con figuras divinas y humanas de la mitología grecorromana. De estas características, las más llamativas, las más visibles, pueden resumirse en la unión de los opuestos, la conjunción de la belleza y lo horrendo, lo sensual y lo bélico.

Es esta unión entre lo hermoso y lo cruel, entre el amor y la guerra, lo que hace de Ishtar-Inanna el antecedente primigenio del arquetipo mitológico de la mujer fatal. La pieza inicial desde la que se crea. Ella, al tiempo que seduce, mata. Provoca a los hombres, como Dumuzi, el dios-pastor, que cae en ese "matrimonio desigual", mientras que la diosa, al sentirse herida o traicionada por ellos, desata su ira y se convierte en la *femme terrible* que inspirará deseo y miedo a partes iguales y que, en la evolución histórica del mito, dará paso a figuras como la divina Hécate o la terrorífica Medusa.

DE GORGONAS Y AMAZONAS

Debido en ocasiones a la variedad de versiones de un mismo mito o a que los verdaderos orígenes de éste pueden llegar a perderse en los profundos y oscuros vericuetos de la historia más antigua, resulta en extremo complejo establecer los inicios del relato, la versión original sobre la que se fueron reescribiendo las subsiguientes variantes.

No debemos perder de vista que en gran número de ocasiones los relatos míticos nos han llegado fusionados con la historia, y esta, a su vez, con la literatura. Para comprenderlo mejor hemos de tener en cuenta que el mito es narración: creación y recreación de la realidad en que nace.

En la mayor parte de los casos, la obra literaria termina por absorber el mito, pero no todo mito puede ser encontrado necesariamente en la literatura puesto que las fuentes clásicas también transmiten mitos narrados por campesinos, pescadores, agricultores o sacerdotes que no encontramos en ningún ejemplo dentro de la tradición literaria. Este primer nivel de desarrollo del mito, lo que podremos denominar mito preliterario, es lo que alimenta la literatura posterior, es el *humus* con el que después se conformarán los grandes ciclos épicos y las más conocidas tragedias que, sobre la base –hasta cierto punto "sencilla" estructuralmente– de un mito, desarrollan historias mucho más complejas que terminan por fusionarse y formar parte del propio relato mitológico tal y como nos ha llegado hasta ahora. Es en este momento cuando comienza el proceso de desligazón entre texto y contexto, en el que los mitos se transforman de manera progresiva en mitología.

En este capítulo investigaremos primero el mito que después se convertirá en materia literaria y en el que, como tal, ahondaremos más adelante, deteniéndonos en la interpretación de este mito. Como recalcaron Bermejo y Díaz Platas:

> Con la filología y con la educación retórica clásica domesticamos el mito, lo sistematizamos e incluso lo utilizamos para nuestros propósitos expresivos, pero hay algo en él que nos sigue pareciendo irreductible, y por ello será necesario interpretarlo, es decir reducirlo a algo diferente a lo que aparentemente es. El mito no puede "querer decir" lo que aparentemente dice porque eso no tiene que tener sentido. Por ello la Antigüedad desarrollará la in-

terpretación alegórica del mito, según la cual el mito esconde un mensaje verdadero bajo una apariencia falsa[17].

Según esto hay tres tipos de verdades: históricas, físicas o éticas. A partir de cada una de ellas la mitología sería:

1. La transferencia de hechos históricos de los que se habría perdido el recuerdo;

2. la encarnación de las inexplicables fuerzas del mundo físico, o

3. una lección moral simbólicamente relatada.

Esta última visión es la que más nos interesa, ya que en ella podemos enmarcar tanto el mito de Lilith y de la *femme fatale*, como, por ejemplo, el de Narciso, otra historia creada para advertir al hombre de los peligros que entraña la extrema vanidad, una exégesis alegórica que hemos de reducir a la abstracción de una verdad, en este caso ética (aunque pudiera ser también histórica o filosófica) que se nos entrega envuelta en un código que no siempre conocemos y que hemos de desentrañar para llegar a una interpretación certera. Qué quería significar originariamente el mito para sus receptores originales es, muchas veces, la interpretación más difícil de alcanzar (nos falta contexto), pero también la más interesante que estudiar, pues en ocasiones puede llegar a pintarnos una realidad de lo más sorpresiva.

Pese a que sí sabemos que gran cantidad de mitos tienen su origen en una fuente histórica más o menos probada, sería una imprudencia temeraria el afirmar que el relato mítico puede llegar a ser tomado como relato histórico o fuente veraz de hechos pasados.

Un mito no puede ser analizado desde un punto de vista aislacionista, no nace de la mente única del escritor, ni de una idea que podamos concretar, debe ser puesto en relación con

---

17 Bermejo y Díaz Platas, 2002: 69.

otros mitos para que, de este modo, adquiera un sentido global. En consecuencia, y para tratar el problema de la multiplicidad de versiones, se deben analizar aquellos elementos que estas tienen en común y que proporcionan el sustrato o la estructura común del mito para entender cómo y por qué se han formado.

Por este motivo la imagen de las diosas se ha explicado a menudo con lo que podríamos llamar, de manera un tanto simplista, la encarnación de arquetipos humanos. Sin embargo, a la hora de ahondar en las características y perfiles de cada una de las deidades femeninas, estos arquetipos pueden resultar un tanto planos, en contraposición a la personalidad altamente compleja que presentan cada una de estas diosas. Por otro lado, hemos de tener muy en cuenta que resulta en extremo reduccionista hablar de un único universo femenino puesto que en Grecia, como ha sucedido a lo largo de la historia en muchas otras civilizaciones, el universo femenino se desdobla en dos vertientes contrapuestas y complementarias: el lado peligroso, que se reivindica a sí mismo y se reproduce en un círculo cerrado (Pandora no es, recordemos, la madre de la humanidad -como sí lo será Eva- sino de la "raza de las mujeres"), y ese otro aspecto de la feminidad que podemos considerar "cómplice del orden olímpico" al que, en principio, pertenecen figuras como las Musas, cuya principal función será ayudar a encumbrar la gloria masculina.

Lo mismo opina Blake Tyrrel, para quien el universo femenino se divide en dos polos, negativo y positivo, según encarnen valores femeninos (positivos) o lo que podríamos traducir como "mujeriles" (negativos):

Woman is divided into positive and negative elements on a physical and mental plane. The positive elements, here called the feminine, are defined as her fertility in producing a son and heir and her protection of her husband's household. The latter, the positive mental element, may be seen en Penelope's prolonging of the suitors' wooing through the trick of weaving the shroud until Odysseys return to slay them. Physicality cast negatively becomes seductive, selfgratifying sexuality, while the negative mental element is caracterized as boldness an daring. The negative side of the construct Woman, the female pole, represents in fact no more than the capacity of women to act on their own for their own pleasure and purposes.[18]

Como hemos visto al hablar de las diosas mesopotámicas, la dualidad sigue resultando intrínseca a la representación de la feminidad. Demasiado compleja para una sola faz.

El alma femenina, como decimos, se ha dividido tradicionalmente en dos partes, representadas en la historia de Psique como esclava de Afrodita: el alma dominada por la materia, conducida hacia un camino fatal y el alma "puramente femenina" de la vida psíquica, la representación de lo telúrico frente a lo uránico. En el mito, Psique se ve arrastrada hacia la extrema sensualidad no de un modo consciente y determinado, sino por la propia belleza y sensualidad inherente a su cuerpo. Debido a la pleitesía que ha de rendir a Afrodita como esclava, tiene que pasar por una importante conjunción de penitencias y pruebas que incluyen, además, el descenso hasta el oscuro horror del inframundo[19]. Es finalmente el contacto con la punta de la flecha

---

18 La mujer se divide en elementos positivos y negativos en el plano físico y mental. Los elementos positivos, aquí llamados lo femenino, se definen como su fertilidad en la producción de un hijo y heredero y su protección de la casa de su marido. Este último, el elemento mental positivo, puede verse en la prolongación de Penélope del cortejo de los pretendientes a través del truco de tejer el sudario hasta que Odiseo regresa para matarlos. Lo físico arrojado negativamente se convierte en una sexualidad seductora y autogratificante, mientras que el elemento mental negativo se caracteriza como audacia y audacia. El lado negativo del constructo Mujer, el polo femenino, no representa de hecho más que la capacidad de las mujeres de actuar por sí mismas para su propio placer y propósitos (traducción de la autora). (Tyrrel, 1989: XVI)

19 Como ya hemos visto en lo relativo a la mitología mesopotámica, el *topos* del descenso a los infiernos es habitual y se entiende en la gran mayoría de los mitos como un viaje iniciático de cuyo éxito suele depender la opción de dones o la misma resurrección, en una interpretación más mística y religiosa. El descenso se conoce como *catábasis* y la posterior subida como *anábasis*.

y su unión con Eros lo que hace que alcance el estado de paz y calma gozosa que no fue capaz de conseguir en su constante servicio a Afrodita. Según esto, la lectura es fácil: el placer físico (femenino por supuesto) conduce al caos y la destrucción mientras que el placer asociado al amor (y por tanto a los estamentos establecidos por la sociedad para hacer de este un sentimiento legal y aceptable) llevan a la paz y a la realización absoluta del ideal femenino.

Existen en la mitología griega pocas diosas que puedan acoplarse a la idea de mujer fatal que aquí nos ocupa. En su inmensa mayoría las divinidades femeninas son imágenes de la mujer creadas para mayor gloria de sus iguales masculinos, como es el caso de la imagen actual que tenemos de Atenea, la diosa guerrera con el escudo y el yelmo, y que difiere, tanto en la forma como en el carácter, de su imagen más antigua, una diosa de naturaleza sobrecogedora y salvaje, coronada de serpientes, con las áspides enroscándose en torno a su pelo y su corona, y sujetando con firmeza una cabeza erguida del ofidio en la mano izquierda como puede apreciarse en la estatua de Atenea, del 520 a.C., del frontón de la Gigantomaquia, en el templo de la época arcaica de la Acrópolis.

Todo lo demás que conocemos de la diosa de la guerra, la cual podría haber heredado sus características bélicas de una sangrienta versión de Inanna-Ishtar o de la ugarítica diosa Anat, nos retrotrae a una concepción del mundo en el que la mujer fuerte es una mujer virilizada, sin madre, que sólo debe respeto y obediencia al padre, como es el caso de la diosa de la sabiduría.

Resulta interesantísimo realizar el paralelismo entre el nacimiento de Atenea, de la cabeza del padre, y el de Eva, de la costilla de Adán, en la anulación absoluta de la figura materna. Interesante es percatarse, al tiempo, de que ambas figuras femeninas, Atenea y Eva, se encuentran íntimamente relacionadas con la imagen de la serpiente, aunque el significado que se da a las dos imágenes en cada tradición es muy diferente.

La relación de Atenea con las sierpes nos conduce, como si de un camino sinuoso se tratara, hacia otra de las figuras clásicas que mejor ilustran la idea de la mujer como mal encarnado: Medusa. La Gorgona, monstruo ctónico femenino, tiene la capacidad de convertir en piedra a todo aquel que observa su rostro. Tras su decapitación a manos de Perseo, su cabeza fue a parar a la égida (el escudo) de Atenea, la diosa que la castigó con tal maldición. Aunque en los relatos más antiguos, cuyos vestigios nos llegan a través de las representaciones halladas en vasijas y tallas diversas, los artistas clásicos imaginaron unas Gorgonas monstruosas a la par que terribles; más tarde, la literatura en esa reciprocidad mágica en la que se aleja al tiempo que se nutre del mito, dio a luz a una Medusa que aunaba lo bello y lo horrendo en un equilibrio tal que llegó prácticamente intacto hasta el romanticismo inglés que, con Shelley al frente, hizo de esta imagen la bandera de una nueva estética del arte: la belleza del horror[20].

La evolución de este personaje mitológico, de monstruo sin más a mujer fatal, resulta extremadamente interesante. En la *Teogonía*, Hesíodo nos narra su historia:

> A su vez Ceto tuvo con Forcis a las Grayas de bellas mejillas, canosas desde su nacimiento; las llaman Viejas los dioses inmortales y los hombres que pululan por la tierra. También a Penfredo de bello peplo, a Enío de peplo azafranado y a las Gorgonas que viven al otro lado del ilustre Océano, en el confín del mundo hacia la noche, donde viven las Hespérides de aguda voz: Esteno, Euríale

---

20 Hablaremos de ella más adelante y trataremos con mayor detenimiento la imagen de la Gorgona, sus características y, sobre todo, su posterior evolución en el tiempo, desde el clasicismo hasta que fue recuperada como imagen de la belleza de lo horrendo por los artistas románticos.

y la Medusa desventurada; ésta era mortal y las otras inmortales y exentas de vejez.

Con ella sola se acostó el de la Azulada Cabellera [Poseidón] en un suave prado, entre primaverales flores. Y cuando Perseo le cercenó la cabeza, de dentro brotó el enorme Crisaor y el caballo Pegaso[21].

Posteriormente, en el Libro IV de la *Metamorfosis*, Ovidio nos cuenta de nuevo la historia de Perseo y su encuentro con la Gorgona y tras narrar cómo el héroe decapita al monstruo se cuenta su desgracia:

Calló sin embargo antes de lo esperado; uno de los nobles toma la palabra para preguntarle por qué sólo una de las hermanas llevaba serpientes mezcladas alternativamente con sus cabellos.

El extranjero dijo "pues preguntas algo digno de contarse, he aquí la respuesta. Ella era la de figura más bella y el partido codiciado por muchos, y en toda ella no había parte más admirable que sus cabellos; he conocido a quien dijo haberla visto. El soberano del piélago [Poseidón], cuentan, la deshonró en el templo de Minerva [Atenea]; la hija de Júpiter [Zeus] se volvió y se cubrió el casto semblante con la égida, y para que el hecho no quedara impune, cambió la cabellera de la Gorgona en feas hidras.

Y aún ahora, para aterrar y dejar paralizados a sus enemigos, lleva delante del pecho las serpientes que creó"[22].

En el Libro II de su *Biblioteca Mitológica* describe Apolodoro

Tenían las Gorgonas la cabeza cubierta por escamas de dragón, grandes dientes como de jabalíes, manos de bronce y alas de oro

---

21 Hesíodo, 1990: 270.
22 Ovidio, 2007: 772.

con las que volaban. A los que miraban los convertían en piedra. Perseo, por tanto, se colocó junto a ellas mientras estaban dormidas y, guiando Atenea su mano y volviendo la mirada hacia el escudo de bronce en el que se veía reflejada la imagen de la Gorgona, logró decapitarla[23].

Por otro lado, la importancia de Medusa dentro del grupo de las Gorgonas nunca ha sido puesta en duda. Jane Helen Harrison afirma que las hermanas de Medusa no son más que meros apéndices de la verdadera protagonista, la única Gorgona "real", pues sus hermanas no son más que un rasgo secundario del mito[24]. Para Pierre Grimal, en su *Diccionario de Mitología Griega y Romana,* «generalmente se da el nombre de Gorgona a Medusa, considerada como la Gorgona por excelencia». Según señalan Baring y Cashford:

> Originalmente, Medusa era una de las muchas nietas de Gea, la diosa tierra, y el nombre Medusa de hecho significa "señora" o "reina" [...]. Además, en la leyenda griega, Medusa habita en los límites de la vida, en una cueva más allá del borde del día; es guardiana del árbol de las manzanas de oro, llamadas Hespérides, nombre que deriva del oeste, donde el sol se pone[25].

En todo caso, la historia en su punto final presenta pocas, aunque sustanciales, variantes: el monstruo es asesinado por Perseo que, utilizando su bruñido escudo a modo de espejo, le corta la cabeza sin necesidad de mirarla. Cabeza que terminó en el centro de la égida de Atenea, lugar desde el cual convertía en piedra a los enemigos de la diosa. Perseo, explica Grimal, también recoge

---

23 Apolodoro, 1987: 91.
24 Harrison, 1903: 187.
25 Baring y Cashford, 2005: 393.

la sangre que fluía de la herida, y que aparecía dotada de propiedades mágicas: la que había brotado de la vena izquierda era un veneno mortal, mientras que la procedente de la derecha era un remedio capaz de resucitar a los muertos. Además, presentar un solo rizo de sus cabellos a un ejército asaltante, era suficiente para ponerlo en fuga[26].

La historia de la transformación de Medusa a manos de la diosa Atenea pertenece a la mitología posterior. Sus nudos narrativos, como la mayoría, han sufrido múltiples transformaciones. En un primer lugar, la Gorgona era un monstruo, una de las divinidades primordiales, que podemos situar en la generación preolímpica. Sin embargo, más tarde acabó por ser considerada víctima de una metamorfosis: se contaba que Medusa había sido al principio una hermosa doncella que se había atrevido a rivalizar en belleza con la mismísima Atenea. Se sentía especialmente orgullosa por el esplendor de su cabellera. Por eso, con el propósito de castigarla, Atenea transformó sus cabellos en serpientes. Otro nudo narrativo cuenta que la cólera de la diosa se abatió sobre la joven por el hecho de haberla violado Poseidón en un templo consagrado a ella. Medusa cargó con el castigo del sacrilegio. No Poseidón, el violador, el dios, sino aquella que se atrevió a provocar su deseo dentro del templo consagrado a Atenea.

Esta última versión del mito transforma, por un segundo, al monstruo en víctima y hace de la furia de la diosa Atenea algo incomprensible y no excesivamente justo, lo que subraya la falta de empatía de la diosa con el sexo femenino, rasgo en el que diversos autores han hecho hincapié a la hora de hablar de su carácter viril, marcado ya por su nacimiento de la cabeza de Zeus.

Otro de los seres mitológicos femeninos más conocidos y temidos en la Antigüedad es la Esfinge. Es en la *Teogonía* de Hesíodo el primer lugar en el que aparece. El autor la sitúa como hija de la Quimera y de Ortro, el hermano del perro Cerbero.

---

26 Grimal, 2008: 218.

Para otros autores como Apolodoro, Laso de Hermíone o Higinio, la Esfinge es la hija de Equidna, la bella ninfa con cola de serpiente, y del poderoso Tifón, a lo cual, además, se le añade un significado mayor, si tenemos en cuenta el hecho de que el nacimiento de Tifón es la consecuencia de un acto de rebelión femenina, ya sea por parte de Gea, una diosa primordial, o de Hera, la esposa legítima de Zeus. Algunos autores creen que la Esfinge es el fruto del amor entre Tifón y la Quimera. En todo caso, para todos ellos, la descripción dada por Apolodoro sigue siendo la más válida. Según este autor, la Esfinge era un monstruo con rostro de mujer, pecho, patas y cola de león, alas de pájaro y voz de mujer, que logró someter a la ciudad de Tebas proponiendo un enigma que nadie podía descifrar: "¿Qué ser, provisto de una sola voz, camina primero a cuatro patas por la mañana, después sobre dos patas al mediodía y finalmente con tres patas al atardecer?". Cuando Edipo volvía a su ciudad natal fue asaltado por esta criatura, pero supo adivinar que su oscura pregunta se refería al hombre. Humillada por la derrota, la Esfinge se suicidó precipitándose desde las alturas.

El monstruo fue enviado por Hera contra Tebas para castigar a la ciudad por el crimen de Layo «que había amado al hijo de Pélope, Crisipo, con amor culpable». Desde su montaña situada al oeste de Tebas asolaba la tierra y planteaba a los viajeros enigmas que no podían resolver y que les terminaba conduciendo a la muerte.

Pero la Esfinge no es únicamente un ser monstruoso adicto a los enigmas, tan habituales por otro lado en la literatura clásica. Es, además, una infatigable perseguidora de jóvenes y atractivos efebos, tan ansiosa de sangre como de placer sexual. Delcourt la describe así:

> Su cuerpo de leona, su nombre de Angustiosa, la predestinaban a encarnar una pesadilla asfixiante. Vampiresa ligera, perseguía a los jóvenes; vampiresa pesada, los aplastaba con todo su peso.

De hecho, no eran sus vidas lo que ella atacaba en principio ni esencialmente[27].

En las representaciones artísticas que han llegado hasta nosotros de este ser puede verse que los jóvenes atacados por ella muestran una actitud pasiva en extremo, lo que puede interpretarse tanto como un símbolo de la fuerza de la Esfinge como de su poder de fascinación sobre el varón. No debemos olvidar que ella es, al igual que las Sirenas o las Erinias, una figura cantora que seduce y ata a los hombres con su voz hechizante. Por otro lado, la propia representación postural donde el varón es quien ocupa la posición de sumisión, mientras que toda la carga de fuerza y agresividad recae en la figura femenina nos dice mucho sobre el carácter erótico de estas escenas, inversión visible de los roles tradicionales. En el ensayo de Marie Delcourt *Oedipe ou la légende du conquérant*, la autora remarca que en las imágenes arcaicas, la Esfinge se representa siempre como la protagonista de una serie de persecuciones en las que la víctima es siempre un joven desnudo o semidesnudo, pero aún vivo, con la intención de expresar la compleja idea de la violación representada por una figura femenina. Hemos de tener en cuenta, como señala Iriarte que en el pensamiento mítico griego, el rapto está tan asociado a la idea de muerte como a la de violación. Esta autora establece, a su vez, un interesante paralelismo entre la poderosa Esfinge que como leona simboliza no sólo el poder, sino un voraz apetito depredador, tanto en lo sexual como en lo físico, además de la figura del tirano.

Pero sin lugar a dudas, el mayor ejemplo que ha dado la mitología clásica de figura femenina rebelde a las leyes del hombre es la amazona. Son muchos los que han defendido la existencia histórica del amazonismo, de un pueblo de mujeres guerreras y cazadoras en el que los hombres no tenían cabida excepto como medio de reproducción, si bien todo apunta a que en

27 Delcourt, 1981: 118.

realidad es una invención griega creada para mayor gloria de su pueblo, vencedor de semejantes mujeres guerreras que, además, ponían en entredicho el orden social establecido y hacían temblar la estructura moral del matrimonio en lo que Blake Tyrrel denomina una "disfunción":

> *Achilles dives his sword into the Amazon Penthesilea in a sexually violent portrayal of the Amazon dysfunction of marriage. Order between the sexes, which is maintained by the rigidly discrete gender roles of patriarchy, is confounded when Penthesilea, a woman, challenges Achilles in battle. He reasserts the norm with his sword / phallus*[28].

Se une así Aquiles a las diversas figuras heroicas (Teseo[29], Belerofonte[30] y Heracles[31]) que sobre ellas imponen su masculinidad. Para Grimal, las amazonas son

---

28 Aquiles hunde su espada en la amazona Pentesilea en un retrato sexualmente violento de la disfunción amazónica del matrimonio. El orden entre los sexos, que se mantiene gracias a los roles de género rígidamente discretos del patriarcado, se confunde cuando Pentesilea, una mujer, desafía a Aquiles en la batalla. Reafirma la norma con su espada/falo. (traducción de la autora)

29 «Teseo representa para Ática, lo que Belerofonte para Licia. Vence al estado amazónico, que gustoso, da el paso hasta el matrimonio. Pero Teseo se encumbra sobre el héroe corintio-licio. Su nombre no sólo quedará asociado al ocaso del estado amazónico, sino también al hundimiento de la ginecocracia matrimonial» (Bachofen, 1988: 123).

30 Se ha hablado mucho sobre la relación de Belerofonte con el sexo femenino: vencedor y combatiente de las amazonas, cede a la feminidad (se le tiene por el primer fundador del matriarcado licio), porque vence a la "degeneración amazónica de la hegemonía femenina", no al matriarcado, que instala el matrimonio como último destino sexual de la mujer.

31 Sobre el mito de Heracles y las amazonas, la más antigua versión es la que nos llega a través del Heracles de Eurípides, donde la reina de las amazonas es Andrómaca, no la Hypolita de la tradición literaria. En la mitología griega, Hypolita es la reina amazona, dueña de un cinturón mágico que le había regalado su padre, Ares, el dios de la guerra. En su noveno trabajo, Heracles pretende recuperar el cinturón, lo que consigue al matarla (existen diversas versiones con varios finales para estas historias).

un pueblo de mujeres que desciende del dios de la guerra Ares y de la ninfa Harmonía. Su reino se ubica al norte, ora en las laderas del Cáucaso, ora en Tracia, ora en la Escitia meridional (en las llanuras de la margen izquierda del Danubio). Se gobiernan a sí mismas, sin intervención de ningún hombre, y a su cabeza tienen una reina[32].

Sin embargo no son ellas las únicas habitantes del mundo mitológico que luchan abierta y sangrientamente contra la institución del matrimonio: las Danaides, asesinas de hombres, combaten el matrimonio, símbolo de la unión monogámica, para reivindicar, supuestamente, una libertad sexual que el derecho proscribe. Junto a las Danaides, conocidas por los textos de Higinio, Apolodoro y Estrabón, tenemos también a las Lemnias, mujeres asesinas de los maridos por despecho[33]. De ellas, dice Apolodoro en la *Biblioteca Mitológica*, que entonces Lemnos se hallaba sin hombres y por este motivo reinaba allí Hipsípila, hija de Toante. Las lemnias no veneraban a Afrodita y ella les provocó un olor fétido; por ello sus cónyuges tomaron cautivas de la vecina Tracia y se unieron a ellas. Al verse menospreciadas, asesinaron a sus padres y esposos, tan solo Hispsípila salvó a su padre Toante ocultándolo. Así, en cuanto llegaron los Argonautas a Lemnos, que en aquel momento se hallaba regida por las mujeres, se unieron a ellas. Hipsípila se unió a Jasón y engendró dos hijos: Euneo y Nebrófono.

A la hora de relacionar el mito de las amazonas con el de la mujer fatal, vemos a la amazona como la mujer desobediente y rebelde al orden patriarcal establecido, es decir, el mito amazónico fue creado, al igual que lo fueron el de Lilith y Narciso,

---

32 Grimal, 2008: 24.

33 En *Los Argonautas*, además, se nos cuenta cómo todas las mujeres lemnias habían dado muerte a sus maridos por despecho, ya que estos se acostaron con mujeres áticas. Además de a los hombres, mataron también a sus amantes y a los hijos que tuvieron con éstas.

para salvaguardar y mantener el orden social establecido. Con esta afirmación coincide también Blake Tyrrel para quien el mito de las amazonas está íntimamente unido a la defensa del matrimonio, pues explica la necesidad de casar a las hijas para alejarlas del inherente peligro de la soltería.

Si queremos seguir ese hilo, del hetairismo (una sociedad sin familia ni derecho que simboliza "lo crudo" desde la estructuración antropológica clásica) se llegaría al matriarcado con las primeras formas de organización social y por un sistema teológico basado en el dominio de las divinidades de la tierra, de la sangre, de la fecundidad y de la noche. En este exacto momento socio-histórico, se situaría el nacimiento del pueblo amazónico.

La etimología de la palabra "amazona" nos conduce directamente hacia una de las principales características de estas guerreras: la androginia, ya que el término *a-mazós* significa "sin pecho" y hace referencia a la costumbre que tenían de comprimir el pecho derecho desde niñas, según especifica Apolodoro en su Biblioteca, para que no les impidiese disparar el arco. Sin embargo, se dejaban crecer el izquierdo por si criaban. Homero utiliza para referirse a ellas el término *antianeíra*, que puede evocar tanto su calidad de "hembras viriles" como de "enemigas del hombre". Según relatan las historias, se desprendían de los hijos varones y criaban sólo a las hembras.

La amazona representa uno de los mayores peligros para la sociedad patriarcal, ya que hacía patente la escasa necesidad que tenían las mujeres del sexo masculino, excepto para la única tarea reproductora. Como cuenta Iriarte Goñi,

> En cierta manera las Amazonas son una de las numerosas versiones de la vampiresa deseosa de semen, del fantasma griego que expresa al mismo tiempo la fascinación y el terror del hombre a

quedar reducido al puro papel reproductor que la polis concede a sus mujeres[34].

Podemos afirmar que el mito de la existencia de las amazonas sirvió para reforzar la ideología patriarcal en el mundo griego, ya que las historias helénicas destacan que, si bien eran grandes guerreras y luchadoras, las amazonas no estaban "civilizadas", pues en alguna ocasión se revelan como incapaces de manejar una embarcación después de haber matado a todos sus tripulantes, e incluso llegan a comer carne cruda, lo que las retrotrae directamente hacia el hetairismo[35].

Al igual que sucedió con los persas, los griegos buscaban llevar el mundo de las amazonas hacia lo incivilizado y lo bárbaro, para poder destacar sus valores culturales sobre ambos pueblos. Las amazonas, como lo hizo el pueblo de Jerjes, encarnan la barbarie desde el punto de vista helenocéntrico. Esta relación del mundo persa y lo amazónico no es puramente casual, pues entre los guerreros persas que los griegos calificaban de "afeminados" y las "hombrunas" orientales del mito, la convergencia es habitual. Tanto en el arte como en la literatura áticas habitualmente, la leyenda amazónica sirve para conmemorar la invasión de los persas.

Finalmente, al ser vencidas, relata Heródoto que las amazonas dejan en gran parte de serlo cuando fundan el pueblo de los saurómatas junto a un grupo de jóvenes escitas.

Junto a las amazonas y la Esfinge son muchas las criaturas mitológicas femeninas del imaginario grecolatino que podrían

34 Iriarte, 2002: 149-150.

35 Hetairismo, también conocido como hetairía, se refiere a una forma de asociación o alianza en la antigua Grecia. En particular, se utilizaba para describir una relación de compañerismo entre hombres adultos en situaciones políticas o militares. A menudo implicaba lealtad mutua y apoyo entre los miembros de la hetairía, lo que derivaba en un dominio y sometimiento sexual de los hombres hacia las mujeres.

recoger alguno o varios de los mitemas básicos que constituyen el arquetipo de la *femme fatale*, cuya principal característica, la que mejor la define, es la de ser peligrosa, de uno u otro modo, para el hombre. Las Sirenas, las Lamias, las Empusas, las Eirnias o la propia diosa Hécate son algunas de ellas.

Las Sirenas son las que más variaciones en su representación y definición han sufrido a lo largo de la historia y la literatura. Se las menciona como hijas de la musa Melpómene y del dios-río Aqueloo, o bien de Aqueloo y Estérope; también se menciona como padres a Aqueloo y la musa Terpsícore, o bien al dios marino Forcis.

Pese a que es en la *Odisea* el lugar en el que se las menciona por primera vez, Apolonio de Rodas, en *El viaje de los Argonautas* (IV, 890 y ss.) las retrata con precisión:

> Pronto avizoraron la hermosa isla de Antemoesa, donde las melodiosas Sirenas, hijas de Aqueloo, asaltan con el hechizo de sus dulces cantos a cualquiera que allí se aproxime. Las dio a luz, de su amoroso encuentro con Aqueloo, la bella Terpsícore, una de las Musas, y en otros tiempos, cantando en coro, festejaban a la gloriosa hija de Démeter, cuando aún era virgen.
>
> Pero ahora eran en su aspecto semejantes en una mitad a los pájaros y en parte a muchachas, y siempre estaban en acecho desde su atalaya de buen puerto. ¡Cuán a menudo arrebataron a muchos el dulce regreso al hogar, haciéndolos perecer marchitados! Sin reparos, también para los Argonautas dejaron fluir de sus bocas la voz cristalina[36].

Aunque más tarde terminaran por transformarse en hermosas doncellas con cola de pez, originalmente las Sirenas eran una simbiosis entre ave y mujer, probablemente debido a la asociación de las aves con el canto, así como el habitual uso iconográfico de seres alados para representar el espíritu de los

---

36 Iriarte, 2002: 51.

muertos, que, como veremos, está también asociado a la figura de la Sirena.

La interpretación etimológica de la palabra "sirena" se aproxima a la palabra *seírios*, "ardiente". La interpretación más extendida es la de John Onians, que traduce el término como "las liantes", "las que encadenan", pues relaciona de forma activa los dos vocablos, *Seirén* y *seirá* ('cuerda', 'cadena'). Esta asimilación es posible debido a la interpretación del mito, ya que el mágico canto de las Sirenas produce en los hombres un efecto de atadura, es "encadenante", un efecto que sólo Odiseo es capaz de neutralizar creando ataduras nuevas con el mástil (muy simbólico) de su propio barco. Este acto establece la contraposición entre el hombre –lo masculino, lo fálico, el trabajo marino y sus contextos– y la mujer –el ocio, la veleidad y el bello canto de estas criaturas– un enfrentamiento en el que Ulises termina vencedor, aunque más gracias al consejo de la maga Circe que a su propia valía, en este caso[37].

Las Sirenas también son denominadas como las Celédones, las Encantadoras:

> Situadas a cierta distancia del siempre inquietante litoral, pero instaladas en otro territorio de alteridad que, con respecto al espacio de la comunidad cívica, es el sacro santuario de Delfos, estas acróteras vivientes de un antiguo templo de Apolo encandilaban con sus dulces cantos a los visitantes, quienes al oírlas "se consumían lejos de sus progenitores y de sus esposas con el ánimo en suspenso."[38]

---

37 Circe, en la *Odisea*, advierte a Ulises: «con su cristalina canción las Sirenas lo hechizan y le dejan para siempre en su pradera» (Odisea, XII, 39-52) A. Motte (1973: 243 y 50 y ss.) señala que "pradera", del griego *leimón*, es uno de los nombres griegos del sexo femenino y que de este modo puede ser interpretado en la obra homérica.

38 Píndaro, Peán VIII, traducción de E. de la Torre

Tanto Apolonio de Rodas como Apolodoro y Licofrón consideran a las Sirenas como hijas de la Musa Melpómene[39]. Esta relación, aunque algunos estudiosos la han considerado más bien tardía, permite calificar a las Sirenas como las "Musas del Hades". Señala acertadamente Iriarte,

> A principios del siglo XX, estas Sirenas de las estelas funerarias fueron identificadas por Weiker como representaciones de la concepción griega del alma en forma de *daímon* alado. En la actualidad muchos especialistas han renunciado a reconocer en las Sirenas la figura del alma del difunto, aunque se admite, por lo general, que la evolución de esta idea del alma-pájaro habría originado toda una familia de genios fúnebres de la que, además de las Sirenas, formarían parte las Harpías, las Esfinges, las Keres o las Erinias. Un grupo de figuras tan femeninas como virginales que, por otra parte, no cesan de reflejar la concepción –muy presente en el pensamiento griego– de la doncella como portadora de muerte[40].

Una idea que, como veremos más adelante, caló hondo en el imaginario judeo-cristiano en el que la mujer en general, y Eva en concreto, es la portadora de la muerte y el dolor para toda la humanidad, imagen íntimamente relacionada con Pandora, la "madre de la raza de las mujeres" que lleva la desgracia al mundo en la mitología ática.

---

39 Aunque Ovidio en las *Metamorfosis*, V (551-63) las hace hijas de la Tierra y del dios-río Aqueloo, como son cantadas por Homero en la *Odisea*. Las denomina en alguna ocasión *doctae*, como a las Musas. Sin embargo, resulta más interesante para su análisis esta otra visión, que se aleja de las hermosas ninfas cantoras de la epopeya para acercarse más a los seres de ultratumba del imaginario popular, repletos de connotaciones ctónicas y funerarias –por otro lado símbolos característicos de la feminidad junto con la Luna, el lado izquierdo o la noche–, que solían verse representadas en el arte portando la corona de la vida y las ramas de loto, y cuya misión era acoger las almas de los difuntos y consolar a los vivos con sus cantos.

40 Iriarte, 2002: 52.

Perséfone, soberana del Hades es, por excelencia, la principal figura que representa la femineidad relacionada con la muerte. La imagen de las Sirenas, mujeres que alcanzan la edad adulta convirtiéndose en letales seductoras de hombres como componentes del cortejo de Perséfone, se remonta hasta la época clásica, como podemos ver en la *Helena* de Eurípides, quien, mientras se encuentra en la egipcia isla de Faros, lamentándose por las muertes que ha provocado, dice: «Jóvenes aladas, doncellas hijas de la Tierra, Sirenas, ojalá pudiérais venir a acompañar mis lamentos con la flauta libia de loto, con la siringa o con la lira [...] Que Perséfone se una a mis sollozos enviándome vuestra fúnebre música»[41].

También Ovidio dice que no siempre habían tenido alas de ave:

> Antes eran muchachas de aspecto normal, compañeras de Perséfone. Pero cuando ésta fue raptada por Plutón, pidieron a los dioses que les diesen alas para poder ir en busca de su compañera tanto por mar como por tierra[42].

Otros autores, por el contrario, afirman que su transformación fue debida a un castigo que les había infligido Deméter por no impedir el secuestro de su hija, o bien, la que suele ser la versión más extendida, que Afrodita les había arrebatado su belleza por rechazar los placeres del amor.

A la hora de hablar de la representación de las Sirenas en el mundo clásico, no son pocas las relaciones que se han establecido a lo largo de los siglos con otros seres mitológicos de similar significado negativo. Es significativo que la semejanza existente entre las representaciones artísticas de las Sirenas y de las Harpías, las Raptoras, suscite un problema a la

---

41 Eurípides, 2007: vv. 169 y ss.

42 Grimal, 2008: 484.

hora de diferenciarlas e identificarlas. Sin embargo, la imagen de la Sirena que ha llegado a inmortalizarse nos la representa como una hermosa joven con cola de pez, letal y bella a partes iguales, veleidosa y absorta en el cuidado de su espesa melena, paradigma del coqueteo femenino[43]. La metamorfosis física sufrida por estos seres, de pájaros a peces, no puede atribuirse al imaginario moderno. El descubrimiento de un vaso de Megara del siglo II a.C. y conservado en el Museo Nacional de Atenas, al igual que una lámpara romana de los siglos I-II d.C. conservada en el Royal Museum de Canterbury en el que se muestra a Odiseo siendo seducido por mujeres-pez da clara muestra de que esta evolución comenzó mucho antes de lo que podríamos pensar.

Algunas mitologías, además, relacionan a las Sirenas con otros seres mitológicos grecorromanos, como son las Lamias. Este es el caso de una leyenda autóctona del País Vasco donde las populares *Itxas-Lamiak*, que en español significa Lamias del mar (también se les llama *Arrainandereak* o mujeres-pez), en lugar de piernas, o pies palmeados de pato como toda Lamia de las montañas vascas y navarras, poseen una larga cola de pez. Igual que las otras Lamias, las *Itxas-Lamiak* o Lamias del Mar peinan sus cabellos con peines de oro de los que dependen totalmente, así que todo aquél que quiera dominarlas debe robarles el peine, aunque eso las enfurece y estas sirenas pueden ahogarlos o traer mal tiempo a las costas si se enfadan. Sin

---

43 Resulta interesante que muchas lenguas, como el español, no distingan los dos tipos de Sirena (la mujer-pájaro y la mujer-pez) y otros sí, por ejemplo, la sirena original clásica en inglés es *siren* y en alemán *sirene*, mientras que la sirena con cola de pez se denomina en inglés *mermaid* y en alemán *meerjungfrau*.

embargo, no siempre son malas y a veces se enamoran apasio-
nadamente de los marineros que rondan por las costas vascas[44].

En la acepción más popular de la mitología griega, Lamia era
una reina de Libia a la que Zeus amó, hija de Poseidón o Belo
y Libia. Los celos de Hera la transformaron en un monstruo
y la obligaron a matar a sus hijos (en otras versiones, mató a
sus hijos y fue la pena desgarradora lo que la transformó en
monstruo). Lamia fue condenada a no poder cerrar sus ojos de
tal forma que siempre estuviera obsesionada con la imagen de
sus hijos muertos. Zeus le otorgó el don de poder extraerse los
ojos para así descansar, y volver a ponérselos luego. Lamia sentía envidia de las otras madres y devoraba a sus hijos. Tenía el
cuerpo de una serpiente y los pechos y la cabeza de una mujer.
Pese a que es una figura esencialmente femenina, ocasionalmente se le ha considerado masculina o, incluso, hermafrodita.

El *Diccionario de Mitología Griega y Romana* de Pierre Grimal nos da dos acepciones para esta figura mitológica. En la
primera se sitúa a Lamia como la «hija de Posidón, [que] tuvo
con Zeus a la Sibila Libia» aunque también incluye la segunda
historia, que la hace hija de Belo y Libia, y la historia sobre los
celos de Hera y los ojos de Lamia. Añade que

se llamaban también Lamias unos genios femeninos que, agarrán-
dose a las personas jóvenes, les sorbían la sangre» en una clara
referencia al mundo vampírico. Por otro lado, se señala también
que «la leyenda de Alcioneo cita un monstruo llamado Lamia, que

---

44 Como curiosidad, añadir que sólo parece existir en toda la mitología una
figura de Sirena positiva y buena, la Sirena cántabra o Sirenuca, que antes fue
humana. Cuenta la leyenda que, su madre, harta de que la desobedeciera para
ir a los acantilados, gritó "permita Dios que te vuelvas pez", y así la joven se
transformó en la Sirenuca que, desde entonces, alerta con su canto a los marineros del peligro de los acantilados.

habitaba las montañas próximas a Delfos. También Lamia es un nombre del monstruo de Gelo[45]».

Desde la Antigüedad, las figuras de la Lamia y de Lilith han estado emparentadas. Para Álvarez de Toledo «la producción mítica griega nos trae el recuerdo de las lamias, seres sobrenaturales emparentados con la diabólica Lilith, que seducían a los hombres dormidos, chupaban su sangre y se alimentaban de su carne».

Más antiguas y ancladas en la tradición ancestral que todas ellas se encuentran las Erinias. 'Erinia' significa "divinidad que habita la tierra", por tanto, con poder ctónico, subterráneo. Las Euménides, por otro lado, se traducen como las "benéficas" afines por su naturaleza ctónica al *Agathodaimon*, a la *Bona Dea* romana, a la "diosa buena". En *Las Euménides* de Esquilo, las Erinias se levantan contra el matricidio y toman a Clitemnestra bajo su protección aunque, finalmente, las Erinias acaban transformándose en las Euménides, en "Bondadosas". Es decir, las Furias[46] cuya memoria vengativa sostenía un sistema de venganza pre-político serán finalmente integradas en la polis como protectoras del orden social. Las Erinias son también conocidas como las hijas de la Noche, y llevan de sobrenombre "memoriosas" (*mnémones*), como portadoras de un saber profético referente al origen de todas las historias.

Lo que hace de las Erinias las rectas administradoras de justicia que refleja Esquilo es la *ménis*, un tipo de memoria colérica y vengativa. Pertenecen a las divinidades más antiguas del panteón helénico y quizá sea por eso por lo que se las conoce como defensoras del derecho materno puesto que su origen parece

---

45   Gelo era un fantasma de la isla de Lesbos, el alma en pena de una muchacha lesbia muerta joven que volvía del más allá para robar a los niños. Grimal, 2008: 303.

46   Nombre que les otorgó la mitología romana posterior.

adentrarse en una época prehelénica en el que las diosas (Inanna, Ishtar, Anat...) eran las fuerzas primordiales del panteón y el respeto a la madre debía estar por encima de cualquier ley social, como defienden las Erinias, terroríficas hijas de la Noche, de color negro y tocadas con serpientes, que roncan y segregan sangre por sus ojos, según se describe en la *Orestíada*. Su primitivismo salta desde el primer momento a la vista. Análogas a las Parcas o Destinos, no se someten a ninguna ley, ni reconocen la autoridad de los dioses de la generación joven, e incluso Zeus se ve obligado a obedecerlas en alguna ocasión.

Aunque en un principio su número era indeterminado, finalmente se concreta en tres, cuyos nombres son Alecto, Tisífone y Megera.

> Se representan como genios alados, con serpientes entremezcladas en su cabellera y llevando en la mano antorchas o látigos. Cuando se apoderan de una víctima, la enloquecen y la torturan de mil maneras [...]. Su mansión en la Tiniebla de los Infiernos: el Érebo[47].

Las Erinias están muy relacionadas con la religión dionisíaca y con las ménades, como se puede observar en *Las Euménides* de Esquilo, donde se aporta un número considerable de elementos que prueba que no se trata de una elección accidental. Además de compartir con las ménades el ornato de las serpientes, como buenas cazadoras persiguen el rastro del hombre como perros. Además, en la primera de las obras de la serie de Esquilo, se las menciona como un cortejo dionisíaco (*kômos*) que se ha emborrachado de sangre humana para envalentonarse.

Las Erinias basan su condición de potencias justicieras en el recuerdo permanente de aquellas "querellas" (*neíkoi*) que las Musas subsanaban mediante el diplomático lenguaje per-

---

47 Grimal, 2008: 169

suasivo y contra las que, sin embargo, ellas actúan con suma violencia.

Además, debemos tener en cuenta que todas las figuras femeninas mencionadas, a excepción tal vez de las amazonas, se relacionan con la seducción del hombre mediante el canto: las Sirenas, la Esfinge y, también, las Erinias hacen de su voz un mortífero y fatal instrumento de poder como apunta Iriarte

> En el conjunto de oposiciones que limitan las características de los dos universos: arriba/abajo, claridad/oscuridad, ofrendas ígneas/libaciones sangrientas, se incluye también la que diferencia la armonía musical del sonido "alírico". Un sonido que encarnan las Sirenas, la Esfinge o la Parka de Hades, además de las propias Erinias[48].

De Homero a Virgilio, las Erinias evolucionan hacia una concepción de divinidad destinada a infligir castigos infernales, una misión que, aunque ya aparece en Homero, es en la *Eneida* donde se da en mayor medida. En esta obra podemos reconocerlas atormentando las almas de los difuntos con su látigo y atemorizándolos con sus serpientes en el fondo del Tártaro.

Extremadamente similar a las primeras representaciones de las aves Sirenas como ya hemos dicho, nos encontramos con las Harpías o las Raptoras, genios alados, hijas de Tautamante y la oceánide Electra. Pertenecen, al igual que las Erinias, a la generación divina preolímpica y suelen ser dos: Aelo, a la que también se conoce como Nicótoe, y Ocípete. Algunas fuentes mencionan también una tercera harpía, Celeno. Ellas son otro ejemplo de nominación natural, es decir, el significado de sus nombres designa su naturaleza (Borrasca, Vuela-rápido y Oscura, respectivamente).

---

48 Iriarte, 2002: 42-43.

Suelen ser representadas con forma de mujeres aladas o bien con aves de cabeza femenina y afiladas garras. La mitología helénica las sitúa en las islas Estrofíades, en el mar Egeo, mientras que en la posterior época virgiliana se las ubica, directamente, en el vestíbulo de los Infiernos.

Al igual que las Lamias, las Harpías raptan niños, y, de igual modo en que sucede con la versión de las Sirenas como potencias ctónicas y fúnebres, se llevan las almas de los difuntos entre sus garras (postura en la que se la coloca ocasionalmente sobre las tumbas, en una representación imperecedera e inquietante del acto que más las caracteriza). Su morfología las emparenta también con la Esfinge, al igual que su nombre, "raptoras" que, como ya hemos visto, es una de las características definitorias del monstruo de Tebas.

Los parecidos y las relaciones entre estos seres mitológicos femeninos y aterradores dejan muestra clara de que en el mundo grecolatino existía una disposición, propia y al tiempo heredada, como hemos visto, del anterior sustrato mitológico mesopotámico, a creer en la maldad inherente del género femenino. La mujer es, lo ha sido siempre desde la primera concepción del mito, un ser fácilmente corruptible, en el que se puede identificar, sin lugar a dudas, al monstruo interior que habita en cada una de ellas. Era una creencia muy extendida en el mundo romano la existencia de mujeres malignas que podían convertirse en lechuzas o en búhos para chupar la sangre de los niños. Estas eran las *striges* o *strigae,* que incorporan rasgos de las harpías y de las lamias o empusas, y a las que también les gustaba engatusar a jóvenes hermosos para devorarlos.

Una de las figuras del panteón griego sobre la que menos se sabe es Hécate. Esta diosa, afín a Artemis, no posee un mito propio, en sentido estricto. Es, como las demás figuras que estamos analizando, ajena e independiente a las deidades olímpicas. Y está, al igual que las Harpías, las Górgonas o las Erinias, fuera del control de los dioses mayores, incluso, en el caso de Hécate, es Zeus quien mantiene y aumenta sus primigenios poderes, como señala Hesíodo en su *Teogonía*, el único lugar en el que se la menciona con un poco más de profundidad.

De nuevo, resulta interesante observar que las figuras femeninas más poderosas y temibles en el imaginario ático son anteriores, lo bastante antiguas como para ser preolímpicas, monstruos y divinidades que parecen estar ahí antes de que todo lo demás existiera, antes de que el mundo griego existiera, desde luego, y que nos conducen, directamente, hacia un mundo perdido en la niebla de la memoria, al sustrato mitológico mesopotámico, por ser lo más antiguo a lo que podemos acceder.

La figura de la diosa Hécate sufre también una susceptible transformación, pasa de ser la diosa que otorga, entre otros, el don de la elocuencia en las asambleas políticas a transformarse en algo bien distinto, en la divinidad a la que se atribuye la creación de la hechicería y a la que se invoca para presidir los embrujos, una figura permanentemente unida al mundo de las sombras, que se aparece ante las brujas y magos, bien con una antorcha en la mano o bien de manera zoomórfica (como lobo o yegua, pero sobre todo como perra, su totem originario). Puede aparecer de igual modo asociada con un laberinto serpentino alrededor de una espiral, conocido como rueda de Hécate (el *Strophalos de Hécate*). Podemos rastrear indicios de la permanencia del culto a Hécate hasta bien entrado el siglo XIX, como se demuestra en *Aradia o El evangelio de las brujas* compilado por el folclorista estadounidense Charles Leland (1899), en el que relata un culto a Diana muy similar a los anteriormente asociados a Hécate y donde se menciona: «Y habiendo hecho el cielo y las estrellas y la lluvia, Diana se proclamó Reina de las Brujas; ella era el gato que gobernó a los ratones de las estrellas, el cielo y la lluvia».

Pudiera ser que este paso de una función a otra viniera inducido por su peculiar culto en la Alejandría ptolemaica, lugar en el que le fue concedido el título de "Reina de los Fantasmas", donde se la representaba por triplicado, imagen que llegaría casi intacta al post-renacimiento y de ahí hasta nuestros días. Se creía que podía evitar, tanto que el mal saliese del mundo de los espíritus, como también permitir que dicho mal entrase, lo que explica la constante presencia de estatuas que la representan en los cementerios. En el *Martillo de las Brujas* (el temido *Malleus Maleficarum*), con seguridad el tratado más destacado y conocido publicado durante la caza de brujas del Renacimiento, se menciona también a la diosa. Aquí se afirma que la adoración de las brujas hacia Hécate fue lo que hizo que adaptaran partes del mito para convertirla en la diosa de la hechicería, papel que el pueblo aceptó perfectamente, ya que su imagen había sido ampliamente denostada anteriormente a la era cristiana, pues a finales del periodo romano ya era una diosa oscura, cuyas criaturas asociadas eran también consideradas animales de la oscuridad: cuervos, búhos nocturnos, serpientes, escorpiones, asnos, murciélagos, caballos, osos, leones y el perro se convirtieron en los símbolos de la diosa.

Como ya hemos dicho, fue la influencia egipcia lo que la convirtió en una figura de tres cabezas. En los documentos de Hermes Trimegisto –personaje de la literatura griega ocultista– y en los papiros mágicos de la Antigüedad Tardía era descrita con una cabeza de perro, otra de serpiente y otra de caballo. La versión más puramente griega de esta triplicidad llevó a los escultores a representarla con tres cuerpos en lugar de con tres cabezas, como aparece en el friso del gran altar de Pérgamo (actualmente en Berlín). La influencia griega llegará hasta la literatura, donde Apuleyo, en *El Asno de Oro*, en el Libro XI asocia, entre otras muchas, a la diosa con la Isis egipcia:

De aquí, los troyanos, que fueron los primeros que nacieron en el mundo, me llaman Pesinuntica, madre de los dioses. De aquí asimismo los atenienses, naturales y allí nacidos, me llaman Minerva cecrópea, y también los de Chipre, que moran cerca de la mar, me nombran Venus Pafia. Los arqueros y sagitarios de Creta, Diana. Los sicilianos de tres lenguas me llaman Proserpina. Los eleusinos, la diosa Ceres antigua. Otros me llaman Juno, otros Bellona, otros Hecate, otros Ranusia. Los etíopes, ilustrados de los hirvientes rayos del sol, cuando nace, y los arrios y egipcios, poderosos y sabios, donde nació toda la doctrina, cuando me honran y sacrifican con mis propios ritos y ceremonias, me llaman mi verdadero nombre, que es la reina Isis[49].

He aquí un breve y magnífico trabajo de comparación mitológica en el que el autor pone en relación a Minerva, Diana y Proserpina con una sola figura, la de la diosa egipcia Isis.

Hécate aparece también en las *Argonáuticas*. así como en el mito del rapto de Perséfone, pues será la única que oiga sus lamentos y quien le indique a su madre, Deméter, dónde ha de buscarla. En esta versión, más tarde, la diosa termina por convertirse en asistente y compañera de la Reina del Hades, tarea que compagina con la de ser la diosa de las encrucijadas de tres caminos o *trivio*, trasposición lógica si tenemos en cuenta las representaciones artísticas de tres caras de las que ya hemos hablado. La diosa, además, se identifica a menudo con la faceta más oscura de Artemis, un ser infernal en el que podía llegar a convertirse si se ocultaba su luz.

Los espectros que pertenecen al séquito de la diosa Hécate son las Empusas, seres pertenecientes al mundo infernal y habitual causa de terrores nocturnos, sobre todo en mujeres y en niños, ante quienes se aparecen para asustarlos en toda clase de formas. Se relacionan con el arquetipo de la mujer fatal porque

---

49 Apuleyo, 2002: libro XI, Cap. I.

era habitual que, para atraer a sus víctimas, adoptaran la figura de una mujer joven y hermosa. Están, como todas estas figuras femeninas, íntimamente emparentadas con las Lamias, hasta el punto de que estas y las Empusas tienden a confundirse al ser también monstruos femeninos que roban a los niños para devorarlos y que gustan también de los jóvenes hermosos. Por sus nombres conocemos a la terrible Síbaris, que habitaba en un monte cerca de Delfos y asolaba de tal modo la región hasta que el pueblo calmó su ira con la entrega de un muchacho, y a la empusa de Corinto que se hacía pasar por mujer rica y hermosa para devorar a un joven filósofo, pero fue desenmascarada por Apolonio de Tiana.

San Jerónimo, en el siglo IV, identificó a Lilith con la griega Lamia. Graves y Patai dejan clara la íntima relación existente entre los seres malignos de la mitología grecorromana y los orígenes hebreos del mito de Lilith, y la importancia de ciertos mitemas, como la postura sexual para el coito, que pueden representar un hilo de unión entre ellos:

> Las Lamias –que seducían a los hombres dormidos, chupaban su sangre y comían su carne, como hacían Lilit y sus compañeras demoníacas– eran conocidas también con el nombre de Empusae, "forzadoras" o Mormolyceis, "lobas espantosas", y se las describía como "Hijas de Hécate". En un relieve helénico aparece una Lamia desnuda montada a horcajadas en un viajero dormido de espaldas. Es característico de las civilizaciones en las que se trata a las mujeres como bienes muebles que deban adoptar la postura recostada durante el coito, a lo que se negó Lilit. Las hechiceras griegas que adoraban a Hécate eran partidarias de colocarse encima, según sabemos por Apuleyo; y así se ve en las primitivas representaciones sumerias del acto sexual; aunque no en las hititas. Malinowski dice que las muchachas melanesias ridiculizan la que llaman "posición misionera", que exige que permanezcan pasivas y acostadas.

Junto a estas mujeres malignas y sexualmente agresivas, encontramos otras en el mundo romano, las *striges* o *strigae*, que, según la creencia popular, eran féminas malvadas que podían convertirse en lechuzas o búhos para chupar la sangre de los niños. Reunían en sí mismas los rasgos de las harpías, de las lamias y las empusas, y no solo porque todas ellas sentían debilidad por los jóvenes hermosos a los que engatusaban y devoraban. La mayor parte de los rasgos que presentan las harpías, estriges y empusas son herencia o influencia del mito hebraico de Lilith –que a su vez deriva de la mitología mesopotámica–, que la concibe como un ser nocturno, lascivo y devorador de niños, enloquecida ante la maldición divina que la condena a ver morir cientos de sus hijos cada día.

Sin lugar a duda todos los seres anteriormente mencionados que caracterizan gran parte de la demonología de la Edad Media, tienen el mismo origen mítico. Es decir, todos estos monstruos mitológicos terribles, así como los vampiros, que caracterizan gran parte de la demonología medieval y que han alimentado el sustrato cultural de nuestros días tienen un origen mitológico común, el antecedente, el *humus* de lo que hoy conocemos como la *femme fatale*.

De diosas a demonios:
Lo femenino en el mundo hebreo

Adentrarse en el misterio del universo mitológico bíblico es avanzar por un tortuoso laberinto de referencias cruzadas con un mapa que podemos calificar como poco claro la mejor de las veces.

Con respecto al papel de la mujer en la mitología hebrea llama la atención lo que podríamos calificar como un esfuerzo consciente por minimizar e, incluso, hacer desaparecer toda relación existente entre las diosas mitológicas anteriores y las más destacadas figuras femeninas bíblicas (Eva, María, Lilith...). En esta línea, Graves y Patai apuntan

> Uno de los temas principales del mito griego es la reducción gradual de las mujeres de seres sagrados a vasallas. De igual modo, Jahvéh castiga a Eva por haber causado la caída del Hombre. Para disfrazar todavía más la divinidad original de Eva –su título de "Madre de todos los Vivientes" sobrevive en el Génesis– los mitógrafos hicieron que se formara de la costilla de Adán, anécdota que se basa, al parecer, en la palabra *tsela*, que significa "costilla" y también "un tropezón". Mitógrafos posteriores insistieron en que se formó del rabo de púas de Adán... También los griegos hicieron a la mujer responsable de la felicidad del hombre adoptando la fábula de Hesíodo acerca de la caja de Pandora [...]. Se debe observar que "Pandora" –"todos los dones"– fue en un tiempo un título de la creadora.[50]

Para Graves y Patai «el mito de la caída autoriza al hombre a culpar a la mujer por todos sus males, a hacerla trabajar para él, a excluirla del oficio religioso y rechazar su consejo sobre problemas morales», lo que nos conduce casi directamente hacia la imagen de sumisión en segundo plano que presentan la inmensa mayoría de los personajes bíblicos femeninos.

En general, podemos afirmar que el papel de la mujer en la tradición bíblica podría calificarse casi como insignificante de no ser por los tres vértices clave, las tres figuras arquetípicas que construyen los modelos de mujer establecidos en el paradigma judeo-cristiano: Lilith, Eva y María.

Lilith es, de todas ellas, la figura de la que menos información "oficial" tenemos. Apenas si es mencionada en las Sagradas Escrituras, sólo Isaías hace referencia a la que fue la primera mujer de Adán: «Los gatos salvajes se juntarán con hienas

---

50   Graves y Patai, 1986: 13

y un sátiro llamará al otro; también allí reposará Lilith y en él encontrará descanso».

Como vimos páginas atrás, su nombre original en acadio es *Lilitu*, que proviene de la palabra 'lil', que en este idioma significa 'viento' o 'espíritu'. Otras versiones, sin embargo, apuntan hacia un posible nacimiento en la cultura sumeria de Mesopotamia, con un origen asirio-babilonio. Según hemos visto, se la menciona en la historia de Inanna y el árbol *hullup*, en la epopeya de Gilgamesh.

Baring y Cashford también bucean en los orígenes del nombre "Lilith" con la intención de hallar los verdaderos orígenes de esta figura bíblica:

> *Lil* también era la palabra sumeroacadia que designaba la "tormenta de polvo" o "nube de polvo", un término que se aplicaba también a los fantasmas, cuya forma era como una nube de polvo y cuyo alimento era supuestamente el polvo de la tierra. En la lengua semítica *lilatu* era entonces "la criada de un fantasma", pero pronto se confundió con la palabra *layil*, "noche", y se convirtió en una palabra terrorífica que designaba a un demonio nocturno. En el mito hebreo, Lilit, por lo tanto, acumuló sin descanso todas las asociaciones de noche y muerte. Es posible que la imagen hebrea de Lilit se basase en las imágenes de Inanna-Istar como diosa de las grandes alturas y las grandes profundidades, pero considerablemente rebajada al ser percibida desde el punto de vista de un pueblo deportado a Babilonia.

Estas suposiciones tienen su base en la interpretación que del Génesis bíblico (1, 27) se ha hecho. Antes de explicar que el Dios Yahvé dio a Adán una esposa llamada Eva a partir de su costilla, el texto dice: «Creó, pues, Dios al hombre a su imagen; a imagen de Dios lo creó; hombre y mujer los creó». Según la definición de la Enciclopedia Británica, Lilith es:

Female demon of Jewish folklore; her name and personality are derived from the class of Mesopotamian demons called lilú (feminine: lilitu). In rabbinic literature Lilith is variously depicted as the mother of Adam's demonic offspring following his separation from Eve or as his first wife, who left him because of their incompatibility[51].

En el *Zohar* (obra principal de la Cábala), se hace referencia a Lilith como la perversa, la falsa, la ramera e, incluso, la negra. Es importante conocer, a la hora de analizar la demonización de la figura de Lilith, que el Talmud hebreo narra su encuentro y posterior unión con el ángel Samael, que se rebeló contra dios, y a quien el cristianismo denomina Satán.

En *Lilit y otros relatos*, Primo Levi narra algunas de las más conocidas historias de Lilith en la tradición oral hebrea:

La historia de Eva está escrita y la sabe todo el mundo; mientras que la de Lilit sólo se cuenta oralmente, y por eso la sabe poca gente (bueno, no «la» sino «las», pues son muchas las historias) [...] El Señor no sólo los hizo iguales, sino que con la arcilla hizo además una forma única; mejor dicho, un Golem, una forma sin forma. Era una figura con dos espaldas; es decir, el hombre y la mujer ya juntos. Luego los separó de un tajo [...]. Adán quiso que Lilit se acostase en el suelo. Lilit no estaba de acuerdo [...]. Lilit vive precisamente en el mar Rojo, pero todas las noches levanta el vuelo, se da una vuelta por el mundo, rompe los cristales de las casas en las que hay niños e intenta sofocarlos. Es menester estar atentos; si logra entrar, se la atrapa debajo de un plato volcado, y ya no puede hacer daño. Otras veces entra en el cuerpo del hombre, y éste queda embrujado [...]. Luego está la historia del semen. A ella le gusta mucho el semen del hombre, y anda siempre al ace-

---

51 Demonio femenino del folclore judío; su nombre y personalidad se derivan de la clase de demonios mesopotámicos llamados lilú (femenino: lilitu). En la literatura rabínica, Lilith es representada de diversas maneras como la madre de la descendencia demoníaca de Adán después de su separación de Eva o como su primera esposa, que lo abandonó debido a su incompatibilidad. (Traducción de la autora)

cho a ver dónde ha podido caer. Todo el semen que no acaba en el único lugar consentido, es decir, dentro de la matriz de la esposa, es suyo [...]. Por eso no hace más que parir [...]. Pero son también hijos de hombre, de cada hombre: hijos ilegítimos [...]. Pero me queda por contarte la historia más extraña, y no es raro que sea extraña si se piensa que está escrita en los libros de los cabalistas, que son unos individuos sin ningún tipo de miedo [...]. Los cabalistas decían que tampoco estaba bien que estuviera Dios solo, por lo que en el principio de los principios, se dio a sí mismo una compañera, a la Shekiná, es decir, a su propia presencia en la creación. De este modo la Shekiná se convirtió en la esposa de Dios y, por tanto, en la madre de todos los pueblos [...]. Dios se quedó solo y, como sucede a la mayoría de nosotros, no pudo resistirse a la soledad y a la tentación y se buscó una amante. ¿Adivinas quién? Lilit, la diablesa [...]. Mientras Dios siga pecando con Lilit, habrá sobre la tierra sangre y dolor[52].

Pero la narración más detallada de la historia de Lilith y su rebelión contra Dios la encontramos recogida en el *Alfabeto de Ben Sira*[53]:

Cuando Dios creó al primer hombre e individuo [Adam, de tierra moldeado], dijo, no es bueno que el hombre esté solo, para él creó entonces una mujer del mismo polvo y la nombró Nocturna, Leilit [/Lilit]; pronto, comenzaron a reñir el uno con la otra: ella le explicó, yo no he de tenderme por debajo, y él le aclaró, yo no he de acostarme sino arriba, a ti te corresponde yacer debajo y a mí, por encima. Ella contestó: somos iguales, nos han forjado con la misma tierra, mas ni él la escuchaba ni ella le oía. Al comprender Leilit-la-nocturna lo que deparaba la situación, pronunció el

---

52 Levi, 1989: 23-25.

53 El *Alfabeto de Ben Sira* (*Alfabeto de Jesús ben Sirach, Alphabetum Siracidis, Othijoth ben Sira*) es un texto medieval anónimo atribuido a Jesús ben Sirach, el autor de la Sabiduría del Sirach. Está fechado entre el 700 y el 1000 d.C. Se trata de una recopilación de dos listas de proverbios, 22 en arameo y 22 en hebreo, ambos dispuestos como acrósticos alfabéticos.

Nombre inefable y floreció en todo su esplendor y se hizo una con el espacio del mundo.

Adam, de pie en son de rezo ante su Dios creador, atónito y consternado, se quejó: Soberano del Universo, la mujer que me diste, de mí huyó. Inmediatamente, el Soberano Dios Todopoderoso lanzó en su búsqueda al batallón de tres ángeles que tras ella corrieron para traerla de vuelta. El Ser Todopoderoso se dirigió a Adam y le anunció: "Si La Nocturna en su deseo encuentra la voluntad de regresar, estará en ella su mejor destino; si no acepta retornar, deberá ser responsable por la muerte de cien de sus hijos todos los días de su vida". Los tres ángeles dejaron ir a La Nocturna y la siguieron hasta encontrarle en el mar de las bravas aguas, en las que algún día habrían de ahogarse los egipcios.

En su encuentro con Leilit, reportaron los tres ángeles las palabras de Adonai. Mas ella no quiso volver a Adam. Respondieron los ángeles: te hundiremos entonces en el fondo de los mares. Ella replicó: "¡dejadme en paz si habéis de creer que no he nacido sino para dominar a las criaturas que llegan al mundo! ¡desde el primero al octavo día de los varones, y desde el primero al vigésimo día de las hembras!"[54]

La asirio-babilónica Lilitu, como "demonio femenino, o espíritu del viento", pertenece a una tríada demoníaca habitualmente mencionada en los hechizos babilónicos. Sin embargo, su primera aparición es anterior, como ya hemos visto al hablar de la fábula de «Gilgamesh y el sauce» o «Inanna y el árbol hullup», el otro modo en el que hemos mencionado este relato, y en el que se la menciona como "Lillake" en la tablilla sumeria encontrada en Ur y datada en el año 2000 a. de C. Como mencionan Graves y Patai, la etimología popular hebrea parece haber derivado "Lilit" de layil, "noche", y, en consecuencia, aparece con frecuencia como un monstruo nocturno peludo, lo mismo que en el folclore árabe.

---

54 *Alfabeto de Ben Sira*, versión del manuscrito de Leiden, epígrafe 34.

Además de relacionarla con la reina de Saba, para algunos gobernó también en Zmargad. Asimismo se le otorga el poco agradable hecho de haber sido el demonio que terminó con la vida de los hijos de Job. Aparte de estrangular a los niños, el peligro de Lilith se centra, como hemos visto en el relato de Primo Leví, básicamente en la seducción. Ella puede acercarse a cualquier hombre que esté soñando pues, si se encuentra solo, se convertirá con facilidad en su víctima apoderándose del esperma desperdiciado en sueños para concebir demonios.

Desde el comienzo del mito queda clara su implicación y fuerza sexual. Todo en el mito de Lilith gira en torno al sexo. Su imagen de mujer rebelde se cimienta sobre el peligroso acto de arrebatarle al varón sus privilegios, en concreto el uso de la postura dominante durante el coito. Ella representa el arquetipo de lo esencialmente femenino que ha sido negado durante milenios por la cultura patriarcal y que, en la actualidad, ha servido en la literatura moderna como estandarte del feminismo. Con gran acierto, señala Álvarez de Toledo:

> El rechazo de la unión monogámica por la primera mujer nos permite tender un puente entre la época remota en que Lilith era temida por los varones, como una oscura deidad, hostil a todo lo que representaba el dominio sexual de lo masculino, y la persecución de la brujería a lo largo de la Edad Media y de la Edad Moderna[55].

La cultura hebrea llevó la polarización y división de las dos facetas de la diosa-madre mesopotámica (a saber, diosa que da la vida y trae la muerte) a su extremo a través de la figura de Lilith, que añadió además la demonización de la sexualidad (principalmente de la femenina). Para Baring y Cashford

---

55 Álvarez de Toledo, 2008: 19.

Lilit surgió del intento de comprender la diferencia entre los dos mitos de creación del Génesis, puesto que en la primera historia, en Génesis 1, hombre y mujer son creados igual y conjuntamente, mientras que en la segunda historia, en Génesis 3, la mujer es creada después del hombre y a partir de su cuerpo. Según la sencilla lógica propia de las leyendas, Lilit era la primera esposa, que era peor que la segunda. Sin embargo, la figura escogida para desempeñar este papel en la leyenda judía era originariamente sumeria, la resplandeciente reina del cielo, cuyo nombre "Lil" significaba "aire" o "tormenta". A menudo se trata de una presencia ambigua, amante de los "lugares salvajes y deshabitados", asociada también con el aspecto oscuro de Inanna y con su hermana Ereshkigal, reina del inframundo[56].

A la hora de construir la doctrina cristiana, los primeros Padres de la Iglesia bebieron de cuatro fuentes. La primera de ellas, el Génesis, junto con los escritos de Pablo, los textos judíos no canónicos –como el *Libro secreto de Henoc*, el *Apocalipsis de Moisés* y los libros de Adán y Eva– y las tradiciones helenísticas con su vasta mitología.

Esta conjunción de fuentes nos da un amplio número de referencias cruzadas, de símbolos y gestos interpretables y trasladables de una teología a otra. Este es el caso, por ejemplo, de la referencia a Lilith como búho o lechuza que hallamos en el Antiguo Testamento, en la profecía de Isaías en el día de la venganza de Yahvé, cuando la tierra se vuelva desierto, «y un sátiro llamará al otro; también allí reposará Lilit y en él encontrará descanso» (Isaías 34, 14). Inanna e Istar eran también llamadas "divina señora búho" (Nin-nnina y Kilili). Este paralelismo nos puede servir tanto para explicar los orígenes de la propia Lilith como el hecho de que, en ocasiones, se la retrate junto a una lechuza.

---

56 Baring y Cashford, 2005: 575.

En general Lilith representa la más remota personificación de la brujería y de todo lo maligno que en la mujer puede verse. Con la primera mujer de Adán, la sexualidad y el deseo femenino se convirtieron en algo que había de ser temido. La mujer buena, la mujer honrada, no debía ni podía tener, y mucho menos manifestar, ningún tipo de interés sexual, sino que había de cumplir con sus obligaciones maritales con resignación, una idea que se enfrenta radicalmente con las imágenes femeninas de poder que ostentaban las sacerdotisas sumerias. Para Baring y Cashford:

> La imagen de este fallo [la creación de Lilith] en el orden divino se convirtió en el centro de todas las fantasías terroríficas que provoca la sensación de indefensión. Lilit podía aparecer en cualquier momento de la noche; ella o alguno de sus demonios podía entonces llevarse a un niño, aterrorizando a los padres de los pequeños. Podría también poseer a un hombre durante el sueño. Éste constataría que había caído bajo su poder si encontraba restos de semen al despertar; entonces sabría que Lilit había tenido trato sexual con él. Es difícil evitar concluir que Lilit se convirtió en una imagen de deseo sexual no reconocido, reprimido y proyectado sobre la mujer, que se convierte en la seductora. Por todas partes se han encontrado amuletos contra el "poder" de Lilit [...]. La desnudez vergonzante pronto se convirtió en sexualidad pecaminosa, especialmente cuando la serpiente fálica hizo su entrada en la especulación teológica. En ocasiones se identificaban la serpiente y Lilit, y se dibujaba a la serpiente con un cuerpo de mujer, interpretándose que dicha criatura era Lilit. Otras veces, la serpiente tiene un rostro como el de Eva. Por esta razón, la sexualidad, o más bien una percepción de la sexualidad como algo "no divino", invade las leyendas sobre Lilit como aspecto oscuro de Eva, y de una manera sutil también mina la figura de la propia Eva[57].

---

57 Baring y Cashford, 2005: 577.

La imagen de Lilith como un ser sediento de sexo (demoníaco en el peor de los casos), asesino de niños y seductor de hombres llegó casi directamente hasta la Edad Media en la que miles de mujeres fueron acusadas de brujería siguiendo lo que podríamos denominar los "parámetros de Lilith".

Diversos estudiosos, entre los que se encuentra Álvarez de Toledo, afirman que la tradición europea de la persecución de la bruja no tiene sus verdaderas y propias raíces en la mitología de la antigua Grecia, sino en la cultura judeo-cristiana de la religión "revelada" y en las bases que se sentaron en este tiempo sobre lo que la mujer debía o no saber y debía o no hacer.

Tras la deserción de Lilith llegó Eva y, con ella, las distintas versiones de su creación por parte de Dios. Graves y Patai nos hablan de una primera Eva, de la que se sabe por el Génesis Rabba y distintos Midrash. Dios la hizo con tejido humano (huesos, músculos, sangre...) pero cometió el error de hacerlo ante los ojos de Adán y, aunque el resultado final era muy hermoso, su sola visión resultaba repulsiva para el hombre, pues había visto sus vísceras. Dios la expulsó: «nadie sabe con seguridad a dónde fue»[58].

Sobre la propia creación de Eva, como veremos, existe más de una versión y un buen número de interpretaciones mitológicas, antropológicas y simbólicas. Según recogen Graves y Patai, algunos dicen que Dios creó a Eva, no con una costilla de Adán, sino con una cola que terminaba en un aguijón y que formaba parte de su cuerpo. Dios la cortó y el muñón –ahora el coxis inútil– siguen llevándolo los descendientes de Adán.

A este tema ofrece Samuel Noah Kramer una interesante explicación:

---

58 Gen. Rab. 158, 163-164. Mid.Abkil 133, 135; Abot diR. Nathan 24; B. Sanhedrin 39 a.

Proporciona [el texto sumerio] la explicación de uno de los enigmas más embarazosos de la leyenda bíblica del paraíso, el que plantea el famoso párrafo en donde se ve cómo Dios forma la primera mujer, la madre de todos los hombres, de una costilla de Adán (Génesis, II, 21). ¿Por qué una costilla? Si se admite la hipótesis de una influencia de la literatura sumeria (de este poema de Dilmun y de otros semejantes) sobre la Biblia, las cosas se aclaran mucho. En nuestro poema, una de las partes enfermas del cuerpo de Enki es precisamente una "costilla". Ahora bien, el nombre sumerio de costilla es *ti*. La diosa creada para curar la costilla de Enki se llama Ninti, la "Dama de la costilla". Pero el vocablo sumerio *ti* significa igualmente "hacer vivir". Los escritores sumerios, haciendo un juego de palabras, llegaron a identificar a la "Dama de la costilla" con la "Dama que hace vivir". Y este retruécano, uno de los primeros de la historia, pasó a la Biblia, donde, naturalmente, perdió todo su valor, ya que, en hebreo, las palabras que significan "costilla" y "vida" no tienen nada en común[59].

Esta explicación se puede conjugar con la que nos ofrecen Baring y Cashford:

la palabra hebrea que designa la costilla, *tsela*, significa "tropezar"; da lugar, por tanto, a un jocoso juego de palabras, puesto que Eva recibe su nombre inmediatamente después de "tropezar" en nombre de toda la humanidad[60].

La imagen de Eva ha sufrido lo que ha venido en llamarse la "desacralización de la diosa". La desmitologización de una diosa es un proceso lento y sutil, en el que la diosa transmite su poder y su fuerza a Yahvé. Por un efecto de contraste, Eva se convierte en el opuesto de lo que era: ya no es dadora de vida, sino causa de muerte.

59 Kramer, 1978: 217.
60 Baring y Cashford, 2005: 557.

También Graves y Patai consideran básicamente divinos los orígenes de Eva, a la que identifican con la diosa Heba, esposa del dios de la Tormenta hitita, quien cabalgó desnuda a lomos de un león y se transformó en la cultura grecolatina en Hebe, diosa y novia de Heracles.

Además, los mismos autores señalan que en el Génesis III, 20, Adán llama a Eva "la madre de todos los vivientes", denominación que recibieron también las diosas Aruru e Ishtar. Y, gracias a su pecado, ella –a través de la manzana– le otorga al primer hombre la sabiduría, del mismo modo en el que lo hace la prostituta Samhat con Enkidu, hermano de Gilgamesh en su epopeya, que alcanza "lo civilizado" a través del sexo con quien algunos estudiosos llaman prostituta y otros sacerdotisa, refiriéndose en realidad a la hieródula, la sacerdotisa dedicada a los misterios sexuales.

Todos estos indicios llevan a seguir la afirmación de Baring y Cashford sobre los orígenes divinos de quien, para la religión judeo-cristiana, causó la pérdida y el mal en la humanidad:

> Mientras las imágenes de Eva la sitúan en la tradición antigua como diosa madre, su historia –cómo nace, qué piensa, dice y hace– la define como mujer humana. Pero no es tan sencillo. Aunque sea sólo una mujer, el papel que se le otorga es mítico. De hecho, es una nueva versión del antiguo papel de la diosa madre que trae la muerte a la humanidad; pero con una diferencia crucial. En las mitologías anteriores, la diosa madre que traía la muerte era también la diosa madre que en el principio dio a luz a todas las criaturas, de manera que las dos fases de la existencia podían reunirse en la imagen de una diosa que contenía ambas: la gran madre.

Esta simplificación de la dualidad originaria del arquetipo trae consigo consecuencias culturales que llegan hasta nuestros días y que con el devenir del tiempo y el imaginario creado por centenares de escritores dio lugar a la construcción moderna de la mujer fatal.

No sólo maldice Yahvé a la mujer sino al propio ciclo natural, la relación del ser humano con la naturaleza que, desde la Caída, deja de ser un jardín hermoso que cuidar y pasa a ser un suelo, yermo las más de las veces, que se debe "trabajar con fatiga". Y el mundo deja de ser un lugar acogedor para siempre.

La lejana creación del mito de Eva tuvo repercusiones muy reales en la vida diaria de las mujeres judeo-cristianas, precisamente por la interpretación de la historia mítica como algo real.

Mientras Lilith era demoníaca ya desde su creación, a Eva se la acusó, del mismo modo que a Pandora, de llevar la muerte y el pecado al mundo, pero su título de "madre de la humanidad" (no sólo "madre de la raza de las mujeres", como sucede en el mito helénico) de algún modo, le granjea un respeto que no tiene la primera, quizá porque Pandora comparte panteón con una múltiple variedad de diosas, mientras que en Eva han de reunirse distintas cualidades que conformaban la simbología de las antiguas deidades femeninas.

Resulta llamativo que el mito griego de Pandora, y el de Eva tengan un tono bastante similar.

Zeus crea a Pandora como castigo para la raza humana, a quien Prometeo le había llevado el fuego robado a los dioses. Tertuliano en *De corona militis*, citado en John Phillips[61] asocia a Pandora con Eva:

> Si alguna vez hubo una tal Pandora, a quien Hesíodo llama la primera mujer, su cabeza fue la primera en ser coronada de gracias con una diadema; pues recibió dones de todos y por ello se le llamó "Pandora"; Moisés, sin embargo, al describir a la primera

61 PHILLIPS, John: *Eve: The History of an Idea*. London: Harpercollins, 1985, 21.

mujer, Eva, señala que su cintura estaba rodeada de hojas, lo que es más conveniente que llevar flores en las sienes.

Son muchos los textos y autores que, a lo largo de estos primeros siglos de andadura religiosa, sirvieron para asentar las bases del arquetipo femenino que representa a la mujer maleable, inconsciente del mal que provoca al dejarse llevar por sus instintos. Un lento devenir, un goteo constante de liturgias y versos en los que se entiende que esa maldad es inherente, constituye parte de la naturaleza de la mujer, desde los comienzos de esta narrativa. Entre otros, el filósofo judío Filón de Alejandría, en el siglo I d. C. achaca la culpa de todo mal a la mujer, a Eva, no por su desobediencia sino en base a su simple existencia. Para él, Eva representa la imagen paradigmática de la materialidad concebida como un estado de esclavitud. Mientras, por otro lado, a Lilith, a quien en el Zohar se le denomina "la ruina del mundo", se le concibe como una imagen de esta misma materialidad pero concretada únicamente en términos sexuales.

Muchos textos de literatura judía de fuentes apócrifas, no incluidos en el canon ortodoxo del antiguo Testamento, contienen pasajes como este:

> Las mujeres son el mal, hijos míos: como no tienen el poder ni la fuerza para enfrentarse al hombre, usan tretas e intentan engañarlo con sus encantos; la mujer no puede dominar por la fuerza al hombre, pero lo domina mediante la astucia [...] las mujeres se entregan más fácilmente al espíritu de fornicación que el hombre.[62]

Mencionar a Eva es hablar del diablo, del pecado y, por supuesto, de la serpiente. El primer vínculo entre Eva y la serpiente se produce por sus nombres: el vocablo hebreo *Hawwah* es muy similar a la expresión utilizada en árabe y en arameo para de-

---

62 "The Testament of Reuben" en *The Apocryphal Old Testament* edited by H.F.D. Sparks. Oxford : Clarendon Press, 1989, p. 519.

signar a la serpiente, como observaron los exégetas judíos más antiguos. La serpiente aparece a menudo tentando a Eva de modo erótico. En las diversas representaciones pictóricas que pueblan el arte medieval (por ejemplo, en la pintura "Adán, Eva y la serpiente" de Hugo van Der Goes), la serpiente es la propia Eva con cuerpo de animal. Así se sugiere implícitamente que Eva ha asumido su papel tentador de serpiente. En *El Paraíso Perdido* de Milton, Adán repite la misma idea y le dice a Eva en el décimo canto: «*Out of my sight, thou serpent, that name best / Befits thee with him leagued, thyself as false / And hateful*[63]». Para John Phillips:

> Se consideraba a la serpiente, consciente o inconscientemente, como un poderoso símbolo de conexión entre el mal y la sexualidad. La transgresión original se relacionó desde muy temprano con la consciencia sexual. Eva se convierte así en el vehículo para la intrusión de la lujuria en el orden creado.

La asociación con la serpiente se da también, sin lugar a dudas, en la descripción del carácter de Eva. Ella es retratada como moralmente débil, con menos raciocinio y disciplina. Taimada como la serpiente, reúne para sí una amplia variedad de defectos, atribuidos en general a la mujer durante siglos: presumida, codiciosa, ingenua, astuta. Eva es, sobre todo, más sexual e instintiva, y como demuestra el pecado original, menos obediente a la ley. Su cercanía al mundo del sexo, como hemos observado al hablar de Lilith, la acerca también al diablo, quien reina en esa parte del subconsciente humano, de modo que terminó por considerarse el sexo como una puerta de entrada hacia el demonio y todos sus males.

Resulta interesante que la diosa Atenea, la única del panteón helénico que, como Eva, no tiene madre, sino que ha nacido de

---

63 Fuera de mi vista, serpiente, ese nombre es el que mejor / te conviene con él ligado, tú mismo como falsa / y odiosa.

varón, se asocie también con la serpiente que llega a aparecer a veces incluso en el lugar de la propia diosa aunque el significado que se da a ambas representaciones es muy diferente. En la cultura griega, la referencia a la serpiente pertenece al mundo mitológico prehomérico.

Heredera de esta mitología más antigua es la versión de la concepción de Caín por parte de Eva y el ángel caído Samael que, disfrazado de serpiente y celoso al ver cómo yacía la pareja originaria, juró tomar a Eva y destruir a Adán. Cuando él se durmió, ella se entregó al demonio y concibió a Caín. Algunas versiones cuentan que ella, confusa al principio al observar el hermoso y casi divino resplandor en la piel de su hijo pensó que era obra del propio Yahvé. Cuando supo la verdad, profundamente arrepentida, quiso pedir perdón por su pecado.[64]

El Zohar 1:36b explica que dos vinieron sobre Eva: la serpiente y Adán, y que ella quedó embarazada de ambos, y tuvo dos hijos. El hijo de la serpiente es, por supuesto, Caín. Para explicar por qué Caín era malo y Abel bueno, el Zohar 1:54a explica que Caín fue concebido del lado de la impureza y Abel del lado de la santidad. Como resultado, Abel era semejante a la imagen de Dios, como se afirma en el versículo "Y creó Dios al hombre a Su imagen" (Gn. 1:27). Pero Caín era de la semejanza de la imagen inferior, del bando del Ángel de la Muerte, lo que le impulsó a matar a su hermano.

La idea de que Eva fue infectada por la impureza de la serpiente cuando tuvo relaciones sexuales con ella intenta presentar a la mujer no sólo como impura, sino también como indigna de confianza. Esto forma parte de un amplio sesgo antifemenino que se encuentra en algunos textos rabínicos.

---

64   Sobre el nacimiento de Caín véase *Targum Pseudo-Yonathan* en Genesis 4:1; *B. Shabbat* 145b-146a; *B. Sota* 9b; *B. Yevamot* 103b; *B. Avodah Zarah* 22b; *Genesis Rabbah* 18:6; *Pirkei de-Rabbi Eliezer* 13, 21, y 22; *Zohar* 1:28b, 1:36b-137a, 1:54a, 1:55a; 1:243b, 2:52a; *Magen Avot* 53.

La serpiente del Génesis se transforma en la cábala en un principio del mal, la serpiente primigenia que tiene su hogar en la oscuridad del Sitra Ahra, el Otro Lado. Es una serpiente junto al camino, una víbora junto a la senda (Gén. 49:17). Desciende de lo alto de lo alto, nada por aguas amargas y baja para engañar, al acecho para emboscar a la humanidad con pecados. El Sitra Ahra es el reino del mal. Se dice que está gobernado por Samael y Lilith. La serpiente primigenia o primordial es un arquetipo del mal, basado en la serpiente del Jardín de los Cielos, el Jardín del Edén. En este reino funciona como una fuerza del mal, una versión exagerada de la Yetzer ha-Ra, el Impulso Maligno en cada persona. El Zohar describe esta serpiente como "la muerte eterna, en el lado izquierdo, que entra en las partes más secretas del hombre" (Zohar 2:52a).

Tras la muerte de Abel a manos de su hermano, Adán, por miedo a que otro hijo corriera la misma suerte, no tuvo sexo con Eva en 130 años. Durante todo este tiempo los súcubos frecuentemente llevaban hasta Adán gran cantidad de demonios mientras dormía, con la intención de que pecara, causándole sueños pecaminosos e involuntarias emisiones de semen. Además, los íncubos violaban a Eva dormida y engendraban demonios con ella. Para Graves y Patai, esta historia refleja la opinión de los esenios libres de que abstenerse de toda actividad sexual puede tener consecuencias peligrosas. Así explican Baring y Cashford su análisis del mito:

> El mito de Eva inaugura un nuevo tipo de mito de creación que parece llevar, examinado desde la perspectiva de mitos más antiguos, la marca distintiva de la Edad de Hierro. Sin embargo, la imaginación occidental ha recibido este mito como si lo que expresa acerca de la naturaleza de la creación y la naturaleza del ser humano, especialmente de la mujer, fuese una afirmación atemporal. En el relato, son las acciones de Eva las que inician el cambio de estado, llevando de la unidad y la armonía con lo divino a

la separación y la alienación [...]. La figura de Eva, sin embargo, se ha extraído del marco del mito, y el mito se ha sacado de su contexto local e histórico y se ha llegado a considerar una afirmación eterna, como si realmente Dios lo hubiera escrito y no un ser humano. Los comentaristas cristianos posteriores, al interpretar el mito literalmente adoptaron una postura generalizadora: partieron del "pecado" de Eva y lo aplicaron al carácter femenino. Esto ha influido de forma seria y profunda en actitudes hacia la materia, la tierra y la naturaleza, asimiladas al denostado principio femenino. Por otro lado, si se restaura el mito a su contexto original, lo que emerge es una historia diferente: la diosa pierde su carácter mitológico y se asimila a una mujer humana. Además, si se va más allá de la historia y se llega al arte, leyéndose el mito simbólicamente, más allá de teologías de género, este relato de exilio se transforma en un relato sobre el nacimiento de la consciencia humana[65].

LO FEMENINO EN EL CRISTIANISMO:
EVA, LA VIRGEN MARÍA Y LA MAGDALENA

Como contrapeso a una Eva sumida en la lujuria, el pecado y la maldad femenina, encontramos la visión cristiana del lado bondadoso de la deidad femenina: María Virgen, María Inmaculada, madre de Dios. Tras nuestro recorrido por la mitología sumeria, la imagen de la diosa madre sosteniendo al dios niño nos resulta ya muy familiar.

Y ese, su epíteto, es su principal rasgo definitorio, puesto que María, a través de su virginidad, redime a la Eva pecadora. Gracias al inmaculado nacimiento de Cristo, el hombre logra recuperar la promesa del paraíso perdido.

---

65 Baring y Cashford, 2005: 550.

Su virginidad es la pieza clave en torno a la cual se articula toda la teología cristiana. Sin el nacimiento inmaculado de Jesús, éste no podría ser llamado "hijo de Dios". La sexualidad y el nacimiento derivado de ella no podían convertirse en aspectos de la divinidad, lo de parir, el dolor, la "cálida sangre de la oscuridad", era algo demasiado humano, o demasiado animal.

Esta cualidad transforma a María, la sitúa entre lo divino y lo humano y la convierte en la representante de los hombres ante Dios. Es la madre del redentor y del creyente, no la madre de todo ser vivo, como es el caso de Eva que, ante la presencia casi angelical de María, por contrapeso, se convierte en un ser aún más malvado. Como el propio Tertuliano explica, "Eva se hace más malvada porque María es la mujer perfecta". La afirmación es aclarada en estos términos:

> Eva creyó a la serpiente, María creyó a Gabriel. La una pecó por creer; la otra, al creer, borró el pecado. Pero ¿no concibió Eva nada en su vientre por la palabra del diablo? Ciertamente lo hizo. Porque la palabra del diablo fue semilla para ella, de forma que a partir de ese momento dio a luz como marginada, y dio a luz con sufrimiento. Y, de hecho, trajo al mundo un diablo que asesinó a su hermano; mientras que María trajo al mundo a uno que, llegado el momento, traería la salvación a Israel[66].

Esta dicotomía absoluta entre los papeles de la mujer virgen y madre y la mujer pecadora, como hemos visto, tuvo largos y complejos efectos en la historia del cristianismo.

El sexo acabó por identificarse con el pecado primario, haciendo, además, imposible para la mujer conjugar los papeles opuestos de virgen y madre pues ninguna madre podría alcanzar la perpetua virginidad mariana ni ninguna virgen conocer la maternidad.

---

66 Baring y Cashford, 2005: 607.

El culto a María, como veremos más adelante, alcanzó su momento cumbre en la Edad Media y el Renacimiento, del siglo XI al XVI, donde la dicotomía entre Eva y María se abrirá aún más, haciendo totalmente insalvable la distancia que las separa.

La imagen de María se transforma en un poderoso e imperecedero arquetipo debido al poder simbólico de la virginidad que, contrariamente a la virginidad de la Diosa Madre, representación de la autofecundidad de la naturaleza, asume el símbolo del bien, de la pureza y la limpieza frente al mal, el sexo, que queda así asociado también a la trágica condición humana de la mortalidad.

No debemos olvidar que, durante siglos, los padres de la Iglesia se vieron obligados a redefinir su postura en diversas ocasiones, como ya sucediera en la Roma clásica con respecto a la diosa Isis, para adaptar la figura de la virgen a la demanda popular.

Otro problema que se les planteó a los teólogos y sobre el que el propio San Agustín trató en más de una ocasión fue la concepción de la propia María. Según él[67], esta concepción debería ser, a su vez, inmaculada, porque de otro modo ella ya estaría marcada, como los demás, desde el mismo momento de su nacimiento, con el pecado original, lo que haría del todo imposible que terminara siendo la madre de Cristo. La idea de la propia concepción inmaculada de María por parte de Santa Ana, su madre, es algo que torturó durante siglos a los encargados de asentar las bases teóricas del credo y que, entre otras facciones, el protestantismo nunca llegó a aceptar.

Lo que sí resulta indiscutible es que esta concepción "sin mancha" de la propia madre virgen asume la iconografía de la

67 San Agustín de Hipona, 2007: 13-14.

virginidad propia de las antiguas diosas pero otorgándole un significado radicalmente nuevo.

A este respecto, aclara Campbell,

> Todos los temas míticos atribuidos ahora dogmáticamente a María como ser humano histórico, también pertenecen –y pertenecieron en la época y lugar del desarrollo de su culto– a aquella diosa madre de todos los seres, de quien tanto María como Isis eran manifestaciones locales: la madre-esposa del dios muerto y resucitado, cuyas primeras representaciones conocidas ahora se deben situar, como mínimo, hacia el 5500 a.C[68].

Por otro lado, no debemos olvidar que aunque María reúne en sí rasgos de divinidad gracias a su alumbramiento sin mancha, no posee poder por sí misma y no puede, por tanto, representar el arquetipo de la gran madre. Entonces, ¿hacia dónde fue toda esa sexualidad reprimida y oculta en la imaginería cristiana? Hacia la imagen de María Magdalena, un misterio cultural e histórico que no pocos eruditos han tratado de solventar.

Aquí no nos importa en realidad saber si María Magdalena, María la pecadora y María de Betania son las tres caras (en la versión cristiana de la Hécate tridimensional) de una misma figura o no. Cada Evangelio da a esa misma cuestión una respuesta distinta, de modo que los diversos relatos e interpretaciones con las que contamos son hasta cierto punto "libres" y pueden definirse como el resultado de la búsqueda de una sexualidad olvidada y anulada en la imaginería cristiana.

En el Evangelio de Juan es María quien encuentra la tumba vacía, ve a Cristo resucitado y se encarga de decirle a los discípulos que no ha muerto. En los evangelios gnósticos de

---

68 Campbell, 1992: 62.

Felipe y María Magdalena[69] esta circunstancia, por qué ella y no cualquier otro, es interpretada en términos amorosos, dando por hecho la existencia de una relación entre Jesús y María Magdalena, lo que deriva también en una visión romántica e inevitablemente sexual del personaje, dándole la profundidad de la que carecen las imágenes míticas judeocristianas.

La mujer bíblica es madre, esposa, virgen o prostituta. Incluso María Magdalena que, como hemos visto, podía haber roto esta línea otorgándole más profundidad a su labor, es denominada como la "ramera penitente"[70]. Así las cosas, podemos afirmar que Lilith es la imagen originaria de la mujer judeocristiana no sometida al orden patriarcal.

La adopción de las características de la divinidad por parte de María no fue un proceso inmediato, sino que fue el resultado de unas circunstancias precisas en las que el culto popular tuvo mucho que ver. Es decir, de alguna manera la "costumbre" de adorar a la diosa pasó tan por encima de la regla eclesiástica que esta terminó asimilando su forma: durante el año 380 el emperador Teodosio reprimió el culto a Diana o Artemis. El pueblo, al que habían privado de la imagen de la diosa, llegó hasta María con entusiasmo. Desde su primera imagen conocida, en las catacumbas del paleocristianismo en el siglo II d. C. los retratos continuaron proliferando cada vez más, en una amalgama única y extremadamente rica en referencias intermitológicas que podría tener el atrevimiento de decir que no

---

69 Véase *Textos Gnósticos. Biblioteca de Nag Hammadi*, vol. II, edición de José Montserrat Torrents, Antonio Piñero y Francisco García Bazán, Trotta, Madrid, 2016 (5 ed.)

70 Existe una interesante relación entre unción y prostitución ya que las labores y rituales sagrados de las sacerdotisas en el templo de la diosa incluían este tipo de labor, aunque, como ya hemos mencionado antes, el término "prostitución" no alcanza a expresar el auténtico sentido religioso original de la práctica que llevaba a cabo la hieródula sagrada.

se encuentra en ninguna otra figura religiosa actual. Desde finales del siglo IV hasta principios de V, María es representada sentada en la misma posición que Isis con Horus, llevando la corona de almenas de Cibeles o Diana, y con la gorgona de Atenea pintada sobre su pecho. De pronto, en un breve espacio de tiempo, menos de un siglo, el cambio se había dado y la transformación era ya casi completa: María había asumido el papel de Isis, Cibeles y Diana.

Resultó inevitable porque estas divinidades, cuyos cultos fueron los últimos en desaparecer, habían ido perdiendo fuerza en el declive del imperio Romano pero aún se practicaban, aunque solían ser reprimidos frecuentemente. En aquel momento, los sacerdotes pudieron ver que el antiguo culto a las diosas podía ser utilizado para afianzar la nueva religión si lograban trasladar la iconografía de las diosas más antiguas a la figura de María, merced a las necesidades del pueblo, garante de estos hábitos de devoción inmemoriales. En esta línea, por ejemplo, el templo de Isis en Soissons, Francia, se dedicó a la Santa Virgen María entre los años 400 y 500 d.C. En esta misma época, aproximadamente en el año 430 d. C. María fue proclamada, no sólo "portadora de Cristo", sino "portadora de Dios", *theótokos*.

Como estas diosas que la antecedieron (Cibeles, Afrodita, Innana, Ishtar e Isis), María es virgen y madre, como muchas de ellas da a luz a un ser medio divino y medio humano que muere para luego renacer. Este morir, descender al inframundo, subir al cielo en la religión cristiana y luego renacer lo tienen en común Jesús con Atis, Adonis, Perséfone, Osiris, Tamuz y Dumuzi que recorrieron el mismo camino antes que él y que, como él, quedan redimidos de las limitaciones de la mortalidad y el tiempo.

En el Evangelio de Juan, y en el Apocalipsis 12, 1, atribuido al mismo autor, María es muy diferente a la María descrita en los otros Evangelios, modesta y sumisa. Representa aquí una visión maravillosa de la diosa antigua. Resulta llamativo que Juan sea el único evangelista que, parece, de forma intencionada, evita llamar a María por su nombre, tanto en la escena de Canáa como en el Calvario. Marcos la menciona por su nombre una sola vez. Mateo cinco veces. Lucas trece veces: doce en su evangelio y una en los Hechos de los Apóstoles. Juan nunca. Para algunos teólogos, este hecho puede deberse a un intento por fomentar la divinidad de la imagen, ella es llamada la Madre de Jesús, es privada de un nombre demasiado común para su categoría. Personalmente, opino que el hecho de quitarle su nombre propio y definirla por su función maternal, podría conducirnos hacia esa visión plana y única de la virgen como madre, definida sólo por su relación con el hombre, y no por sí misma.

La de Juan es, en parte, la imagen de María que quisieron conservar los padres de la iglesia, una heroína virgen que, con su casto pie, aplasta el pecado de Eva, literalmente, aplasta la serpiente, como se observa en diversas representaciones pictóricas. Es una imagen un tanto bélica que parece heredada de las antiguas diosas guerreras que solían ser, también, vírgenes.

Este paralelismo entre la virginidad guerrera de Atenea y la virginidad cristiana de María remarca aún más el visible contraste entre la antigua interpretación simbólica de la virginidad de la gran madre y la que llega a nosotros en la cristiandad. Como hemos visto, para las religiones mesopotámicas y, en parte, grecolatinas, la virgen madre representa el milagro, la maravilla de la naturaleza perpetuándose eternamente a sí misma. Para la religión cristiana, por el contrario, la casta virginidad de María no logra redimir la caída de Eva y acaba por ser un doloroso recordatorio de la imperfección del ser humano, de la identificación eterna entre el eros y el tánatos.

En cuanto a María Magdalena, la "ramera penitente", cabe decir, que su fascinante figura representa el pecado propio de la mujer: el sexo; la mujer es, en sí misma, una ramera a la que Cristo ha perdonado al ella arrepentirse; la fascinación que ejerce es, primero y sobre todo, por el sexo, en la cristiana idea de unirlo a la redención y el arrepentimiento. Ese posible origen sagrado de la imagen de la Magdalena se encuentra reforzado por la palabra "ramera", una traducción de la palabra *qadishtu*, que originalmente significaba hieródula o sacerdotisa sagrada.

Para algunos, como para Baring y Cashford es más que probable el ya mencionado origen de María como sacerdotisa cananea. Una de las pruebas sobre las que se apoyan es el número de diablos que se dicen expulsados del cuerpo de la mujer: siete, según el Evangelio de Lucas (Lc 8:2). Para las autoras, este número –por otro lado muy habitual en diversas religiones y rituales místicos– probablemente represente a los siete annunaki o espíritus del inframundo, que también eran los siete dioses planetarios de Babilonia

> Por lo tanto, cuando la María Magdalena de los "diablos" se considera la misma que la "pecadora", es probable que tras la historia del exorcismo y el perdón exista otra historia acerca de la conversión de una sacerdotisa del templo de la religión cananea a las nuevas enseñanzas de Jesús[71].

Resulta llamativo también que sea esta María Magdalena quien trascienda la imagen de su propia figura arquetípica al llevar a cabo una labor que se encuentra, en un principio, fuera de lo que se espera de ella: no sólo llora a Cristo y prepara su cuerpo sin vida para ser enterrado, sino que está presente en todas y cada una de las etapas de la transformación y es, además, la en-

---

71 Baring y Cashford, 2005: 670.

cargada de comunicar a sus discípulos que Jesús ha resucitado, escena en la que coinciden, además, los cuatro Evangelios, a los que el Evangelio de Juan añade un detalle: la sitúa como testigo de la aparición de Jesús resucitado (Juan 20:11-18).

En conclusión, podemos observar a lo largo de este capítulo cómo la figura de la mujer en la mitología, en la religión en general y en concreto en la occidental que estudiamos, va perdiendo poco a poco peso e importancia, mientras es relegada a un segundo plano. Según afirman Graves y Patai

> Los mitos hebreos tratan a las mujeres como campos que deben arar y sembrar los héroes semejantes a dioses: pasivas y por tanto necesariamente inocentes si las trabaja el agricultor indebido. En la Ley Mosaica las prohibiciones sexuales están destinadas solamente a los hombres; y aunque la prueba de adulterio condena a la mujer, lo mismo que a su amante, a morir lapidada, se la castiga como una participante involuntaria, como el animal infortunado con el que un hombre ha cometido bestialidad.[72]

Por eso las mujeres adúlteras o violadas en el Antiguo Testamento no son mujeres fatales, sino meros instrumentos en manos del hombre o de dios. La mujer fatal es muy consciente de su sexualidad, de cómo usarla y, sobre todo, de cómo debe sacar partido de ella, temas estos que terminan por convertirse en las características principales del arquetipo. La *femme fatale* es, sobre todo, una mujer activa, definida desde el comienzo y en sus orígenes por el rechazo de Lilith a yacer bajo Adán, y por eso se transforma en un instrumento de perdición para el hombre.

---

72 Graves y Patai, 1986: 212

III

CUANDO EL MITO SE LITERATURIZA: LAS ATERRADORAS CIRCE, MEDEA, CLITEMNESTRA, HELENA Y FEDRA

Llega un momento en la historia del mito en el que éste se desacraliza, pierde su base religiosa y termina por literaturizarse, paso intermedio y necesario para la construcción del arquetipo, por convertirse en un símbolo, en lo que denominamos como "mito literario", según señalamos en la introducción de este trabajo. Siguiendo a Pierre Brunel, utilizaremos 'mito' para la denominación religiosa y ritual y mito literario para las demás acepciones, dentro del tiempo y el espacio literario.

La peculiaridad principal en lo que se refiere a las figuras de los héroes griegos con respecto a las figuras mitológicas de otros lugares es que estas no tienden a representar tanto lo natural (la fertilidad, la primavera, el rayo...), como unas cualidades que el autor denomina más "humanizadas". Son la representación divina de nuestras virtudes y defectos: la sensualidad, la sabiduría, la castidad...

Puede que sea éste el motivo primordial que llevó a autores clásicos como Esquilo, Eurípides o el mismo Homero a trazar poco a poco un mapa psicológico de sus personajes en el que terminan por importar más las causas de las acciones que su propio devenir. Así sucede, como veremos más adelante, con *Medea*, la tragedia de Eurípides donde el autor hace más énfasis en las motivaciones psicológicas de la mujer que en el horror de los actos criminales que incluso quedan fuera de escena.

A la hora de establecer relaciones entre el mito etno-religioso y el posterior mito literario dentro del mundo clásico no hemos de perder de vista que en Grecia la literatura colaboró muy activamente en la evolución de la religión. Por ejemplo, en Homero el hombre ya no representa una imagen pálida e insuficiente del dios, sino que reivindica su condición humana de hombre individual, de persona única.

Para poder realizar este análisis hemos de hallar los parámetros mínimos invariables que definen el mito en sus relaciones estructurales, es decir, lo que Jean Rousset en su trabajo *El mito de Don Juan* (1978) denomina como "modelo mítico permanente", que es lo que asegura la transmisión de la identidad del mito y su resistencia a través de la sucesión histórica en sus distintas versiones, lo que constituye una característica esencial para que un mito sea denominado 'literario'. Qué "gen" inherente e invariable encontramos en estas mujeres literarias. En el caso que nos ocupa –la definición de los límites en los que se encuentra la imagen arquetípica de la mujer fatal– podemos señalar este parámetro mínimo como el nivel de maldad necesario para herir y dañar, físicamente o no, pero siempre de manera consciente, a quienes están a su alrededor (hombres, la mayor parte de las veces, pero también rivales). La mujer fatal es 'fatal', y no 'mala' sencillamente, porque sabe que lo está siendo, es consciente del daño que causa e, incluso, puede llegar a disfrutar con ello sin arrepentirse de nada. La mujer fatal no siente arrepentimiento ni suele dudar de sus acciones. Está en comunión con su fatalidad. Es su destino.

A la hora de hablar de la aparición de la figura femenina en la literatura griega debemos establecer una diferenciación entre la épica y la tragedia. En las obras pertenecientes al primer género, sobre todo en la *Ilíada* homérica, obra base y referente de toda la literatura posterior, la mujer no tiene apenas presencia física real aunque sean sus decisiones y su simple existencia la que determine toda la acción.

Tendremos que esperar al apogeo de la tragedia para encontrar algunos caractéres femeninos plenamente desarrollados y perfilados como protagonistas centrales absolutos de sus propias historias.

LOS HECHIZOS DE CIRCE

De las mujeres que aparecen en la *Odisea* probablemente sea Circe quien, de todas ellas, mejor represente el que estamos perfilando como el arquetipo de la mujer fatal: es poderosa, fuerte, dañina y seductora para los hombres. Además, es una diosa y sólo es vencida por Odiseo cuando éste recibe la ayuda de otro dios. Circe aúna en sí misma, por un lado, su propio mito y por otro la relación con distintos motivos (la vara mágica, el brebaje, la prueba del héroe...). El que más nos interesa, sin lugar a dudas y como ya hemos dicho, es el de la mujer peligrosa para el hombre, en este caso, la diosa castradora[73].

Han sido muchos los estudios que han girado en torno a la figura de Circe como proyección de los temores del hombre en su iniciación sexual adulta, como relación entre deseo-temor del incesto materno. Para autores como F. Wulff Alonso, los análisis de este tipo

> corren el riesgo de reducir de forma excesivamente esquemática la cuestión a más o menos supuestos "componentes universales" y

---

73 Otros autores con posterioridad han recurrido al mismo mito, pero lo han hecho partiendo de distintos motivos como los ya mencionados, o temas (la transformación, por ejemplo) lo que les aleja del arquetipo homérico que aquí nos ocupa.

dejan a un lado la necesidad de estudiar con suficiente profundidad la cultura y los valores conscientes e inconscientes que presenta el autor de, en y a la sociedad en la que existe y que articula el relato en sus diferentes componentes[74].

Para el crítico, decir que «Circe es una mujer supone olvidar que es una diosa. No se puede llegar a la Mujer (o las mujeres) que hay en Circe, si es que las hay, sin tenerlo en cuenta».

La aparición de Circe, en todos y cada uno de los versos en los que ella es la protagonista, están cargados de simbologías, la mayor parte relacionadas, directamente, con su sexualidad y el poder que, con ella, ejerce sobre los hombres.

El peligro principal inherente a Circe, como lo será también a Calipso, es la pérdida de la hombría, o incluso de la vida, que conlleva para el mortal el mantener relaciones sexuales con ellas, unas relaciones que, además, en la mayor parte de los casos, suelen estar castigadas y mal vistas por los demás dioses. La propia Calipso (*Od.* 5, 118 ss.) se queja de la envidia de los dioses inmortales hacia las diosas que comparten sus lechos con los hombres. Es el motivo, cuenta, por el que Artemis mata a Eos al relacionarse con Orión, o Zeus a Yasión por su relación con Deméter[75]. Peleo, padre de Aquiles, casado con Tetis, envejece prematuramente en su palacio, mientras su único hijo muere y queda sin nadie que herede su reino. Un castigo o maldición

---

74 Wulff, 1985: 270.

75 «Sois, oh dioses, malignos y celosos como nadie, pues sentís envidia de las diosas que no se recatan de dormir con el hombre a quien han tomado por esposo. Así, cuando Eos de rosáceos dedos arrebató a Orión le tuvisteis envidia vosotros los dioses, que vivís sin cuidados, hasta que la casta Artemis, la de trono de oro, lo mató en Ortigia alcanzándole con sus dulces flechas. Asimismo, cuando Deméter, la de hermosas trenzas. Cediendo a los impulsos de su corazón, juntóse en amor y cama con Yasión en una tierra noval labrada tres veces, Zeus, que no tardó en saberlo, mató al héroe hiriéndole con el ardiente rayo, y así también me tenéis envidia, oh dioses, porque está conmigo un hombre mortal» (*Od.*, V, vv. 118 y ss.)

divina en un matrimonio que, pese a estar concertado por el propio Zeus, incumple las leyes que equilibran las relaciones[76], dentro y fuera del lecho, entre hombres y mujeres.

Sin embargo, no todo en Circe o en Calipso es negativo, ellas forman el grupo que Mercedes Aguirre denomina como "ambivalente", ya que pese a suponer un peligro para el héroe, pueden llegar a resultarle de gran ayuda. Las dos intentan impedir a Odiseo el regreso a Ítaca, pero al tiempo, ambas son amorosas con él y acogen al héroe en su morada con toda clase de atenciones. Circe, incluso, llega a darle una útil ayuda para continuar su viaje con las explicaciones acerca de Tiresias, las Sirenas y Escila.

Homero, desde el primer momento, hace hincapié en su belleza cuajada de peligros, en su sensualidad, en la atracción que, incluso contra sí mismo, siente por ellas el hijo de Laertes. Un dato más que las acerca a la imagen de mujeres fatales que, en la literatura posterior, han arrastrado consigo.

Calipso, la que oculta, quien vive en una gruta perdida dentro de la lejana isla de Ogigia, a la que no suelen llegar dioses ni hombres, en el ombligo del mundo, es el segundo peligro femenino al que se enfrenta Odiseo cuando llega solo, náufrago y agotado, hasta ella. La diosa trata de seducirle ofreciéndole la inmortalidad, la juventud y, finalmente, ofreciéndose a sí misma como esposa. Proposición que Odiseo, con gran diplomacia, debe declinar, tanto por ser consciente de los peligros que encierra, como por su deseo de volver a Ítaca. Pese a todo, ella le impide por la fuerza marchar mientras él se consume entre llantos.

---

76 Según esta interpretación, podemos suponer que la antinatural relación diosa-hombre está incluso por encima del poder de Zeus. Los amantes tendrán un castigo impuesto por el propio destino.

Ambas divinidades, Circe y Calipso, pretenden encantar al héroe para que éste las obedezca, una con sus filtros y conjuros y otra con el poder de sus palabras, para lograr que caiga en sus redes y en el olvido. Para María Helena Sánchez Ortega,

> Circe es el prototipo por excelencia de la mujer dotada de poderes extraordinarios, cuyo talante y comportamiento va a dejar tras de sí una larga herencia literaria. [...] es una hada maligna que no siente simpatía por los hombres[77].

La diosa de hermosos cabellos vence, para la autora, al héroe por partida doble; en primer lugar, como poderosa hechicera que humilla y obliga a perder la consciencia (la transformación de la tripulación de Odiseo en animales); en segundo lugar, como mujer que seduce y distrae de su camino a los héroes (la vida regalada que le ofrece junto a sus sirvientas). Un camino que Odiseo sólo logra recuperar gracias a la intervención divina.

LA PASIÓN DE MEDEA

La sobrina de Circe, nieta de Helios, se ha ganado a golpe de verso y espada, su propio espacio inamovible dentro de los arquetipos femeninos literarios que representan la maldad y la locura. Medea, princesa, enamorada, experta en pociones, desairada, rabiosa. Filicida. Medea enloquecida y asesina.

Pese a que no es mencionada por su nombre, su figura aparece ya en la *Odisea*, aunque fueron Apolonio de Rodas en *El viaje de los Argonautas*, Hesíodo en la *Teogonía* y, sobre todo, Eurípides en su tragedia homónima, quienes sentaron las bases de un carácter altamente complejo, diferente y mucho más profundo

---

77 Sánchez Ortega, 1991: 42

–sobre todo en lo que a motivaciones se refiere– de lo habitual en los personajes femeninos de la tragedia clásica.

El primero en mencionarla es Hesíodo en su *Teogonía* casi al final de la obra, en los apartados dedicados a los matrimonios entre dioses y al catálogo heroico:

> Eetes, hijo de Helios que ilumina a los mortales, se casó con una hija de Océano, río perfecto, por decisión de los dioses, con Idía de hermosas mejillas. Ésta parió a Medea de bellos tobillos sometida a su abrazo por mediación de la dorada Afrodita[78].

Según su árbol genealógico, Medea es la nieta del Sol, que todo lo ve, y de una hija del Océano, Idía, la que "todo lo rodea", lo que la hace poseedora de unas facultades únicas, que atraerán y repelerán al mismo tiempo, a todo aquel que se acerque a ella. En su personalidad compendia el carácter altivo y la cólera de su padre Eetes con la dulzura y la generosidad que mostrará en el comienzo del periplo narrado por Apolonio[79]. Pues Medea es la encarnación de lo femenino, lo bárbaro y lo animal. Se conforma, pues, en el negativo de lo masculino, de lo griego y de lo humano. Para los griegos, Medea encarna todas las categorías de lo deleznable.

Mencionan también a Medea y su progenie, Apolodoro en el libro I de su *Biblioteca* y Píndaro en su *Pítica IV*, que nos la presenta como profetisa y adivina[80]. También encontramos referencias en Pausanias (afamado geógrafo) que se muestra rea-

---

78 versos 958-962

79 En Eurípides, Medea afirma: «Que nadie me considere poca cosa, débil e inactiva, sino de carácter muy distinto, dura para mis enemigos y, para mis amigos, benévola; la vida de temperamentos semejantes es la más gloriosa» (vv. 805 ss.)

80 En la estrofa XI Píndaro denomina a Medea como "extranjera experta en toda magia" y deja claro que es ella quien logra para Jasón los triunfos en cada una de las pruebas a las que le sometió su padre.

cio a sugerir que fuera Medea la asesina de sus propios hijos. El autor ofrece dos posibles versiones, en una de ellas Jasón abandonó a su mujer porque ésta ocultó a sus hijos en el templo de Hera creyendo que así los convertiría en inmortales, como la diosa le había prometido, sin imaginar que tal estancia acabaría por acarrearles la muerte. Jasón aparecería, entonces, abandonando a Medea no sólo por haber ocultado a sus hijos, sino por exponerlos a unos peligros que terminaron con sus vidas. En la segunda de las versiones se acusa a los corintios de la eliminación de los hijos de Medea en venganza por la muerte del rey Creonte y su hija.

Si comparamos *El viaje de Apolonio* con la obra de Eurípides podemos afirmar que existen dos Medeas bien diferenciadas, y no sólo porque las obras reflejan partes distintas de su vida (juventud *versus* madurez, con todo el cambio psicológico que esto implica) sino que, en cuanto al carácter, se perfilan como dos mujeres distintas.

Apolonio convierte la pasión de Medea por el desconocido Jasón en el argumento principal de su Canto III que alcanza su cumbre al descubrir la realidad, la fuerza y las facultades extraordinarias del personaje. En este proceso vemos el cambio de la chiquilla enamorada[81] a mujer prodigiosa, sacerdotisa de Hécate y maga poderosa. En Apolonio no encontramos aún a la mujer movida por la venganza y el dolor, sino a una joven enamorada, muy consciente de sus capacidades y de lo asombroso de su poder. Aunque su Medea carece de la fuerza que vemos en Eurípides, no deja de ser cierto que, desde el primer momento en el que aparece, Medea se adueña de la historia desplazando a las demás figuras a un segundo plano, convirtiéndose en protagonista del poema, transformando su alma en el núcleo central del psicologismo que invade la obra y deja, a

---

81 Al igual que a su tía Circe, a Medea, al final, la pierde el corazón.

merced de la sombra de su fuerza, que todo lo tiñe y lo invade, a los demás personajes de la historia.

El personaje destila tanta fuerza y carácter que, incluso a veces parece que, de forma contraria al deseo del escritor, se apodera y se adueña de la trama y la acción para convertirse en el personaje central desplazando a un Jasón que, en la obra de Apolonio, aún no se ha transformado del todo en ese héroe banalizado que llegará más tarde y que hace gala de un egoísmo cínico sin par que empuja al espectador hacia una simpatía sincera por Medea. Al menos, hasta que decide vengarse salvajemente. La fuerza de la mujer, en este caso, debilita la imagen del hombre[82].

Tras Apolonio y Hesíodo, nos encontramos con Eurípides quien, desde mi punto de vista, sentó las bases del arquetipo que encarna su personaje, cuyas cualidades y carácter la adscriben en el grupo de la *femme fatale*: voluble, "terrible para sus enemigos", poseedora de una risa desatada (lo que la acerca a las características de las bacantes), con sus apariciones fuera de sí, como una ménade[83] enloquecida, pero, sobre todo, con un poder y sabiduría de los que hace gala. Porque podemos añadir y afirmar que la *femme fatale* es inteligente, y mucho. Más que los hombres que la rodean. Y ese también es uno de sus peligros. Estos serán finalmente los dos motivos que, en última ins-

---

82 Lo mismo sucederá con el binomio formado por Egisto y Clitemnestra en el que la reina asume el papel varonil (subrayado por las constantes alusiones del coro) mientras que el amante presenta un carácter pasivo, muchos estudiosos han definido como "casi femenino".

83 Las ménades, también conocidas como bacantes, son figuras de la mitología griega asociadas con el culto a Dionisio (Baco en la mitología romana), el dios del vino, la fertilidad, las artes teatrales y el éxtasis. El nombre "ménade" proviene del griego y significa "las enloquecidas", haciendo alusión a su comportamiento frenético y extático. Las ménades representan, en muchos aspectos, la liberación de las restricciones sociales y la conexión con la naturaleza y los instintos primarios, aspectos todos ellos asociados con Dionisio.

tancia, la condenan al destierro a causa del miedo que infunde en el rey Creonte, un miedo que éste hace muy evidente en su primera intervención junto a la protagonista:

Te temo; no hay para qué hablar con rodeos. Temo que hagas a mi hija algún daño irreparable. Por varios motivos me asalta este temor. Eres astuta y hábil para muchas acechanzas, y te quejas por verte privada del lecho de tu marido. Sé, porque me lo han dicho, que nos amenazas con una desgracia a mí, a mi hija y a su prometido. Voy a prevenirme contra ella antes de sufrirla[84].

Para Silvina Delbueno, «el poeta griego Eurípides consolida en Medea a la hechicera, la nieta de la Maga Circe, suma sacerdotisa de Hécate pero adolece de la ausencia materna cuyo rasgo clave es el anonimato» [85].

Una de las más destacadas características del personaje de Eurípides es su reflexión, la evolución de su pensamiento y sus intenciones ante los ojos del público. No es recomendable caer en el tópico de tildar a Medea, sin más, de mujer mala, hechicera y asesina, pues aunque puede reunir todas estas características –incluso el asesinato de sus hijos–, ningún ciudadano (representado por el coro) puede reprocharle nada en sus acciones[86].

A la fragilidad de la situación social de Medea (extranjera –meteca– y asesina, antes por amor a Jason) se añade sus oscuros talentos y su sabiduría –motores de la desconfianza de los hombres hacia ella–, piezas clave de la obra. Sin adentrarnos en

---

84 Eurípides, 1946: 85.

85 Sin embargo, debemos destacar que Eurípides se cuida mucho de dar a entender que Medea pueda tener poderes sobrenaturales o mágicos, todo lo que sabe lo conoce por ser "experta en filtros", por tener una habilidad especial para ello, no porque su sabiduría esté más allá de lo humano.

86 Nos acogemos, en este caso a achacar lo terrible de las acciones que conllevan su huida con Jasón, a su juventud y enamoramiento.

disquisiciones de tipo social e histórico, resulta poco acertado afirmar que Medea obra de un modo tan brutal por celos de enamorada. Jasón ha roto sus juramentos sagrados para medrar socialmente y este egoísmo no puede permanecer sin castigo.

De este modo, el autor nos justifica, a través de la figura del coro, sus acciones (hasta llegar al infanticidio) y nos muestra la transformación desde una Medea entregada a Jasón a una mujer fatal que pretende castigar al hombre que la ha traicionado a través de lo que éste más quiere: sus hijos. El crimen contra los niños es el único acto ante el cual el coro muestra su condena (vv. 810 ss., 845 ss., 1255 ss.). Ruega insistentemente a Medea que desista de semejante atrocidad, aunque ha apoyado a la protagonista en sus anteriores acciones. Cuando al fin se produce el asesinato, no acude en ayuda de los niños (vv. 1275 y ss.), últimas víctimas inocentes de las circunstancias de sus padres.

Teniendo en cuenta lo ya visto, podemos afirmar que, sin duda, el punto clave para el desarrollo del personaje de Medea como arquetipo de la mano del trágico Eurípides radica en el castigo-venganza hacia Jasón a través del asesinato de sus hijos.

En esta decisión, las dudas y miedos que conlleva, el dolor que causa a ambas partes y lo cruento del propio acto es lo que hace de *Medea* una pieza única en el panorama de la literatura universal, y por ello resulta ser el momento clave en torno al cual se mueven los protagonistas.

Son las voces de los niños las que narran al espectador las criminales acciones de su madre, y es su ominoso silencio la acusación estruendosa del peor de los crímenes. El horror del filicidio, la acción más antinatural para una mujer, la refleja Eurípides formalmente en la irregularidad repentina de sus versos. Sin duda el atroz acto cometido por Medea la convierte en una de las mujeres más malvadas de la literatura clásica. Dudoso honor en el que la acompaña la asesina Clitemnestra.

La maldad de Clitemnestra

La historia de la reina de Micenas, imprescindible para comprender el sistema social del momento, se torna en tragedia al cruzarse su destino con el de los Átridas. Clitemnestra, hermana mortal de Helena y los Dioscuros, estaba casada con Tántalo, hijo de Tiestes (y hermano de Egisto, quien más tarde será su amante). Mucho se ha hablado de la lealtad y traición de la mujer hacia el marido, olvidando que fue Agamenón quien asesinó al primer esposo y al hijo recién nacido de Clitemnestra y que, tras semejante acto, fue obligado por los Dioscuros a casarse con ella, en lo que no parece ser, precisamente, un gran comienzo para un matrimonio feliz.

Si Clitemnestra albergaba algún odio o resquemor en su corazón de madre, éste se desata con el sacrificio de su hija Ifigenia[87], inmolada por su propio padre Agamenón en beneficio de una guerra que acarreará la destrucción de Troya, pero también la de la dinastía átrida.

Sin lugar a dudas, es la trilogía de Esquilo, la *Orestíada*, donde el personaje y la personalidad de Clitemnestra alcanzan la posición de arquetipo para la literatura. Aquí la reina se adueña desde un principio de la escena, la trama y el ritmo de la tragedia, convirtiéndose así en su absoluta protagonista.

Tomaremos como principal característica de la Clitemnestra de Esquilo, la que pasará con mayor impulso a la posteridad, en primer lugar, su capacidad para fingir. La mentira y el engaño habitan en el corazón de la mujer desde el tiempo de Pandora y la reina átrida es su más fiel heredera. Controladora

---

87 Curiosamente ella, cuyo asesinato desata los hechos, no aparece –al menos mencionada por su nombre– en la tragedia esquilea (*Agamenón*) ni en la literatura homérica. Su leyenda se desarrolla en las epopeyas cíclicas y con los trágicos, que dan distintas versiones de su historia.

de sus emociones al máximo, será la viva imagen de la frialdad, al menos hasta que haya asesinado al rey, momento en el que dará rienda suelta a sus sentimientos. Un perfil bien distinto al de Medea, definida habitualmente como "pasional", aunque ambas parezcan tener sus planes e intenciones trazados y perfilados hasta el último detalle.

Junto con el engaño, el segundo rasgo definitorio de la reina es la constante virilización a la que es sometida por parte de los demás personajes. Para Gallego,

> El corifeo encuentra en Clitemnestra a una mujer que puede hablar con la sensatez y prudencia propias de un varón. Este carácter ambiguo y ambivalente de Clitemnestra, pivotando permanentemente sobre rasgos femeninos y masculinos, pondrá en evidencia que más que ante una heroína estamos en presencia de un travestimiento de género que hace de la reina uno de los héroes del drama[88].

Por otro lado, retomando la idea anterior sobre la inteligencia de la mujer fatal, dice Guadalupe Lizárraga:

> Esquilo no pinta una Clitemnestra tonta y de corta vista, sino mala. La necesita inteligente, además, porque la inteligencia de la mujer la asocia con esa soberbia y altanería, que en el hombre la califica de prudencia, de tal suerte que resulta aún más odioso el personaje femenino, al virilizarse con estas actitudes. "Has hablado, mujer, con gran prudencia, como a varón prudente corresponde" [...]. Clitemnestra asume la conciencia voluntaria de su actuar. No mató a su esposo porque estaba "en trance", sino para ejecutar "la venganza de unos niños", en referencia directa a Ifigenia, la hija sacrificada por el padre. La "soberbia" de Clitemnestra llega a tal nivel que decide hacer justicia por su propia mano, como si fuera un hombre al que se ha ofendido[89].

---

88 Gallego: 2000, 72.
89 Lizárraga, 2005: 9.

La Clitemnestra de Esquilo encarna la maldad pura para muchos críticos, así como la codicia y el deseo de tiranizar la ciudad, tesis que se refuerza con la intervención del coro en la que asegura que los actos de la reina son un preludio para hacerse con el poder.

En Eurípides, el auténtico origen del pecado de Clitemnestra radica principalmente en su "virilización", que se refleja en el propio hecho de cometer adulterio, y en el asesinato a sangre fría, actos que sólo podían estar permitidos a los hombres. En esta misma línea interpretativa la infidelidad era una cuestión que se sujetaba a los patrones de normalidad entre los hombres, aunque en los tiempos de la narrativa homérica comprendía también a las mujeres. Actos como el rapto, la violación y el homicidio en Eurípides cobran un significado de valor y fuerza masculinas, una audacia intrínseca a la virilidad que era permitido e incluso aplaudido para la consecución de la justicia reservada a la venganza particular de los varones de la familia o para la supervivencia de la polis.

Ambos autores –Esquilo y Eurípides– dibujan el devenir del carácter de su protagonista a través de distintas obras, en la *Orestíada* de Esquilo podemos ver la evolución desde el asesinato de Agamenón, momento en el que Clitemnestra destila seguridad, odio y frialdad, hasta la reina acosada por las pesadillas en las *Coéforas*, donde para algunos muestra su lado más humano mientras que para otros son cada vez más elaboradas sus mentiras:

O muestra su lado humano, o una vez más finge hábilmente, opinión que comparte la nodriza del joven aparentemente desaparecido (737 ss.). Pese a estos nuevos matices en su carácter, el escuchar los gritos de Egisto la pone en guardia, demostrando de nuevo su astucia. No opta por la inactividad, lo que entraría dentro de los cánones del comportamiento femenino, sino que, casi instintivamente, pide una espada para defenderse y, por qué no, atacar. Pese a su replegamiento posterior, vemos cómo Clitemnestra está hecha para la acción, para afrontar el peligro cara a cara sin dejarse llevar por el miedo ni la histeria. Se trata de una mujer excepcional, una heroína sin ninguna fisura. Entabla, consciente de no poder enfrentarse con la espada a Orestes, un combate psicológico con su hijo del que posiblemente hubiera salido victoriosa si Orestes hubiera estado sólo, pero Pílades se encarga de recordarle el oráculo divino y aportar con ello la fuerza que al joven le falta para ejecutar a su progenitora[90].

La Clitemnestra de Esquilo, por el contrario, recorre ante el espectador del camino que la lleva desde la posición de esposa sumisa y obediente, dedicada en exclusiva a las tareas domésticas y que no se entromete en los asuntos del marido –asesino, no lo olvidemos, de su primer esposo y su hijo recién nacido–, hasta la madre aparentemente débil de Electra, que se deja llevar por sus sentimientos maternales, lo que le impide hacer cualquier reproche hacia Electra que, sin embargo, aquí se muestra dura e implacable, inasequible a la piedad. El carácter de Clitemnestra se ha dulcificado bajo la pluma de Eurípides.

Es importante recordar que en las versiones más antiguas de la leyenda, la de los poemas épicos, Clitemnestra no participa del asesinato de Agamenón, que es obra exclusiva de Egisto, en venganza por la muerte de sus hermanos a manos del rey. Por contra, en la tragedia, ella se convertirá en cómplice y, como veremos en Esquilo, incluso en ejecutora del mismo, un acto por el que no siente ningún arrepentimiento ya que sus razones cuentan con la comprensión del espectador:

Cuando surge en escena tras el asesinato del rey se ha desvanecido completamente ese ficticio comportamiento de mujer ejemplar del que hace gala desde las palabras que hace llegar a Agamenón a través del mensajero hasta el encuentro de éste.

---

90   De Paco, 2003: 109.

Ahora es otra. Y se muestra a todos como una figura grandiosa y terrible, en el umbral del palacio, salpicada con la sangre que ella compara con las gotas de rocío. Ni se arrepiente ni se derrumba cuando contempla sus manos manchadas de sangre, asume su responsabilidad e intenta hacer partícipe de su actuación al daimon de la casa de Atreo, y enlazar así el resto de sus razones (Ifigenia, Casandra) con la herencia genética de la culpa, tan importante en la obra esquilea, una ley inevitable que llama a la sangre con la sangre, como concluirá el coro. Se funden de este modo las razones personales con una fuerza externa que no depende de la voluntad humana y que, por lo tanto, no deja lugar para el arrepentimiento.

La maldad de Clitemnestra en Esquilo no está suavizada por nada, por ninguna disculpa posible. Por el contrario, actos como el cometido por Agamenón al raptar a Briseida son justificables por encontrarse el hombre en estado de "ate"[91], mientras que Clitemnestra no sólo asesina a su esposo en pleno uso de razón, sino que lo confirma ante el coro diciendo que ha sido planeado desde hacía tiempo: «Con el tiempo acabó por llegarme este combate que yo tenía meditado de antiguo, debido a una vieja querella» (vv. 1377 y ss.)[92].

Como hemos visto, la maldad de la protagonista euripidiana es de distinto cariz a la que muestra la reina de Esquilo, pese a ser clara heredera la primera de la segunda. La Clitemnestra de Esquilo asume las consecuencias de sus actos y, sobre todo, en contraste con la figura del rey, asume la conciencia voluntaria de lo realizado, no mata a su esposo invadida por un trance

---

91 El estado de "ate" podría denominarse también de locura pasajera, en el que el sujeto no es dueño de sus actos, y, por tanto, los crímenes cometidos de este modo, desde el punto de vista de Esquilo, no son actos injustos pues no existe ninguna voluntad en ellos.

92 La vieja querella hace referencia, de nuevo, al sacrificio de Ifigenia, principal razón aducida en este momento por Clitemnestra para su venganza.

sino que ha inmolado «a un adulto en compensación de unos niños» (vv. 1503 y ss.). La soberbia de nuestro personaje consiste en suponer que puede llevar a cabo su venganza de sangre como si de un varón se tratara[93].

Tras la de Esquilo y Eurípides, volveremos a encontrarnos con la reina en la pluma de Sófocles, en su *Electra*, donde Clitemnestra no será un personaje tan extremo ni terrible; será menos violenta y, por tanto, se alejará de algunos de los rasgos que definen la tragedia esquilea, en la que en ningún momento aparecerá enfrentándose a Electra. Será en estas páginas donde se insinúa, además, que es Egisto quien decide mientras que ella sólo obedece (vv. 500 y ss.), perdiendo así la fuerza que la caracterizaba como *femme fatale* en la *Orestíada*.

En esta pieza, la reina acusa a Agamenón de haber tomado la vida de Ifigenia, cuando él no tuvo que sufrir los dolores del parto[94] y que, de nuevo, subraya implícitamente la mayor unión entre la madre y los hijos, tema que volverá a verse en *Las Euménides* (vv. 533-534). Será en el momento en el que se venga abajo al recordar la pérdida de su hija y su torrente de preguntas acose a Electra, cuando recobre Clitemnestra parte de la grandeza humana que parecía haber perdido al principio de la pieza para afirmar, finalmente, envuelta en un manto de empecinada dignidad, que no puede arrepentirse de su actuación. La figura de la Clitemnestra de Sófocles dista ya mucho del magnífico personaje de Esquilo, pierde su protagonismo y grandeza en favor de su hija Electra, principal antagonista de la obra.

---

93 No debemos olvidar que Clitemnestra, al contrario que su marido con Ifigenia y su hijo Orestes con ella misma, no comete un crimen de sangre (el asesinato de un miembro de la familia al que te unen lazos de sangre), y este tipo de consideración estaba revestida de una gran importancia en el mundo clásico.

94 Una acusación que nos recuerda a la Medea euripidiana y sus quejas sobre las distintas varas de medir utilizadas para el valor de los hombres y las mujeres.

Tiempo después, el *Agamenón* de Séneca nos presenta en los primeros versos una Clitemnestra que reúne lo que podíamos llamar, a tenor de los expertos, diversos rasgos homéricos (lo que queda marcado ya desde la narración del asesinato del rey, momento crucial a la hora de valorar la responsabilidad penal de la pareja). En esta pieza los artífices serán ambos, Clitemnestra y Egisto, aunque es éste el más decidido y quien ha de convencer a una Clitemnestra aparentemente dubitativa y será él también quien clave la espada, mientras que la reina sólo le ayuda en su labor. En esta obra la decidida y fuerte reina argiva necesita más que nunca del apoyo de un Egisto que ya no es el débil y manejable amante, sino que desde el comienzo se ha mantenido inamovible, duro y fuerte. Esta inversión de la adjudicación de responsabilidades en el binomio adúltero Clitemnestra-Egisto, en el que el segundo debe convencer a la primera, se refleja también en la falta de frialdad y reposada venganza por parte de la mujer, que no intenta, en ningún momento, defenderse como vimos en Sófocles y Eurípides. No habla de Ifigenia ni de la soberbia de su esposo, no habla de la justicia ejecutora del crimen y, llegado el momento, instiga a Egisto a matar a Electra y a Casandra sin atender a razones y sin sentir ningún tipo de compasión, ni siquiera por su propia hija.

En conclusión, será la Clitemnestra creada por Esquilo la que represente con mayor fuerza el carácter de la mujer fatal, perversa, asesina y adúltera en todas sus consecuencias y matices. Será ella quien reúna las características principales del mito literario que los escritores posteriores reformularon y rehicieron de acuerdo a sus necesidades creativas y a su momento socio-histórico.

LA BELLEZA DE HELENA

Helena la bella, la esposa de Menelao y de Alejandro, hermana divina de Clitemnestra, representa con toda seguridad para la historia de la cultura occidental, el perfecto arquetipo de la mujer fatal helénica. No hay obra ni autor clásico, desde Eurípides a Esquilo, de Homero a Sófocles, que en alguno de sus versos no remita tanto a su culpa como a su mítica hermosura. A ella le están reservados en la literatura clásica los más agresivos epítetos: "perra", "traidora", "destructora de hombres y naves", "infiel", "adúltera", etc. Sin embargo, gracias en parte a sus divinos orígenes, y gracias también a su hermosura, Helena se alza sobre sus coetáneos para sobrevivirles, según algunas de las leyendas, a todos ellos. Helena es, como bien señala Cristina Naupert, una de las

Contadísimas mujeres adúlteras que se libra de pagar por su transgresión de las leyes divinas y humanas y por tanto se puede ver en ella una clara prefiguración de la femme fatale, seductora y destructora, cuya belleza hechicera y encanto cuasi-demoníacos la eximen de recibir un castigo severo.[95]

Al aproximarnos al análisis del personaje de la bella hija de Leda hemos de señalar que ella es una de las mujeres más poderosas del mundo griego, es la única hija que Zeus ha tenido con una mortal y posee una belleza verdaderamente arrebatadora que es, según apuntan las diversas fuentes, lo que la libra de morir a manos del engañado Menelao quien, como señala Eu-

---

95 Naupert, 2001: 147-148

rípides en *Andrómaca*, tras ver su pecho desnudo fue derrotado por la pasión desatada por Cipris y arrojó su espada[96].

Pero, además, una vez casada Clitemnestra con Agamenón y desaparecidos de la tierra sus hermanos Cástor y Pólux, los Dioscuros, será ella la única transmisora del poder real en Esparta, dato que la hace muy necesaria para Menelao, lo que puede explicar que éste no la mate y que, como vemos en el canto IV de la *Odisea*, ella siga viviendo tras la guerra de Troya como si nada hubiera pasado.

De todas estas mujeres terribles de la literatura clásica es Helena la más puramente sexual, y también la que presenta una leyenda más extraordinariamente compleja.

El mito de Helena de Troya es uno de los más famosos de la mitología griega y juega un papel central en la historia de la Guerra de Troya. Helena es conocida como "la mujer más hermosa del mundo" y su historia está marcada por el amor, el secuestro y la guerra.

Helena era hija de Zeus y Leda, y en algunas versiones del mito se cuenta que nació de un huevo, ya que Zeus se había transformado en un cisne para seducir a Leda. Criada en Esparta, Helena se convirtió en una figura muy codiciada por su belleza sin igual. Muchos príncipes y héroes griegos buscaban su mano en matrimonio.

Finalmente, Menelao, el rey de Esparta, ganó su mano. Sin embargo, su matrimonio fue interrumpido por el príncipe troyano Paris. Según el juicio de Paris, una competencia de belleza entre las diosas Hera, Atenea y Afrodita, Paris eligió a Afrodita como la más bella después de que ella le prometiera como recompensa el amor de la mujer más hermosa del mundo, He-

---

96 De todas las súplicas de clemencia femenina, de *aidós* de la literatura clásica protagonizadas por las grandes figuras del teatro (Andrómaca, Hécuba, Ifigenia…) es la de Helena la única claramente erótica y es la única que obtiene un resultado positivo. *Vid.* Muñoz Llamosas (2001).

lena. Posteriormente, Paris visitó Esparta y, con la ayuda de Afrodita, sedujo a Helena y la llevó a Troya.

El rapto o huida de Helena con Paris es lo que desencadenó la Guerra de Troya, ya que Menelao, furioso, convocó a otros reyes y héroes griegos para recuperar a su esposa, lo que llevó a una guerra de diez años entre Grecia y Troya.

La figura de Helena ha sido interpretada de diversas maneras a lo largo de los siglos. En algunas versiones es vista como una víctima, en otras como una seductora sin escrúpulos. Su historia es un ejemplo clásico de cómo la belleza y el deseo pueden desencadenar conflictos y desgracias, y ha sido una fuente de inspiración para numerosas obras de arte, literatura y filosofía a lo largo de la historia.

En lo que coinciden la gran mayoría de los mitógrafos es en su nacimiento ovíparo, uno de los elementos maravillosos del mito, que parece estar inspirado en el motivo del huevo que pone la Noche y del que nace Amor en las *Aves* de Aristófanes.

La maternidad de Leda o Némesis adquiere importancia para el tema tratado cuando señalamos que la *Helena* de Eurípides, representada en el año 412, es la primera obra en la que, con seguridad, se sabe que se habla de Leda y no de Némesis, que suele ser la madre más antigua, la que se atribuye a Helena en la tradición original. Sería entonces esta conjunción concreta (Leda como madre de Helena, por obra de Zeus-cisne) lo que será específicamente nuevo en Eurípides, que también mencionará el huevo puesto por Leda del que brotará Helena —vv. 257-59—.

Las variantes del mito que crea Eurípides terminan por imponerse sobre las versiones anteriores, por lo que podemos decir que el mito "nace" a la literatura a través suyo.

Lo cierto es que este tema concreto está repleto de hipótesis y conjeturas en la historia de la literatura. Hay incluso quien indica que el nacimiento ovíparo es un rasgo antiguo y genuino del mito y que es probable que Eurípides lo tomara de algún texto que no ha llegado hasta nosotros.

Otro de los factores que hacen de ella una mujer peligrosa es su aparente falta de lealtad. Al fin y al cabo, su situación en Troya durante la guerra es bastante falsa: es compatriota de los enemigos, y todos saben que siente por ellos simpatía. Helena es la mujer que, constantemente amenazada, sortea las dificultades y sabe que su hermosura la sacará de todos los malos pasos[97]. Porque al final, volviendo al comienzo, siempre es su belleza la que hace de ella una auténtica superviviente y el motivo por el que muchos dudan de su lealtad y de su bando una vez iniciada la guerra.

Eurípides cuenta que cuando Ulises se introdujo disfrazado de mendigo en la ciudad, Helena le reconoció y decidió no delatarle. Posteriormente incluso le ayudó a conseguir el Paladio. Se supone que ambos acordaron cómo tomar la ciudad que Helena debía entregarles.

Según Eurípides, antes de volver a Esparta, Helena y Menelao habrían desembarcado primero en Argos, precisamente el día en que Orestes acababa de dar muerte a Clitemnestra y Egisto, cuando Orestes la vio quiso matarla culpándola de todas las desgracias de su casa, pero en ese momento, por orden de Zeus, Apolo la habría arrebatado y convertido en un ser inmortal, leyenda que no está en consonancia con la tradición más habitual que, desde la *Odisea*, presenta a Helena de regreso a Esparta, convirtiéndose en un ejemplo de las virtudes domésticas, en una suerte de ejemplo de la redención marital.

La leyenda de su divinización y cómo se elevó hacia la Isla Blanca, donde se casó con Aquiles, debió tener una fuerza considerable, pues se ha constatado que existía un buen número de santuarios consagrados a ella, aunque fueron más habituales

---

97 Grimal: 2008, 232

las historias que terminaban con un cierto aire de castigo para la hija de Leda[98]. No hemos de olvidar, al fin y al cabo, que, en la concepción grecolatina del mundo, Helena representa en sí misma toda la maldad y la desdicha que puede llevar consigo una mujer. Es fiel heredera de Pandora en la tradición clásica y de la figura de Lilith-Lilitu en el mundo hebreo y mesopotámico, aunque se diferencia de las anteriores mujeres fatales que hemos analizado porque en ningún momento parece ser su intención dañar o herir a sus antiguos compatriotas o a su marido Menelao. Tomando incluso la versión más negativa para ella, que fueron la belleza de Paris y su dinero lo que la llevaron a abandonar su hogar, sigue sin ser un acto de maldad pura como los cometidos por Clitemnestra, Medea o incluso los que lleva Circe a cabo al transformar en animales a los compañeros de Ulises. El mayor pecado de Helena sería, en todo caso, la lujuria o la avaricia, según la versión a la que atendamos, y, sobre todo, su suprema hermosura. Este es el motivo por el que ha pasado a formar parte del arquetipo de la *femme fatale*: su belleza, intensa, abrumadora y, sobre todo, irresistible, es el principal detonante de las catástrofes y desgracias que se abaten sobre quienes la rodean. La excesiva beldad, podemos sustraer del mito, es tan peligrosa para quien la ostenta como para quienes se dejan embaucar por ella.

Y aunque ha habido fuentes posteriores que, ahondando en el conflicto, han dibujado a la mujer observando el espectáculo de la guerra de Troya y disfrutando de él, nada hace pensar,

---

98 Existen multitud de leyendas tardías en las que se narran los más asombrosos castigos para Helena, desde el destierro por parte de los hijos que tuvo con Menelao (Nicóstrato y Megapentes), hasta su búsqueda de refugio en la casa de Polixo en Rodas quien se venga de ella por la muerte de su marido en Troya disfrazando a sus criada de Erinias y atemorizándola hasta que Helena terminó ahorcándose. O su muerte a causa de la ira de Tetis, madre de Aquiles, que la hizo naufragar en el viaje de regreso.

en la literatura clásica, que esto pudiera ser así; es más, la gran mayoría de estos autores hacen hincapié en el hecho claro de la sensación de culpabilidad y vergüenza de Helena, que en el *Orestes* de Eurípides, por ejemplo, siente pavor ante la idea de acudir a la tumba de su hermana por lo que puedan hacerle y decirle los ciudadanos de Argos, y acaba enviando a su hija Hermione. Y, sin embargo, es ella quien pasa con mayor fuerza a la historia como el prototipo de mujer perversa, infiel y mentirosa, capaz de arrastrar a toda una civilización al desastre por seguir sus impulsos sexuales.

EL DESEO DE FEDRA

El caso de Fedra agrupa algunos de los motivos más recurrentes y habituales de la literatura universal. El del incesto y el de la mujer rechazada son los más obvios aunque puedan ser divididos, a su vez, en submotivos como el de la mala madrastra, por ejemplo. En la tragedia de Séneca, Fedra es la esposa del rey Teseo y se encuentra consumida por un amor prohibido e incontrolable por su hijastro, Hipólito. Este amor es producto de una maldición impuesta por Venus (la versión romana de la diosa Afrodita) como venganza contra Hipólito, quien ha rechazado el amor y la adoración de la diosa en favor de la castidad y la adoración a Diana (Artemisa en la mitología griega).

A lo largo de la obra, Fedra lucha con su pasión y su vergüenza, enfrentándose a un intenso conflicto interno. Eventualmente, impulsada por su nodriza y confesando su amor, Fedra se declara a Hipólito. Sin embargo, él la rechaza con horror, dedicado como está a la castidad y a la adoración de Diana.

Cuando Teseo regresa de una larga ausencia, la nodriza, para proteger a Fedra, acusa falsamente a Hipólito de haber intentado seducir a su madrastra. Teseo, creyendo la acusación, pide a Neptuno (Poseidón en la mitología griega) que castigue a su hijo. Neptuno cumple la petición, y Hipólito muere en un accidente de carro causado por un monstruo marino. Finalmente, consumida por la culpa y el remordimiento, Fedra se suicida, pero no sin antes revelar la verdad sobre su amor no correspondido y la falsa acusación contra Hipólito.

Sobre ella, Cristina Naupert afirma que es igualmente «otra prefiguración más, aunque diferente, de la diabólica *femme fatale*»[99]. Y esto es así porque, a diferencia de lo que sucede con Helena y su hermana Clitemnestra, en Fedra no es el adulterio consumado lo que desata la tragedia, sino el propio deseo.

En cuanto al motivo del adulterio, que tantas prefiguraciones de mujer fatal ha creado a lo largo de la historia de la literatura, la mitología griega nos muestra dos tipos de mujeres adúlteras: las activas, que con sus actos de transgresión acarrean a sus espaldas crímenes y culpabilidad, y las pasivas, aquellas que, engañadas por los dioses (aquí Zeus se lleva la palma) se convierten en víctimas inocentes que, como vimos en la mitología hebrea, están eximidas de toda culpa, pues son manipuladas.

El de la mujer rechazada es el motivo que agrupa en una única línea temática los casos de Medea y Fedra. Según E. Frenzel,

Dado que el insulto significa tratamiento despectivo así como la difamación y el oprobio expresados en palabras significa ultraje, una mujer rechazada es una mujer ofendida, que no puede formular queja públicamente, sino que tiene que invalidar a escondidas los reproches a sí misma y reprimir los pensamientos de venganza[100].

Siguiendo a esta autora, lo cierto es que a lo largo de la literatura occidental podemos observar con cierta frecuencia el motivo situacional del que parte Fedra: la mujer mayor que, forzada

---

99 Naupert, 2001: 148.
100 Frenzel, 1980: 224

por unas bajas expectativas vitales y, estimando en demasía su poder y su experiencia, trata en vano de conquistar a un joven y, al ser rechazada, no duda en pagarle con un odio irracional y complejas venganzas para calmar el dolor de su presunción humillada.

La recurrencia habitual de este argumento, y su rápida asimilación a la literatura resulta evidente al repasar el importante número de obras que cuentan la misma historia: Sófoclés escribió una tragedia, perdida para nosotros; dos Eurípides, de las que sólo conservamos una; otra más Licofrón, también perdida; y, finalmente, revistiendo el mito ya de carácter literario y agrupando las influencias de la literatura griega, tenemos la *Fedra* de Séneca. Según afirma Vicente Cristóbal[101], la conflictividad inherente al argumento (entre la razón y los sentimientos, entre ley externa y ley interna, entre el amor y el desdén) y la posibilidad que ofrecía de análisis psicológico hizo que el tema gozara de un favor extraordinario en el género dramático, lo que llevó a los dramaturgos modernos a reescribir desde su propia óptica la historia trágica de los amores de Fedra e Hipólito. La más conocida de todas, junto con la de O. Zara (*Hippolito*, 1558) o R. Garnier (*Hippolyte*, 1573), es la de Racine (*Phèdre*, 1677), aunque dentro de esta extensa lista hay que reseñar también las recreaciones españolas muy posteriores del mito (Unamuno –*Fedra*, 1919– y Espriu –*Fedra*, 1955 y *Una altra Fedra, si us plau*, l978).

El motivo de la madrastra enamorada aparece también en Apuleyo en su *Asno de oro* (X 2-13), que se trata en una de las muchas *novelle* insertas en la trama central pero independientes a ella. Afirman categóricamente los expertos que se inspiró en la *Fedra* de Séneca (en donde es recurrente también el tema de

---

101 Cristobal: 1990, 113

los venenos), aunque la novela, más unida a los cuentos populares y al folclore, suele recurrir más al final feliz que la tragedia.

A la hora de hablar de su evolución y su tratamiento por parte de distintos autores, afirma Elisabeth Frenzel:

Insólito e inconcebible para los contemporáneos de Eurípides debió ser el motivo especialmente en la variante extrema de la madrastra rechazada, motivo que se relacionó con el héroe Hipólito y que está documentado también fuera de la literatura griega. En el argumento de *Fedra* lo erótico rayaba casi en lo patológico. En una primera tragedia, *Hipólito encubridor de sí mismo*, no conservada y rechazada por el público ateniense, Eurípides hizo que la esposa de Teseo mendigara amor a los pies del hijastro, por el contrario, en *Hipólito coronado* (428 a. de C.) la acción está presentada como resultado de una lucha entre dos diosas, debido a que Hipólito rendía culto solamente a Ártemis, ofendiendo por ello a Afrodita, y aquí una alcahueta nodriza de Fedra pretende corresponder a su más íntimo deseo sirviendo de intermediaria, sin embargo es así como ésta se ve arrastrada desesperadamente a la vergüenza y al suicidio. En la historia del motivo, Fedra se eleva mediante la reflexión y la expiación por encima de las lujuriosas y vengativas figuras centrales. Tanto Ovidio (43 a. de C. – hacia 18 d. de C.) en las *Heroidas*, cartas poéticas, como también en parte Séneca (m. 65 d. de C.) en su *Fedra* se han dejado influir bastante por la primera adaptación, más ruda, de Eurípides, quien precisamente a través de la tragedia de Séneca ejerció una influencia duradera[102].

De nuevo será Eurípides el encargado de plasmar para la literatura el carácter y las acciones de la madrastra Fedra. Una estela que siguió y fijó Séneca y que alcanzó el estatus de mito literario recurrente desde el mundo grecorromano hasta la visión de la Fedra unamuniana.

Son bastantes los expertos que destacan, dentro de la literaturización del mito, la ambigüedad de la culpa de la pro-

102 Frenzel, 1980: 225.

tagonista. Es éste un amor inspirado por Afrodita, como el inspirado por la diosa a la reina Pasifae por el toro, un amor imposible, antinatural y que se sale de toda regla. Es, sin embargo, un mandato contra el que no se puede rebelar, lo que, de algún modo exculpa a la madrastra de la intensidad y del "furor" de sus sentimientos, aunque no de las malas decisiones que este amor le lleva a cometer. La figura mítica de Fedra responde a un estereotipo que afectará a su concepción teatral, siendo el antiprototipo de mujer, de esposa, de madre. Este es el de madrastra y dentro de la tipología de madrastra la que se conoce como "madrastra enamorada".

El tema del incesto madrastra-hijo hunde sus raíces en el folclore y puede rastrearse hasta las más antiguas culturas orientales. También la falsa acusación motivada por el rechazo y la venganza suelen ser habituales en algunos de estos relatos míticos. Históricamente podemos retrotraernos a lo que parece la primera versión del mito, protagonizada por Asherá y Baal. Ella le acusa a él, en la única versión hitita conservada del cuento, ante su esposo Elkunirsa de haber intentado violentarla cuando había sido al revés. Un argumento que mantiene su fuerza dramática y su actualidad más de tres milenios después.

En el tratamiento que los clásicos hacen del mito destaca la figuración de Fedra como ejemplo, sobre todo, de debilidad femenina. Ella es la antítesis de la mujer que debería ser. Esto aparece claramente representado en una de las primeras cosas que hace la *Fedra* de Séneca cuando aumenta el dolor que le causan su situación y su infiel marido Teseo: abandonar el telar como metáfora de su papel como mujer dentro de la norma, al tiempo que descuida también sus deberes religiosos.

La maldad de Fedra, lo que la convierte en uno de los arquetipos de *femme fatale* que podemos encontrar en la literatura es, precisamente, su debilidad. Para salir airosa de la situación en la que ella se encuentra se requiere una fuerza de espíritu de la que la madrastra, a todas luces, carece. Es el ejemplo mítico de la mujer débil que cede a sus instintos con relativa facilidad. Aunque es ahí, en la duda inicial, en los primeros miedos y disquisiciones, donde encontraron los dramaturgos –en el hilo que conduce desde Eurípides y Séneca hasta Racine– el principal caldo de cultivo para la creación de la psicología del personaje que, obras posteriores, alteraron y variaron, pero ya partiendo en todo momento de las bases sentadas en este periodo de la literatura clásica en el que el mito se pervierte, se transforma y renace en arquetipo literario. Como bien señala Ruiz de Elvira:

> En el alma y el comportamiento de Fedra, tanto en Eurípides como en Racine, y en parte en Séneca, predomina una perenne ambigüedad, una constante vacilación o indeterminación cognoscitiva entre querer y no querer, entre poder y no poder obrar de distinto modo a como lo hace[103].

En Eurípides, Fedra luchará más visiblemente que en Séneca, primero contra sus propios instintos y deseos, pero también contra la nodriza, para no revelar su secreto, y para evitar que éste llegue hasta Hipólito. Con el desarrollo literario que va de Eurípides a Séneca, Fedra pierde su vacilación, sus pudores y escrúpulos para ganar en decisión y firmeza.

Pero, aunque se desarrollan con más intensidad en la Fedra de Séneca, ya en *Hipólito* podemos encontrar las más importantes ambigüedades del alma y de la conducta de la protagonista, que aparecerán también con una visible intensidad en Racine.

En un comienzo, Fedra le echa la culpa de todo a la nodriza (*Hipólito* 682-688 y ss.). La ambigüedad entre la culpa y la inocencia de un pecado impuesto que flota a lo largo de toda la obra de Eurípides forma parte de la creación mítica del personaje al igual que la lucha contra su propia debilidad. En los

103 Ruiz de Elvira, 1976: 9

versos 1310-1312, Artemis habla de la calumnia de Fedra, sin disculparla, aunque también sin condenarla. Este atenuante (el culpar a los dioses del destino) no aparecerá tanto en Séneca, donde ni el propio amor, ni la declaración ni, mucho menos, la calumnia final, están en ningún momento disculpadas. En Séneca la inocencia de Fedra resulta menos categórica que en el *Hipólito*, pero sigue siendo afirmada por su protagonista en su confesión final, que es, por su parte, sumamente ambigua.

Existen por tanto en la literatura clásica una serie de mujeres arquetípicas, mujeres que representan las distintas facetas de la *femme fatale* y que en este momento histórico pasan a formar parte del *humus* literario occidental al haberse convertido no ya en mitos religiosos, en la parte ritualística del mito, sino en el fondo literario desde el que crear una psicología de personajes y unas situaciones que se repetirán, con más o menos variedad, a lo largo de la historia de la literatura.

En el preciso momento en el que el mito deja atrás su significado ritual y se adentra en el mundo de la creación artística nace el mito literario que, con el uso y la abstracción de sus elementos básicos, se transformará en arquetipo, objeto final de este estudio, ya durante la Edad Moderna. A lo largo de estos siglos se perfilan las características de la maga Circe, de la poderosa Medea, la bella e infiel Helena, la asesina Clitemnestra, la incestuosa madrastra Fedra. Cada una de ellas con su propia versión del mal, acarreando diferentes peligros para los hombres que osan acercarse a ellas y para su entorno. Mujeres para las que tanto el orgullo como el saberse poderosas (bellas, experimentadas, fuertes) supondrá, en la mayor parte de los casos, con memorables excepciones como la de Medea y Helena[104], su caída final.

---

104 Ambas parecen estar, en su calidad de mujer descendiente de la divinidad, fuera de las manos de los hombres, que no son quienes para ordenar y ejecutar su castigo.

IV

LA LUCHA DEL MAL POR EL ALMA FEMENINA

LA MUJER BÍBLICA

Llegados a este punto, podemos definir tres arquetipos en la conceptualización de la feminidad que se desarrollarán dentro del cristianismo:

1. María, la virgen madre, reina del cielo e ideal –imposible de alcanzar– para las mujeres cristianas.

2. Eva, la mujer pecadora víctima de su deseo pero, pese a ello, madre de toda la humanidad.

3. Lilith, la mujer rebelde que, no estando dispuesta a obedecer las órdenes de Adán, se rebela contra Yahvé y alcanza la libertad como demonio, para llevar a cabo sus infinitas maldades.

Si bien Lilith como tal es un personaje de origen hebreo, su figura y sus características son rastreables durante el origen del cristianismo hasta llegar al punto de mayor visibilidad: el nacimiento y apoteosis de la bruja medieval.

A lo largo de este capítulo analizaremos estas tres figuras desde el imperativo de la creación de los posibles "modelos de mujer" existentes para el medievo cristiano, así como otras figuras femeninas de las Escrituras que podemos incluir en la clasificación mitológica de la *femme fatale* como Judith, Salomé o Herodías...

La figura de María, virgen y madre, entronca directamente, según hemos visto, con las imágenes y características de las grandes diosas anteriores a ella: Inanna, Isis, Ishtar...

Las mujeres estaban necesitadas de un modelo positivo a seguir, un modelo que era, por otro lado, imposible de emular. Tenían dos caminos para alcanzar el bien: la maternidad o la virginidad, pero sólo uno de ellos aseguraba la total pureza celestial. Y es esta insalvable distancia entre el modelo a imitar y el resultado (por mucho que queramos seguir a María, todos somos hijos de Eva y estamos muy lejos de sentirnos inmaculados y libres de pecado) lo que genera la "frustración cristiana femenina", la necesidad inculcada de imitar un arquetipo inalcanzable que tanto peso ha tenido en el desarrollo de la psicología femenina, dentro y fuera de la literatura, algo que no ocurre necesariamente con los hombres, dado que el papel de Adán en el Génesis queda relegado al de "víctima del engaño persuasivo de Eva". Con esta nueva orientación del tipo mítico, los Padres de la Iglesia dotaron a la sexualidad de un carácter visiblemente negativo, anulando la posibilidad de salvación para todos.

Con la creación de la figura de María como representación del papel virtuoso de la mujer, la teología cristiana dio a luz una de las construcciones con mayor poder del discurso religioso: la adaptación y completa sumisión de la figura matriarcal a una nueva cultura. Para que este cambio tuviera éxito se necesitaba un contrapunto, Eva, donde radica el pecado:

> La cultura patriarcal ha configurado a través de estos personajes los mitos de la mujer seductora y la sumisa, respectivamente. Ambos símbolos de feminidad se complementan, y están estrechamente relacionados entre sí: la existencia de Eva requiere de la de María, a la vez que la segunda necesita de la primera para que

su misión –traer la redención al mundo, y más aún, restaurar la imagen mancillada de su propio sexo– tenga sentido. Dentro de la concepción cristiana, Eva representa el pasado, mientras que María, como segunda Eva, simboliza la renovación del presente. Ambos prototipos serán complementados por medio de una tercera figura, María Magdalena, modelo de la pecadora arrepentida, que contiene elementos de ambas construcciones[105].

María Magdalena es, por otro lado, uno de los personajes más controvertidos del relato neotestamentario.

Sean o no las tres Marías una misma mujer desde tres perspectivas diferentes, podemos afirmar que María Magdalena se alza como complemento a la Virgen María en su doble función: en primer lugar, su acusada debilidad será un modelo para las mujeres que pueden ver en ella una posibilidad de redención; y en segundo plano, ellas dos reducen las imágenes de lo femenino, dentro del marco de la sociedad patriarcal cristiana, a la virgen y la prostituta, en ambos casos figuras preeminentemente sexuales y siempre desde el punto de vista del control por parte de la autoridad religiosa establecida.

Su recorrido parece ser paralelo al sufrido por la diosa Ishtar, la escisión en dos mitades irreconciliables de una divinidad completa, hasta la mayor degradación. Aparecerá poco en los Evangelios canónicos (principalmente en el de Juan) pero bastante más dentro de su versión apócrifa –en la que se remarcará la importancia de una supuesta relación carnal con Cristo– en los evangelios gnósticos[106]. Por ejemplo, la preferencia de Jesús por María Magdalena es reconocida en el Evangelio de Felipe, texto gnóstico encontrado entre los códices de Nag

---

105 Villegas, 2005: 30.

106 El gnosticismo fundamentará su defensa de la predicación femenina tomando algunos de los personajes femeninos de la Biblia –en especial, éste– e incrementando de algún modo su importancia, o no minimizándola, como se prefiera ver.

Hammadi, donde se la denomina "compañera" del Señor y se dice que Jesús la amaba más que a los demás discípulos y la besaba frecuentemente en la boca[107]. Asimismo, en el papiro copto conservado en el Departamento de Egiptología del Museo Nacional de Berlín bajo la sigla BG 8502 conocido como *Evangelio de María Magdalena*, tras la despedida de Jesús después de su resurrección, todos sus discípulos y apóstoles lloraban entristecidos la partida del Maestro. Entonces Pedro se dirije a María Magdalena y le dice:

«Mariam, hermana, nosotros sabemos que el Salvador te apreciaba más que a las demás mujeres. Danos cuenta de las palabras del Salvador que recuerdes, que tú conoces y nosotros no, que nosotros no hemos escuchado». Mariam respondió diciendo: «Lo que está escondido para vosotros os lo anunciaré».[108]

En todo caso, María Magdalena, con cuyos largos cabellos limpió a Cristo los pies –el símbolo de lo tradicionalmente femenino humillado ante el poder masculino– representa, mucho más que Eva, la sexualidad femenina entendida según el cristianismo.

La mujer prostituida, pecadora, lujuriosa, podrá salvarse siempre que se arrepienta, renuncie a la satisfacción carnal y se humille. En el caso que nos ocupa, además, esta renuncia vino acompañada por la expulsión de los siete demonios, lo que podemos interpretar como la conversión de la sacerdotisa Magdalena y su abandono del panteón divino, configurado, precisamente, por siete dioses, para abrazar al único dios cristiano.

---

107 Véase la traducción española de Fernando Bermejo Rubio en *Textos gnósticos. Biblioteca de Nag Hammadi* (vol. II), Trotta, Madrid, 2ª ed. 2004.

108 Véase la traducción española de José Montserrat Torrents en *Textos gnósticos. Biblioteca de Nag Hammadi* (vol. II), Trotta, Madrid, 2ª ed. 2004.

Al relacionar todas y cada una de las facetas del sexo con lo negativo[109], éste debería ser completamente anulado en la figura de María si ella iba a tener la posibilidad de redimir a la especie humana, por lo que se convierte en un ser asexuado que despertará el afecto (que no el deseo, como ocurrirá con Eva) en el hombre.

La imagen de María cobró fuerzas en los siglos IV-V con el triunfo del celibato, aunque posteriormente cayó el culto durante la caza de brujas y los siglos siguientes hasta que el pensamiento decimonónico rescató el concepto del "ángel del hogar" y, con él, la devoción por la madre perfecta.

Con la base de los argumentos anteriores podemos aseverar que para definir del todo la figura de María requerimos de Eva. Y viceversa. María en más de una ocasión ha sido nominada como la Nueva Eva, aunque siempre ha quedado fuera del oprobio y desprecio con el que se habla de esta. Resulta obvio que, al desprestigiar a la Madre de la Humanidad, el cristianismo borra todo rastro de ascendencia matriarcal, tanto religiosa como histórica. El equilibrio, como hemos visto, entre la representación de la divinidad femenina y masculina desaparece, como si nunca hubiese existido. Desde Eva, sexo, pecado y muerte serán conceptos firmemente asociados entre sí y con la figura de la mujer. Ella personifica la construcción de lo femenino a la luz del cristianismo. Resulta esclarecedora la afirmación de Villegas: «Representa a un tiempo la primera mujer de la tradición cristiana, la madre por excelencia, y ello a partir de haber cometido el primer acto de desobediencia»[110].

---

109   Esto es así incluso en la intención reproductiva, desde el Génesis: "parirás con dolor... tu deseo te arrastrará hasta el hombre, que te dominará" (Gn 3, 16).

110   Villegas, 2005: 63.

EVA Y PANDORA: EL MAL EN EL MUNDO

A la hora de la creación, tanto en la episteme judeocristiana como en la grecolatina, esta parece quedar perfectamente bien concluida con la aparición del hombre, mientras que la mujer –Eva en un caso, Pandora en el otro– parece ser un gesto más accidental que intencional. En el relato hesiódico aparece como castigo a la desobediencia de Prometeo; en el mundo bíblico, a petición de Adán, que se siente solo en el Paraíso. En ambos casos, la mujer representa el propio castigo, como plantea claramente Hesíodo y como se deriva de las consecuencias del pecado original para la concepción cristiana de lo femenino.

Pese a la clara relación existente entre Eva y Pandora, podemos ver cómo estos arquetipos surgieron de un esfuerzo consciente realizado por los Padres de la Iglesia quienes deformaron y transformaron el origen del mito griego. Su intención era la de corroborar la doctrina del pecado original mediante el paralelo clásico, aunque esta asociación comenzó a estar en pleno uso a partir del Renacimiento, gracias al interés de los escritores de la época por recuperar la literatura y la cultura grecolatinas, lo que trajo de nuevo al panorama figuras ya casi olvidadas, como es el caso de Pandora que, sin embargo, permaneció para el imaginario literario en la oscuridad, hasta que fue recuperada por Goethe[III].

El mito de Pandora es uno de los más conocidos de la mitología griega y tiene varias versiones. La más famosa es la narrada por Hesíodo en sus obras *Teogonía* y *Los trabajos y los días*".

III Pandora no aparecerá en los escritores latinos como Ovidio, Virgilio, Horacio o Cicerón. De hecho, aparecerá sólo mencionada en cuatro escritores romanos, Plinio, Fulgencio, Higinio y Porfirio, de los cuales sólo este último aludirá a la caja, de manera breve y superficial. Y de este modo llegó hasta los mitógrafos de la Edad Media.

Pandora fue la primera mujer creada por los dioses del Olimpo. Cada dios contribuyó con algo para dotarla de cualidades únicas: Afrodita le dio belleza, Apolo le dio talento musical y Hermes le dio el arte de la persuasión y la curiosidad, etc...

Zeus, el rey de los dioses, ordenó su creación como parte de su venganza contra Prometeo, quien había desafiado a los dioses al robar el fuego del Olimpo para dárselo a la humanidad. Pandora fue enviada a la Tierra para casarse con Epimeteo, hermano de Prometeo. A pesar de las advertencias de su hermano de no aceptar regalos de Zeus, Epimeteo quedó encantado con Pandora y la recibió.

Como parte de su dote, Pandora llevaba una caja (aunque en la versión original era un jarrón) que Zeus le había dado con instrucciones estrictas de no abrirla bajo ninguna circunstancia. Sin embargo, la curiosidad de Pandora fue demasiado fuerte. Cuando la abrió, de la caja salieron todos los males, sufrimientos y desgracias que desde entonces afligen a la humanidad. Asustada, Pandora cerró rápidamente la caja, pero solo quedó dentro la esperanza, que no había tenido tiempo de escapar.

Este mito ha sido interpretado de muchas maneras, y suele verse como una explicación de por qué existe el mal en el mundo.

Si bien a Eva se la califica como Madre de la Humanidad, Pandora se gana el título menor de Madre de la Raza de las Mujeres. Ambas pierden el Paraíso debido a su curiosidad, a la violación del primer principio esgrimido contra el acceso de la mujer al conocimiento: no es propio del sexo femenino acceder al conocimiento, alegoría última tanto de la manzana como del ánfora o *pithos*[112]. Una teoría reforzada por la multiplicidad de significados mitológicos que posee el otro actuante principal de relato bíblico del que ya he hablado: la serpiente. Para Casanova y Larume,

La serpiente, símbolo de la fertilidad y de la vida en muchas cosmovisiones antiguas (Cooper, 2000), ha sido relacionada en Occidente con el pecado y el Mal. Su naturaleza inquietante nos ha fascinado desde tiempos remotos y en este reptil hemos visto un ser ambivalente, telúrico y primigenio a la par que misterioso y temible. Su hipnótica mirada, con la que seduce a sus presas antes de convertirlas en víctimas, es la mirada ambigua de la vida, que se renueva a sí misma, pero también de la muerte. Con ella ha contemplado el devenir de los hombres encarnando el misterio de la regeneración hasta quedar asimilada por la religión cristiana con una de las principales epifanías animales del Diablo[113].

La serpiente ha representado, de manera habitual en casi todas las Antiguas civilizaciones, desde la América precolombina hasta Mesopotamia o la tradición arábiga, el conocimiento sapiencial, la sabiduría serena y profunda. Así lo vemos en múltiples ejemplos, como en el cuento "El viaje maravilloso de Buluqiya a los confines del universo" en *Las mil y una noches* donde se establece un paralelismo entre la Sabia Reina de las Serpientes y la mujer de Utnaphistin en el *Poema de Gilgamesh*,

---

112   Al igual que Dora y Erwin Panofski suscribo la teoría del cambio, primero verbal, luego representativo, de *pithos* (ánfora) a *pyxis* (caja) a raíz de la publicación en 1508 de *Adagiorum chiliade tres* de E. Rotterdam. Los autores abogan porque el filósofo «fusionara –o confundiera- el episodio crucial de la vida de la Pandora de Hesíodo con su casi gemela en la literatura romana, el último e igualmente crucial episodio en la vida de la Psique de Apuleyo» (Panofski: 1975, 30). No obstante, sabemos que la base del error se encuentra en los *Mythologiarum libri III* de Fulgencio, quien cruzó el mitema de la caja en ambos mitos (Gély, 1991).

113   Casanova y Larume, 2005: 29.

pues ambas revelan el secreto sobre la planta de la juventud[114]. La serpiente y su veneno –o debido a él– han estado también relacionados desde hace milenios con las artes curativas y, aún hoy en día, es un símbolo reconocido en el mundo de la medicina y la farmacología.

Es probable que fuera la necesidad de demonizar un símbolo comúnmente usado por las religiones precedentes en el territorio hebreo lo que hiciera de esta la mensajera directa del Mal, cuando no Satán mismo, como se sugiere en el *Zohar*, donde el ofidio representa el impulso maligno. Y será en esta obra religiosa donde se asienten finalmente las bases de esta visión, cuya justificación hallaremos una y otra vez asociándola principalmente al mal a través de la sexualidad y la lujuria.

Según señala Marcos Casquero, Leviatán, la serpiente, será el modo a través del cual copulen Lilith y Samael. En otro pasaje del *Zohar*, el *Sitres Torah* ("Secretos de la Torá") 1, 147-148b, se identifica a Lilith con la "serpiente primordial", visión en la que ahondaremos más adelante:

> Su hermana, Serpiente, "mujer de prostitución", "final de toda carne", "final de los días". Dos espíritus-demonios estarán unidos: el espíritu masculino es sutil; el espíritu de la hembra estará esparcido por todos los caminos y sendas, pero vinculado al espíritu masculino. Se ofrece a sí misma con toda clase de joyas, como una abominable prostituta apostada en una esquina para seducir a los hombres[115].

En la obra del rabino Naphtalí Bacharach de Francfort, *'Emeq ha-Melek* (1648) se establece una clara relación entre Lilith y la serpiente del Paraíso (23 c-d), relación que pudo ser abonada

---

114 Ya a comienzos del siglo XX la narrativa breve hispanoamericana volvió a la idea de la serpiente como imagen de la sabiduría de la mano de Horacio Quiroga.

115 Marcos Casquero, 2009: 150.

en los relatos populares, en los que se atiende a las características que se dan en las interpretaciones talmúdicas y midrásicas
y donde la libertad interpretativa supera con mucho a la que
se puede encontrar en la ortodoxia rabínica. En este pasaje,
Lilith, como serpiente, muestra un carácter de tentación in-
negablemente sexual de cara a Eva. Aunque tradicionalmente
el relato del Génesis (3, 1-7) representa la tentación de Eva por
parte de la serpiente como un movimiento con una finalidad
intelectiva, en el que Eva, al cometer el primer pecado, realiza un acto de desobediencia y de soberbia al pensar no solo
que puede compartir el conocimiento con la divinidad, sino
incluso por convencer al hombre para que peque con ella. La
interpretación del rabino de Francfort, que halló un gran éxito
en su momento, venía avalada por la tradición popular. Para
Marcos Casquero:

> El acto se trueca en un intercambio sexual entre la serpiente y
> Eva, aún virgen, que recibe en su seno el semen de la serpiente.
> Sólo después de ello se desató la líbido de Adán, que se unió a su
> mujer por primera vez, pero lo hizo mientras ella estaba con su
> menstruación, es decir, en periodo de impureza[116].

En lo que sí parecen coincidir las distintas interpretaciones de
este pasaje es en culpar a la serpiente (sea esta el Mal puro,
Satán, la sexualidad o el conocimiento, tanto da) de la caída de
Eva en la tentación. Para Miranda,

> El análisis de Gn 3. 1-3 que ofrece Ambrosio en Par. 12. 56 le per-
> mite exponer con claridad el nivel de astucia de la serpiente, que
> se vale del discurso falaz como arma habitual. En efecto, gran par-
> te del parágrafo muestra las alteraciones que la orden de Dios
> sufre al ser referida por la serpiente y por Eva. En el caso de esta
> última, no existe una tergiversación malintencionada, sino la adi-

---

116 Marcos Casquero, 2009: 188.

ción de que ellos, hombre y mujer, no debían comer 'ni tocar' el árbol del bien y de mal[117].

Exégetas como San Ambrosio reflexionaron de forma aparentemente profunda sobre la verdadera culpabilidad de la pérdida del Paraíso. Este explica a través de un ejercicio dialéctico de reflexión que la verdadera infracción y, por tanto, el verdadero castigo, debería ser impuesto a Adán, puesto que es él quien, pese a haber recibido la orden directa de Dios, se la transmitió a Eva, punto en el que el exégeta ve el fallo: sin duda, el hombre debería haber insistido más sobre lo de no tocar el árbol. Concluye afirmando que la Escritura no revela las palabras exactas con que Adán expuso ante Eva la naturaleza y el contenido de la orden, pero no ofrece dudas con respecto a que la orden la transmitió el hombre a la mujer, y que a ella no le llegó directamente de la divinidad, sino a través de un mensajero cuyas exactas palabras desconocemos.

Siguiendo con esta lectura de la culpabilidad femenina, es el engaño sufrido por Eva por parte de la serpiente lo que, para los pensadores del momento, era una clara muestra de la inferioridad de la mujer, como señalan los teóricos:

> La inferioridad femenina se desprende del hecho de que Eva fue engañada y engañó a su vez al hombre, idea que es argumentada con las citas de 1 P 3. 1-6 —referida a la sumisión que deben las mujeres a sus esposos— y de 1 Tm 2. 14 —que sostiene que no fue Adán sino Eva la seducida por el pecado—.[118]

Eva es culpable de sucumbir a la tentación de la serpiente, ella es lo femenino, alegóricamente la *aísthesis*, el sentido, frente a lo masculino, que es el *noûs* o la razón. Eva es culpable porque el sentido debería haber estado alerta y de este modo no haber

---

117 Miranda, 2010: 162.
118 Miranda, 2010: 156.

hecho cargar a la humanidad con su pecado ni con la pérdida de la inmortalidad.

Según esta interpretación, defendida por Ambrosio en *De Paradiso*, la mujer en tanto símbolo de la potencia sensible del ser humano, forma parte de un todo que se completa con la razón masculina, lo que conlleva asociar aquello relacionado con el mundo de lo sensible a la mujer y a lo pecaminoso. Esta visión negativa se transfiere de forma directa a los tratados sobre el cuerpo femenino que, según señala Sonia Villegas, durante siglos fue «para el hombre sinónimo de desorden, oscuridad y caos, y domesticar su sexualidad se convierte en una medida necesaria tanto para su seguridad como para la de las propias mujeres».

Y llegamos, de este modo, al segundo punto que estas mujeres fatales tienen en común. Tras la curiosidad (o el ansia de saber) como primer pecado cometido, está la sexualidad, que será siempre denominada "lujuria" para dejar bien clara su intención negativa. Como señala García Estébanez:

> Por eso [su sometimiento de la razón a los afectos] dice San Juan Crisóstomo que la pasión específica de las mujeres es la lujuria, y el Filósofo apunta que propiamente hablando no se debe aplicar a las mujeres la calificación de continentes por la facilidad con que ceden a sus concupiscencias, como tampoco se aplica a los brutos animales.[119]

Una sexualidad de la que, en ningún caso, puede escapar el hombre, pues, como especifica Hesíodo sobre Pandora, su belleza y seducción es tal que hace imposible resistirse, puesto que el varón ama con ahínco lo que es su desgracia, el bello mal, ese pecho lleno de engaños y traiciones, ese dolor del que no se puede escapar que significa para él la mujer.

119 García Estébanez, 1992: 133.

La existencia de María hizo que la figura de Eva se extremara aún más. Una no puede existir sin la otra, pero la posibilidad de esa vida sin pecado, la abnegación y la obediencia como principales cualidades de la devoción mariana hacen todavía más reprobable el comportamiento de Eva. Según señala Jacques Bril

> *María, por ejemplo, está inequívocamente situada en un lugar opuesto a aquel donde reinan las diosas terroríficas; pero se encuentra en compañía de Eva, una especie de réplica de la que está separada por un escote según la antítesis de lo espiritual y lo carnal. Y la misma Eva poseerá su doble oscura, que no es otra que Lilith, un probable peyorativo, como veremos, de una tradición anterior.* [120].

LA LUJURIA DE LILITH

Si Eva es el contrapunto de María, Lilith lo es de la primera Eva, un personaje que pese a no aparecer como tal en la literatura cristiana medieval sí permaneció latente con fuerza en el imaginario colectivo y en los escritos hebreos. Eva es posterior en la mitología judeo-cristiana al personaje de Lilith, la primera mujer de Adán. La figura de Lilith, prototipo de mujer independiente que no se doblega ante los deseos del hombre será rápidamente desechada por la tradición, por ser un componente altamente subversivo para las mujeres. Como hemos visto también en el caso de Pandora, el relato de Lilith representa la ruptura del orden "natural" de subordinación femenina. La figura de Eva, por otra parte, representa a la mujer seductora, sujeto y objeto de la seducción, lo expresamente humano.

A la hora de crear el arquetipo de la mujer hay un punto que no puede dejarse de lado: la descripción física. Lo físico pre-

---

120 Bril, 1984: 41.

senta mayor importancia en el desarrollo de los mitos femeninos que en los masculinos ya que la belleza de la mujer forma parte de los atributos iniciales desde su creación en cualquiera de las cosmogonías que estamos tratando.

Encontramos el personaje de Lilith, aunque con otro nombre, Obizuth, en el Testamento de Salomón, donde se nos ofrece una clarificadora descripción de la diablesa que muestra una mirada brillante y glauca, una "cabellera [que] se agitaba violentamente como la de un dragón". Resulta llamativa la importancia que durante miles de años se ha dado al pelo de la mujer, hasta el punto de que cortar, atar o cubrir el pelo era considerado (aún lo es en según qué culturas) una importante pérdida en la capacidad de seducción de la mujer. Pronto el cabello largo y seductor de Lilith tuvo un color propio: el rojo, símbolo del pecado, el mal y la lujuria. Como vemos en el *Sitrei Tora* (o *Razei Torah*, "Secretos de la Tora") 1, 147-148b[121]:

> Viste de galas como una abominable ramera y se aposta en las esquinas de las calles y en los caminos para atraer a los hombres. Cuando un necio se acerca a ella, lo abraza, lo besa y le ofrece las heces de su vino mezcladas con veneno de serpiente. Una vez que ha bebido, el hombre se aleja del sendero que debía seguir. Y cuando ella ve que él se ha alejado de la senda de la verdad, se despoja de todas las galas con que se había vestido para seducir a aquel necio. Las galas que utiliza para fascinar al género humano son éstas: su cabello es largo, rojo como la grana, su rostro, blanco y sonrosado; de sus orejas cuelgan seis pendientes; su cama está fabricada con juncos de Egipto; todo tipo de ornatos orientales rodean su cuello; su boca, embellecida con cosméticos, tiene la forma de una diminuta puertecilla. Su lengua es aguda como una espada, sus palabras suaves como el aceite, sus labios hermosos,

---

121 Recogido en Albert H. Friedlander, *The wisdom of the Zohar*, Oxford, (Oxford Univertity Press) 1989, pp. 538-539, vol. II. Traducción de Marcos Casquero (2009).

rojos como una rosa, dulces como toda la dulzura del mundo. Viste de púrpura, se adorna con cuarenta adornos, menos uno [...]. El estúpido se despierta y se dispone a jugar con ella como antes. Pero ella ha cambiado ya sus ornatos y lo que el hombre encuentra ante sí es un fornido guerrero que infunde un pavoroso terror al cuerpo y al alma de la víctima. Sus ojos producen espanto; en su mano, una afilada espada gotea amargas y venenosas gotas. Mata a ese estúpido y lo arroja al infierno.

Cabellos rojos, tez pálida y sonrosada, boca pequeña de la que saldrán palabras dulces y engañosas serán el punto de partida de la fijación del arquetipo físico de la mujer fatal que, apenas sin cambios, atraviesa más de veinte siglos hasta llegar a nuestro tiempo.

Según el *Talmud*, los cabellos son el rasgo más relevante de esta criatura. Son estas características, según señala Bril, las que nos permiten reconocerla, pese al cambio de nombre, en el *Testamento de Salomón*, y refuerzan la tesis de la fuerte presencia de la que fue calificada como la "reina de los demonios" en la psique popular.

Otra de las características que definen a nuestro personaje es una descontrolada y peligrosa sexualidad. En ʿ*Emeq ha-Melekh* (102d-103a) donde se habla también de los *lilim* "tristes y lúgubres", la descripción física de Lilith, a la que en este párrafo se denomina también la opresora de almas, corre pareja a su descripción moral:

Lilith es la Mujer extranjera, la dulzura del pecado y la lengua perversa. De los labios de la Mujer extranjera fluye miel. Lilith, la Mujer impura, no tiene manos ni pies para la cópula, porque los pies de la serpiente han sido cortados, y, sin embargo las galas con que se adorna hacen parecer que la Mujer tuviera manos y pies [...]. Lilith abandona al marido de su juventud (Samael) y desciende y fornica con hombres que duermen abajo en la impureza de las emisiones espontáneas, y de ellos concibe demonios y espíritus y lilim, que son denominados Hijos de los hombres.

Todos los relatos populares presentan a Lilith como paradigma de la lujuria, un ser que adopta forma humana para poder establecer relaciones carnales con los hombres. Su figura es, como recogen numerosos textos, seductora y opulenta, puesto que encarna en sus curvas la fantasía erótica del hombre que cae en sus redes.

Samuel George Frederick Brandon, en su *Diccionario de Religiones* afirma que «las representaciones de los demonios suelen ostentar rasgos terroríficos, como de seres semihumanos o animales; Lilitu, sin embargo, aparece como una hermosa mujer desnuda, con alas, pero con garras en vez de pies»[122].

Sin embargo, en el *Alfabeto de Ben Sira* no se habla del aspecto sexual de Lilith, la Nocturna en el poema, sino de que causa desgracia y muerte a los bebés, que es uno de los dos aspectos básicos de su leyenda (la lujuria y la destrucción de niños).

Cosmológicamente, Lilith, al igual que sus predecesoras como Hécate o las diosas mesopotámicas Inanna o Ishtar, está íntimamente relacionada con la luna y con la serpiente. Esta relación con la astrología aparece a menudo reflejada en el *Zohar*, que nos dice que muestra una particular actividad cuando la luna se halla en su fase de luna nueva y comienza a crecer, y es en ese momento cuando con mayor ahínco acosa a los hombres. Se la representa entonces desnuda con su larga cabellera roja al aire cayéndole sobre los hombros. A su silueta, sentada en la concavidad que forma la media luna, se la conoce en astrología como la "luna negra".

La vinculación entre Lilith y el asteroide lunar reposa sobre la misma base que lo relaciona con la antigua diosa Hécate de

---

122   Brandon: 1975, 492-493.

la magia y la hechicería; ambas pertenecen a un mismo mundo, el mundo de las sombras y las encrucijadas.

Roberto Sicuretti aborda la identidad de Lilith como luna negra defendiendo que, desde el punto de vista del psicoanálisis, podemos inscribir el binomio Lilith-Eva dentro de los conflictos instintivos, que indican las vías para una nueva conducción de las funciones reprimidas, lo que parece sustentar la teoría de la creación del arquetipo dentro del cristianismo para mostrar a las mujeres los resultados de sus malas acciones. Sobre la creación de Lilith para el gnosticismo cobra fuerza la teoría de la creación del andrógino por parte de Dios. Como afirma Bril, « *Se había sugerido que Adán fue creado inicialmente andrógino y que este ser bisexual fue posteriormente separado en masculino y femenino, un punto de vista que ya se encuentra en la tradición babilónica* [123]» . Con respecto a Eva, un poco más adelante incide:

> Lilith tenía celos odiosos y tenaces hacia Eva, a quien había reemplazado en el afecto de su primer marido. Es por despecho que ella se convertirá en la asesina de los hijos de Eva. Ella misma atacará a Eva, y una tradición posterior -que Rossetti retomará en su Tocador del Paraíso- identifica a Lilith como la serpiente tentadora que fue, a través de Eva, el agente de la caída de la humanidad.

Contra lo que se podría creer, la teoría del andrógino está bastante extendida, más allá de la doctrina platónica. Samuel Tobías Lachs, en sus relatos talmúdicos, recoge una historia protagonizado por Lilith que aparecerá más tarde y de manera más compleja en las recopilaciones de la tradición hebrea que hará Cohen: Yahvé crea en la tierra un ser andrógino que, una vez dividido, da lugar a la pareja de gemelos conocida como

---

123 Bril, 1984: 71.

Adán y Eva; al mismo tiempo crea algo similar en el cielo: Samael y Lilith la mayor.

Llegados a este punto, se hace imprescindible para seguir avanzando realizar una cronología de los textos medievales (cristianos y judíos) en los que aparece Lilith, nominada de una u otra manera.

El pasaje de Isaías donde se la menciona por vez primera, es datable en el siglo X-IX a.C. La siguiente vez que aparece, ella y no una transfiguración, es casi 20 siglos después en el *Alfabeto de Ben Sira*. La composición de este texto se sitúa entre los siglos VIII-IX de la era cristiana y se conocen dos versiones destinadas a resolver la dificultad que plantea la coexistencia de dos narraciones sobre la creación del hombre contenidas en el Génesis. Para Jacques Bril «*También hay que tener en cuenta que no es raro que los mitos se refieran a una creación del hombre en dos o más actos.*»[124].

Aquí presenta ya una personalidad más elaborada y es, además, la protagonista del pasaje: el hijo pequeño de Nabucodonosor enferma, el médico escribe en un amuleto el nombre de los tres ángeles y explica la creación de Lilith con la misma historia que años más tarde narraría Primo Levi pero sin que quede claro en ningún momento el motivo base de este ritual.

Anteriormente a Ben Sira sólo hay –en este momento[125]– tres fuentes hebreas que, de modo más o menos ocasional, aludan a Lilith: el *Testamento de Salomón*, siglos II-III hace hincapié en el empleo de amuletos para combatirla. Aquí se presenta a un ser maligno y diabólico, denominado Obizuth que no sólo se ajusta a Lilith por la descripción, como ya hemos visto, sino que marcará su personalidad posterior. En el *Talmud* se la mencio-

---

124 Bril, 1984: 73.

125 Siempre cabe preguntarse si la guerra, la barbarie y el tiempo han dejado aún alguna sorpresa por descubrir a la arqueología.

na cuatro veces (siglo V) pero todas ellas de manera más superficial. Aquí es un demonio femenino de la noche, una súcubo. Aunque en ningún texto se la relaciona con Adán. La tercera fuente son los llamados "platos de encantamiento" hallados en Nippur, en el año 600 aproximadamente, un conjunto de cuarenta platos hebreos, destinados a conjuros y encantamientos, en veintiséis aparece el nombre de Lilith como destinataria del conjuro y en tres de ellos está dibujada en la parte central Debemos resaltar y hacer hincapié en que la variedad y el alto número de platos conservados demuestran la gran expansión popular de la creencia. Como señala Bril, pese a sus pocas menciones oficiales, estas apariciones en platos y amuletos sugieren que « *El personaje de Lilith está al menos fantásticamente presente en varios textos que tienen en común evocar la transgresión y la maldición.*»[126]. Para Marcos Casquero,

> Se aluda o no realmente a Lilith en las plaquetas de Arslan Tash, esos encantamientos estaban dirigidos, total o parcialmente, a una entidad que concentraba y reunía en sí todas las características que presentará más tarde la protagonista de nuestro estudio: un ser demoníaco femenino, dotado de alas, de hermoso rostro, pero con garras prensoras, enemigo de la familia y del nacimiento (devora personas, quizá particularmente niños) y en estrecha relación de la obscuridad nocturna, y a quien es posible conjurar mediante amuletos y fórmulas mágicas[127].

Podemos de suponer que antes de que el *Alfabeto de Ben Sira* registrara el retrato de Lilith que ha terminado siendo su versión más conocida, existieron múltiples variaciones del mito. Sobre el propio *Alfabeto* y su intención a la hora de registrar y divulgar las creencias hebreas, no debemos perder de vista el humorismo del que hace gala desde el principio, que impide

126 Bril, 1984: 59.
127 Marcos Casquero, 2009: 61.

que podamos tomarnos el relato que cuenta como representante de las "leyendas rabínicas", aunque no mengua el valor antropológico de los datos ni de las narraciones del dominio público. La historia de Lilith es la quinta cuestión planteada a Ben Sira. Es aquí donde por primera vez se alude a ella como la primera mujer, pero por el tipo de texto que es casi podemos decir que es una idea "anti-rabínica". Para Marcos Casquero, este texto

> Es, sin duda, una tradición marginal de la que a menudo han abusado eruditos horros de competencia para rastrear sus orígenes y someterlos a depurada crítica, cuando no arribistas populacheros que han esgrimido este texto para enarbolar banderías con pretensiones feministas[128].

En la crítica de las últimas décadas este pasaje de Ben Sira ha sido utilizado, sobre todo, para defender la voluntad independiente de la mujer, mientras que otras facetas básicas del relato (el uso de amuletos, el papel de la matadora de niños, su personalidad de súcubo) han sido dejadas de lado habitualmente, por lo que al desvirtuarse en símbolo feminista, el mito ha ido perdiendo considerablemente en riqueza de matices.

LILITH EN LOS TEXTOS SAGRADOS

La referencia literaria más antigua que tenemos en torno al uso de amuletos para preservar a las parturientas y a los niños del ataque de Lilith aparece en el *Libro de Raziel*[129] donde aparece ella también relacionada con Adán y Eva.

---

128 Marcos Casquero, 2009: 97.

129 Se supone que el libro original encierra la sabiduría divina, con una colección de secretos astrológicos tallados en zafiro y cuyo custodio era el ángel Raziel.

En la segunda mitad del Siglo XIII, Isaac y Jacob Cohen escribieron el *Tratado de la emancipación izquierda*[130] donde se sirve del tema de Lilith para explicar cómo el mal y el pecado pudieron comenzar a tener existencia en el mundo. Los Cohen proporcionaron un nuevo argumento que, junto a los dados por el *Zohar*, hace de Lilith el mito judío más popular en lo que respecta al tema del mal.

Obizuth, la ya mencionada transmutación de Lilith en el *Testamento de Salomón*, solo aparecerá en este texto, y no sabemos nada más sobre sus orígenes y etimología. La propia Obizuth habla de sí misma como de un espíritu salvaje, poseedor de millares de nombres y múltiples apariencias.

En la *Vulgata* encontramos una alusión a Lilith (Lîlît) que san Jerónimo tradujo por Lamia[131], una aparente confusión que acaba poniendo en común las características de ambos personajes. Como resalta Bril,

La Septuaginta y Jerónimo traducen Lilith por Lamia, probablemente conforme a una tradición que circula entre el pueblo; pero, en general, se admite que Lilith es un monstruo nocturno, a menudo representado por el gato maullador, cuyos gritos lastimeros y lúgubres que emite durante la noche, simbolizando la desolación de las tierras malditas, son temidos. [...] Es el significado de búho, búho -y también sirena- que los diccionarios hebreos modernos utilizan para Lilith. (Bril, 1984: 60)

---

130 Esta fue la primera obra puramente cabalística, aunque la simbología cabalística sea mucho más antigua. La Cábala o Kábbala (en hebreo *qabbalah*) que significa "tradición" o doctrina revelada por tradición, se fue especificando hasta significar "tradición secreta y mística", conjunto de doctrinas contenidas en determinados libros de carácter esotérico. Hunde sus raíces en las sectas judías del siglo I a.C. más vinculadas a la gnosis. Sólo se puede hablar de Cábala con propiedad desde el siglo XIII, cuando comienza a arraigar.

131 San Jerónimo *Comm. in Esaiam* 34, 8-14 (Migne, *Patrología Latina* XXIV, 443-446): «Simmaco es el único que tradujo por lamia este nombre, que algunos hebreos sospechan que se trata de 'Epívvn (Erinia) es decir, de la Furia».

Siglos después, Lutero lo convetiría en *Kobald* (duende) y
Nácar–Colunga por "fantasma nocturno", dando una base escrita al sentir popular que desde muy antiguo, como refleja el
Alfabeto de Ben Sirá, identificó a Lilith con un espíritu demoníaco de actividad nocturna. Y ya hemos tratado de la relación
entre Lamia y Lilith. Para Bril,

> *Las figuras de Zeus y Hera son aquí las contrapartes de las de Adán y*
> *Eva; y el nombre de Belos del padre de Lamia connota la pertenencia de*
> *éste a la raza maldita del demonio Samael, a quien la tradición cabalís-*
> *tica, como se ha dicho, llama precisamente Adán-Belial.* (Bril, 1984: 77)

En la Edad Media, las lamias (pues su número era incontable
en la cultura popular) cambiaron de apariencia. Seguían siendo consideradas demonios, pero se les confirió apariencia de
ancianas[132].

Aunque fue mencionado también por Salomón, la equiva-
lencia entre Lilith y la reina de Saba aparece en el *Targum*[133]
por primera vez, pese a que se la menciona en dos ocasiones
como reina de Zmargad. En estos dos momentos, se achacan las
calamidades y sufrimientos de Job a sus poderes demoníacos y
en la segunda vez se habla de los *lilim*, las terribles criaturas de
Lilith[134].

Pese a lo complejo de las fuentes, de su interpretación y de
su orden cronológico (de cara sobre todo a conocer el cami-

---

132 Fue aquí cuando comenzó a desarrollarse el arquetipo de la brujería medieval que trataremos más adelante.

133 El *Targum* es la traducción al arameo que acompaña a la *Torá* en hebreo.
No suelen ser estrictamente literales, lo que da lugar a libres interpretaciones.

134 Según algunos estudiosos de la Cábala, las dos mujeres que aparecen en el
juicio salomónico son Lilith y Naamah o Lilith y Agrat, idea que encontramos
tanto en el *Zohar* como en otros escritos, como es el de Joseph Angelino en
Livnat ha Sappir o *Blancheur du Saphir*, donde se sugiere también que la reina
de Saba era Lilith.

no de las influencias, en ese mapa confuso que tratábamos de seguir) Lilith se ha alzado, mención tras mención, y a veces con siglos de diferencia, como el mal ejemplo, la advertencia enviada a hombres y mujeres sobre los peligros de la lujuria y la rebeldía, lo que, por otro lado, fijó las principales características del arquetipo.

SALOMÉ Y HERODÍAS, LAS ASESINAS DE JUAN EL BAUTISTA

A lo largo de las páginas bíblicas aparecen los nombres de centenares de mujeres, pero serán muy pocas las que tengan un papel relevante en la historia de la religión cristiana. Es bastante más habitual encontrar casos levemente mencionados en las páginas bíblicas que, con el devenir de los siglos y el reescribir de la historia, fueron cambiando, evolucionando y ampliándose hasta conseguir una figura y un nombre propio. Este es, por ejemplo, el caso de Salomé. En Mateo 14.5 encontramos la siguiente cita:

Herodes quería matar a Juan, pero temía a la gente, porque todos tenían a Juan por profeta. En el cumpleaños de Herodes, la hija de Herodías salió a bailar delante de los invitados, y gustó tanto a Herodes, que éste le prometió bajo juramento darle cualquier cosa que pidiera. Ella entonces, aconsejada por su madre, le dijo: "Dame en una bandeja la cabeza de Juan el Bautista".

Encontraremos otra cita similar en Marcos 6, 14 y ambas conforman las piezas iniciales para presentar a los lectores evangélicos el personaje de Salomé, al que en este caso ni si quiera se la llega a presentar por su nombre.

Fue el historiador romano Flavio Josefo quien la nombró en su obras *Las Antigüedades Judías* (libro XVIII, 5-4) al hablar de la muerte del Bautista. Se citan también aquí otras fuentes como son los relatos de Cicerón, Plutarco o Séneca en lo que se puede interpretar como prefiguraciones de la historia de Salomé[135]. Será este personaje el que más claramente nos muestre a lo largo de la historia artística y literaria su personal evolución, desde la inicial inocencia que encontramos en los propios textos bíblicos (donde aparece más como un títere en manos de su madre Herodías) hasta las posteriores revisiones mucho más lujuriosas y perversas, que inciden en su enamoramiento de Juan, pero también en la depravada atracción que despierta en su tío, Herodes Antipas.

Salomé fue adquiriendo una entidad individualizada, al tiempo que se la dotaba de diversas características negativas que fueron acentuándose con el pasar de los siglos hasta llegar al Romanticismo y al Simbolismo, donde y artistas plásticos elevaron el personaje a la categoría de arquetipo, convirtiéndola en la niña-mujer perversa y manipuladora (no hay que olvidar que su juventud es uno de los factores que más ha incidido en su poder de atracción sobre el sexo masculino) que ha llegado hasta el momento actual.

La historia del Tetrarca de Galilea y su sobrina es, en principio, tan sencilla como cualquier otra historia clásica de deseo y venganza: Herodes Antipas se enamora de su cuñada Herodías a la que aparta de su hermano, Herodes Filipo, y con la que se une, no sin antes repudiar a su anterior esposa. Según la tradición judía tal comportamiento conllevaba una situación incestuosa, como proclamó Juan el Bautista ante el pueblo de Galilea. La pareja regente quiso entonces matarle pero el amor del pueblo hacia el Bautista se lo impidió. A cambio, lo encar-

---

135 Estas fuentes romanas hablan principalmente sobre cómo unos prisioneros eran sacrificados para satisfacer los perversos placeres de los poderosos señores, en referencia al Tetrarca de Galilea y su esposa.

celaron en la fortaleza de Maqueronte. Al poco tiempo, aconsejada por su madre, Salomé la hija adolescente de Herodías y Herodes Filipo, fue la causante de su ejecución.

En este relato vemos a Salomé como un peón en manos de su madre, la auténtica mujer fatal de esta historia. Sin embargo, esta visión comenzó a cambiar ya desde el medievo. Fue aquí cuando los artistas, influidos probablemente por la realidad cotidiana en la que las mujeres juglares solían realizar vistosas danzas, comenzaron a representar a una Salomé en equilibrio, con el cuerpo arqueado y contorsionado.

Como nos señala Bornay[136] las fuentes iconográficas hasta el siglo VI nos muestran a una joven doncella que es impúdicamente exhibida por su incestuosa madre, pero pronto comenzó a cambiar, a ser considerada como una mujer tentadora, tal y como se mostrará en las piezas artísticas más tardías en las que el baile acrobático, que llegó a conocerse como la "danza de Salomé", fue cobrando importancia hasta bailarse no sólo en las festividades de carácter profano sino también durante algunas de las representaciones de los Misterios.

Así podemos encontrarla representada en el Festín de Herodes, una miniatura perteneciente al Evangelio de Bruy, fechado a principios del siglo XII, conservada en Cambridge y atribuida a Bruy St. Edmunds[137].

Sin embargo, en el momento cronológico que ahora nos ocupa, Salomé se mantuvo bastante fiel a los rasgos que dibuja la historia bíblica hasta la época moderna cuando, los artistas pertenecientes al movimiento decadente, envueltos por el espíritu de *fin de siècle*, transmutaron su juventud inicial en la

---

136 Bornay, 1998: 194.

137 El característico baile aparecerá también en capiteles románicos como los del Claustro de la Catedral de Saint-Étienne (en el Museo de Augustins de Toulouse), en el claustro del monasterio de Sant Cugat del Vallés o en las vidrieras de la Sainte Chapelle parisina del siglo XIII.

característica perfecta de esta mujer fatal, en cuya incipiente naturaleza femenina se concentraban todos los males de la humanidad. Pero en los relatos bíblicos iniciales es la madre, Herodías, quien maneja en la sombra los hilos de su hija. Así lo vieron diversos autores y artistas que destacaron la importancia de la esposa pues, al fin y al cabo, es ella en Marcos 6, 24 quien a la pregunta de su hija "¿qué pediré?", responde: "La cabeza de Juan el Bautista". Esta escena será reproducida en diversas obras pictóricas del siglo XVI, como es el caso del Altar de San Vicente de Massys, donde se ve a Herodías blandiendo un cuchillo hacia la cabeza del difunto profeta.

En el *Nuevo Testamento* a Herodías se la menciona en Mateo 14, 3, 6; Marcos 7, 17, 19, 22 y Lucas 3, 19. Aunque la gran mayoría de los historiadores, entre lo que destaca el ya mencionado Flavio Josefo (*Antigüedades...*, XVII, 12-14; XVIII, 109, 136, 148, 240-245), creen que los motivos de la venganza fueron políticos, en los Evangelios, sin embargo, como señala A.E.J. Rawlinson[138], se narraba con bastante libertad lo que se decía en mercados y bazares.

En las dos narraciones bíblicas se ve exactamente la misma escena: la joven recibiendo la cabeza del Bautista y entregándosela directamente a su madre. Sin embargo, Marcudy y Robinson afirman que Flavio Josefo no vincula directamente la figura del Bautista con Herodías:

Josefo no menciona a Herodías en su relato de cómo Herodes mató a Juan, pero atribuye ese acontecimiento al temor de Herodes de la influencia de Juan entre el pueblo, lo que podría conducir a una rebelión. Puesto que la amargura de los judíos contra el matrimonio de Antipas con la esposa de su hermano, a quien ella había dado a luz a su hija Salomé, era tan intensa, la historia de la predicación de Juan contra un acto tan pecaminoso a los ojos de los judíos es totalmente creíble. (Macurdy y Robinson, 1937: 185)

Existen también diversas fuentes no escritas, algunas de ellas recopiladas por Louis Réau[139] en las que se trata este mito. Según cuenta, Herodías hizo al Bautista un corte en la frente con un cuchillo, lo que es en realidad un ejemplo de cómo las historias populares que rodeaban las religiones acababan influyendo en la propia iconografía, pues los orígenes de la historia se asientan en el pequeño agujero en el cráneo que presentaba la parte anterior de la cabeza de Juan conservada en la Catedral de Amiens (Francia), punto de peregrinaje habitual de la época y sobre el que probablemente circulara dicha versión.

Durante la Edad Media, ambas figuras –madre e hija– tuvieron una presencia iconográfica mucho más fuerte de la que hubo en la literatura escrita donde, como ya hemos visto, llegaron algo más tarde, con todo el bagaje artístico añadido durante esos siglos y sin el cual sería casi imposible de entender la evolución de los personajes, principalmente de Salomé.

Otra famosa decapitadora bíblica es la hermosa viuda hebrea Judith, hija de Merari, según se narra en el libro de *Judith*, incluido en la *Biblia Griega* de los LXX, llamada *Septuaginta*, compuesta en torno al siglo II a.C. Valiéndose de sus encantos y de la atracción que el general enemigo Holofernes siente por ella, consigue emborracharlo y degollarlo, obteniendo de este modo la victoria para el pueblo de Israel.

Sin embargo el acto de Judith difiere del de Salomé porque se narró originalmente como una novela patriótica y edificante en la que se exalta la religiosidad piadosa. Del distinto tratamiento que han tenido las dos figuras a lo largo de la historia podemos concluir que el uso de la belleza y la sexualidad para derrotar al sexo masculino está bien visto cuando es en

---

139 Réau, 2000: 516.

aras del bien común y con la religión como principal acicate, aunque Judith, a diferencia de Salomé, sí blandiera el cuchillo ensangrentado.

También Dalila ha sido considerada una mujer fatal hebrea pues por su causa cayó el forzudo Sansón, principal enemigo de los filisteos, según se cuenta en el capítulo XVI del *Libro de los Jueces*.

Ella, sobornada con plata, procura sonsacarle el secreto de su fuerza mientras el protagonista le contesta en falso hasta tres veces. En el relato bíblico es un sirviente quien, una vez confesado Sansón su secreto, le corta los cabellos; sin embargo en la tradición popular y pictórica es mucho más habitual la representación de la mujer inclinada sobre el héroe que, confiado o dormido, se expone a su traición. Esta actitud, más cercana que la narrada, agudiza de alguna manera el momento de intimidad entre ambos, la traición y el papel perverso de Dalila.

La figura de Dalila, sin embargo, ha encontrado escaso eco en la literatura posterior y su aparición se reduce al recordatorio de lo poco recomendable que es confiar los más importantes secretos y exponerlos a la traición femenina.

LA FUERZA DE LA NATURALEZA: LA BRUJA

En los albores de la Edad Media, cuando aún el cristianismo intentaba imponer su visión del mundo sobre las costumbres paganas, nació un nuevo ser, un nuevo agente del mal que aunaba en sí las características de otras mujeres de poderes similares, enfocándolas y retorciéndolas bajo el prisma de la maldad demoníaca cristiana: la bruja.

La bruja medieval, que poco se parece a la bruja clásica de la que hasta ahora nos hemos ocupado, sí encuentra en ella su principal predecesora en el uso de la magia para lograr los propios fines, aunque más adelante explicaremos las sutiles e importantes diferencias que las separan.

Para aquellos encargados de plasmar en la literatura, las artes, los tratados teológicos y las leyes civiles el imaginario de la época, la mujer no solo era presa fácil para el demonio, sino que era la encarnación misma de la tentación[140]. La mujer relacionada con la brujería ha sido siempre un ser fuerte, pues como señala Caro Baroja, Circe y Medea representan a la hembra como urdidora del mal, «cierto tipo de mujer, claro es, de erotismo fuerte y frustrado» y vasalla durante la época clásica de una divinidad femenina nocturna, de rasgos terroríficos[141].

La mujer como fuerza activa de la naturaleza ha sido un lugar común desde el principio de los tiempos; es así en cierto modo lógico que sea también ella esa otra cara de la misma naturaleza: el lado cruel y salvaje. Así,

Satán vuelve a su antigua aliada, Eva. En el mundo, la mujer es la que ha conservado mejor la naturaleza; nunca ha perdido ciertos aspectos de inocencia maliciosa, propios del gato o del niño precoz. Por ello se adapta mejor a la comedia del mundo, al gran juego en el que actuará el Proteo universal[142].

Sin embargo son muchas y variadas las explicaciones del porqué de la feminización de la brujería. Para Claudia Opitz:

La explicación de la especial propensión femenina a la brujería procedía de la etimología -un método todavía vigente durante el humanismo que ya se usaba desde Isidoro de Sevilla como forma de deducción del sentido global. Partiendo del término "fémina" en el contexto de la historia del pecado original, se podía corroborar la falta de fuerza en su fe por parte de la mujer ("fe= (fides)

140 Frugoni, 2000: 431.

141 Caro Baroja, 2003: 55.

142 Michelet, 2009: 114.

minus") que representaba el punto de partida esencial para el éxito de la seducción diabólica[143].

Pero, de dónde viene, cómo nace la brujería en una época tan oscura y caótica como el medievo europeo es una pregunta que muchos investigadores han intentado contestar, desde las raíces históricas (el culto a Diana, a Hécate, si nos remontamos más atrás en el tiempo), las circunstancias sociales (la miseria, la incultura), la teología (en la creación de la idea del Diablo durante la Edad Media podemos encontrar una clara intencionalidad política, incluso en sus distintas vertientes centroeuropeos o mediterráneas), la antropología y las teorías generales sobre la magia que encontramos en autores como Malinowski o Frazer, en sus dos diferenciadas y correspondientes versiones. Y todas estas explicaciones tienen su verdad, todas ellas deben integrarse para contestar a la misma pregunta, ajustando todos los elementos explicativos para afirmar que, con toda probabilidad, tan solo la conjunción de cada una de estas explicaciones podría haber dado el resultado que dio, la extensa y virulenta fiebre de la bruja en la Edad Media europea[144].

Para Caro Baroja «la Brujería, tal y como la vamos a encontrar de continuo en los siglos XIV, XV, etc., aumenta en momentos de angustia, de catástrofes; cuando las existencias humanas no sólo están dominadas por pasiones individuales sino por miserias colectivas»[145].

Michelet, siguiendo las ideas de Malinowski, insiste en la desesperación y frustración que conlleva todo culto mágico, la esperanza de que un poder desconocido y terrorífico nos

---

143   Opitz, 1998: 357.

144   Como señala Brian P. Levack el temor era tal que la gente no se preguntaba cuántas brujas se habían exterminado ya sino cuántas quedaban aún.

145   Caro Baroja, 2003: 119.

dé algo que ansiamos, a cambio, habitualmente, de algo que tenemos.

Sin embargo, son muy escasas las investigaciones que se han acercado al mundo de la brujería desde un prisma estético, y la mayoría de lo escrito trabaja más sobre la representación pictórica que sobre la literaria. Y, sin embargo, existe todo un arte que refleja este mundo mágico y oscuro, un arte que, siguiendo las teorías de Nietzsche, tiene mucho de dionisíaco. Es un arte violento y multitudinario, al que se llega en un estado de embriaguez y frenesí muy similar al alcanzado por las bacantes en las celebraciones a Dionisio. Para Caro Baroja,

> La bruja, por muchas razones, es un personaje de tipo dionisíaco. Incluso hasta la conexión que se establece entre bruja, como Dionysios y como el mismo Demonio medieval, en ciertas ocasiones produce risas, es objeto de burlas; pero en otros momentos causa terrores y espantos sin iguales. El paso de la burla, la sátira (incluso la alegría desenfrenada) a la cólera y al terror es un paso que se produce mecánicamente en los borrachos. La bruja real, turbulenta y alocada, debió ser con frecuencia una mujer borracha que producía risa y miedo, o las dos cosas a la par, en personas sencillas y cuyos instintos y emociones no estaban tan ordenados como en un tratado de Psicología[146].

Para poder comprender la representación de la hechicera medieval frente a la bruja hay que comprender el uso de la magia en el mundo grecolatino. Aquí es importante no solo tener en cuenta la intencionalidad buena o mala del acto mágico, sino también el sector social en el que se produce. Estas situaciones distintas dan lugar a procedimientos distintos y, por tanto, a nomenclaturas distintas. Según J. Caro Baroja, la Hechicería maléfica tiene nombre propio, y queda definida por la pala-

146 Caro Baroja, 2003: 276.

bra *seid*[147]. Nosotros vamos a ocuparnos, principalmente, de la Magia Maléfica o Hechicería, que desde la antigüedad clásica cuenta con su propio escenario, la noche, y sus propias divinidades protectoras (Hécate) así como sus ministros caracterizados (las brujas o hechiceras). Para lograr este poder han de alcanzarse una serie de conocimientos que habitualmente se obtienen por la vía tradicional (de madre a hija). Hécate, Selena y Diana son las principales divinidades clásicas protectoras de la magia, su carácter siempre es ambivalente y plural; la primera, por ejemplo, era considerada soberana de las almas de los muertos y residía en las tumbas, aunque también aparecía protegiendo los hogares y en las encrucijadas rodeada de un cortejo de almas y temibles perros aulladores. Entorno a estas diosas podemos articular todo un complejo de ideas y matices ctónicos y lunares, lo que refuerza aún más su peculiar significado sexual pues son diosas vírgenes o diosas del amor intenso, a diferencia de las diosas madres cuya sexualidad es básicamente reproductiva. Podemos afirmar que la relación entre sexualidad y brujería es, por tanto, muy antigua y ha sido utilizada habitualmente para demonizar la práctica de la segunda, sobre todo por los Padres de la Iglesia que vieron en los ritos de la antigüedad y en su celebración de la carne, la vida y la sensualidad una abominación contra Dios.

La maga Erichto

Para comprender la figura medieval vamos a repasar algunos ejemplos de las brujas de la Antigüedad clásica. Uno de los más conocidos aparece en Lucano en su *Farsalia* o *Belli civilis libri*,

---

147 *Seid* (nórdico antiguo: *seiðr*) es un término para un tipo de hechizos o brujerías que fue practicado por los nórdicos paganos.

libro VI, donde desde el verso 413 nos habla de la hechicera tesalia Erichto[148]. El largo episodio que nos ofrece el escritor sobre la necromancia es uno de los más completos que podemos encontrar y para algunos autores como M.P.O. Morford (1969) no es solo un documento literario, pues refleja una situación más o menos habitual en la época. Para Lucano, el poder de las gentes tesalias nace de su pérdida del temor y respeto a los dioses, y entre todas ellas se encuentra la maga más conocida y temida del momento: Erichto.

Erichto es famosa en la literatura clásica por sus conocimientos profundos de la necromancia, el arte de comunicarse y manipular a los muertos. En la *Farsalia*, se la describe como residente en Tesalia (una región de Grecia famosa en la antigüedad por sus asociaciones con la magia y la hechicería) y es consultada por Sexto Pompeyo, hijo de Pompeyo el Grande. Sexto busca sus servicios para realizar un ritual que le permita conocer el resultado de la guerra civil entre César y Pompeyo. Para ello, Erichto realiza un hechizo macabro, reviviendo el cadáver de un soldado muerto para que pueda profetizar el futuro.

La representación de Erichto en la literatura antigua es única por su profunda conexión con lo macabro y lo sobrenatural, distinguiéndola como una figura temida y respetada por sus habilidades para trascender los límites del mundo de los vivos y comunicarse con el más allá. Su figura es un ejemplo de cómo la antigüedad clásica conceptualizaba la magia, la hechicería y el poder femenino en contextos a menudo hostiles o temerosos.

Esta mujer no tiene inconveniente en robar y mutilar cadáveres para realizar sus hechizos, ni en robar huesos a medio

---

148 Tesalia era, según señalaba Apuleyo, famosa tierra por sus brujas, conocida en la literatura clásica por ser también el lugar en el que la prófuga Medea paró a recoger algunas hierbas mágicas para sus hechizos.

quemar de la aún humeante pila o, si la víctima es joven, en arrancarle cabello y barbas cuando aún está moribundo[149]. Estamos, entonces, ante la magnificada imagen de la bruja de los cuentos, que se arrastra entre cadáveres para conseguir ingredientes para sus pócimas. Como señala el autor, siempre va a preferir los cadáveres de muertes violentas, llegando incluso a quitarle los clavos a los crucificados. Lucano nos cuenta cómo usa sus propias y largas uñas o sus dientes para arrancar las partes favoritas de los cadáveres (la lengua principalmente, pero también los ojos, la nariz, etc.).

Erichto presenta también la crueldad habitual de las descendientes de Lilith para con los recién nacidos, a los que es capaz incluso de arrancar del vientre de la madre para ofrecérselos a los dioses con quienes mantiene una relación especial, de exigencia sin medida, pues hasta las mismas divinidades tienen miedo de sus hechizos. Veremos cómo esta relación entre la hechicera y la divinidad pasará a ser entre la hechicera y el demonio en La Celestina, que, al igual que Erichto, sólo ha de reclamarle al maligno lo que desea para que éste se lo conceda.

La hechicera amenaza a una divinidad tan cargada de humanidad, de debilidades y vergüenzas que la puede dominar o conminarla a hacerle caso. O bien puede que ella se sienta favorecida en virtud de pactos secretos o puede haber afinidades, simpatía o incluso parentesco.

Encontramos también inevitablemente la figura de la bruja en los Amores de Ovidio, pues cómo no hablar de la hechicería "del deseo", tan habitual durante estos siglos. La vieja Dipsas aparece en Amores (I, 8) y se nos presenta como una vieja beoda[150] de intenciones perversas, con una amplia y conocida repu-

---

149 Lucano, *Farsalia*, Libro VI, 543.

150 Como señala Ovidio, del carácter viene el nombre pues Dipsas, en griego, significa "sedienta", "entregada a la bebida".

tación como maga y conocedora de las propiedades de las plantas y el arte de los conjuros, es capaz, entre otras maravillas, de hacer regresar a los muertos. Sospecha el autor que también realiza vuelos nocturnos en forma de ave pues como ya vimos desde Apuleyo, y se repetirá en algunas leyendas medievales como la de Melusina, la metamorfosis es una pieza habitual en la creación del imaginario que rodea a la bruja: en gato, en ave, en perro o en serpiente (o mitad serpiente), la bruja puede cambiar de forma a placer y, lo que es aún peor, hacer que otros también pierdan su humanidad, al menos externamente, como les sucede a los compañeros de Odiseo.

El nombre de Dipsas, que deriva de un verbo griego que significa "tener sed", se utiliza de manera simbólica para describir a una vieja repulsiva que nunca veía el amanecer sin estar embriagada. Este personaje desea el tormento de una sed inextinguible y una espantosa miseria. La descripción enfatiza la naturaleza desagradable del personaje y su estado perpetuo de embriaguez, lo que sugiere una crítica a los excesos y, posiblemente, a ciertas formas de conducta moralmente cuestionables.

Pero Dipsas es, ante todo, una alcahueta, un personaje que tiene sus precedentes en la elegía romana anterior y que será quien traspase el tiempo hasta las comedias elegíacas medievales, desde el *Pamphilus* hasta la Trotaconventos del *Libro de Buen Amor* o la vieja Celestina, cuyos discursos para vencer el pudor de Melibea nada tienen que envidiar a los de la vieja de Ovidio.

La anciana perfumista y envenenadora (profesiones ambas que estuvieron muy unidas hasta el Renacimiento) Proselenos de Petronio[151] tampoco se queda atrás en maldades y habilidades brujeriles.

Pero será el poeta Ovidio quien ayude a formar el estereotipo de la "striga", tan habitual y tan perenne en el tiempo,

---

151 Petronio: *Satiricón*, 132, 5

sobre todo en el imaginario italiano[152]. El autor describe a las *strigae* como mujeres crueles y malvadas que aprovechándose de la nocturnidad se cebaban sobre niños pequeños y lanzaban gritos estridentes durante sus vuelos (el tópico de la risa estridente y la bruja en la escoba frente a la luna parece terminar de perfilarse aquí). Para Petronio (*Satiricón*, 63) son mujeres nocturnas, a las que también denomina serpientes.

La relación entre la magia, la brujería y el mundo real ha ido debilitándose conforme la ciencia ganaba terreno, pero en pleno oscurantismo medieval las fronteras entre la realidad física y el mundo imaginario y mitológico no eran tan claras ni estaban tan definidas como podríamos creer hoy en día. La bruja se pasea como nadie entre ambos mundos, trabajando a veces de partera en la realidad y atrayendo amores con embrujos en el mundo mágico. En aquella época flotaba en el aire una mentalidad mágica, la inclinación natural del hombre de la época a creer y dar por ciertas alucinaciones, supersticiones y todo tipo de conductas sobrenaturales. Para el profesor Manuel Fernández Álvarez,

> Lo curioso, lo notable fue que cuando sobrevino el espléndido Renacimiento en la Europa occidental, esa mentalidad mágica, en vez de eclipsarse o, al menos, de mitigarse, tomó de pronto un tremendo impulso, cobró más fuerza, se hizo más pujante[153].

De la cotidianeidad de esta situación dan muestra el gran número de textos escritos sobre el tema por los Padres del Cristianismo y por sus más afamados ministros. La religión cristiana condenó desde el principio las prácticas de casi todos los

---

152 J. Burckhardt (*La cultura del Renacimiento en Italia*. Madrid: Akal, 2004) denomina a las brujas italianas "streghe". Son agentes de placer, servidoras de Eros, una versión un tanto más amable aunque con consecuencias igualmente aterradoras y malvadas.

153 Fernández Álvarez, 2002: 300.

aspectos de la magia, como encontramos en el *Código Teodosiano*, libro IX, título 16, donde se habla de maleficios, sacrificios nocturnos a demonios y demás detalles característicos de la magia oscura. Sin embargo, hemos de señalar que los primeros cristianos, como por ejemplo San Agustín, eran más reticentes a creer en temas como la metamorfosis de lo que lo fueron los cristianos posteriores, para quienes la existencia del mal en forma de mujer era una realidad innegable. Como indica Caro Baroja «Jean de Meung, en el *Roman de la Rose* (1277), decía que las lamias o "mascae", que vuelan con la protección de la noche, cometiendo cuantos horrores pueden, constituían la tercera parte de la población de Francia»[154].

Es en este momento de la vida del medievo cuando podemos establecer una clara diferenciación entre la bruja y la hechicera, dos figuras similares pero distintas que presentan, en la literatura y en los tratados eclesiásticos, características sutilmente diferentes. En el *Malleus Maleficarum* o *Martillo de Brujas*, en el que ahondaremos más adelante, los inquisidores germánicos describen a la bruja como un personaje que habita, sobre todo, en los medios rurales, mientras que la hechicera de corte clásico tiene su hábitat natural en los centros urbanos. Esta misma división nos muestra Caro Baroja en la España renacentista entre la bruja vasca, la "sorguiña" y la hechicera castellana o andaluza, arquetipada en la figura de la vieja Celestina:

Aunque Fernando de Rojas dibujó su espléndido personaje tomando elementos de la literatura latina, de Ovidio, de Horacio, etc., resultó que su dibujo correspondía tan perfectamente con tipos reales que podían encontrarse en las ciudades españolas (Toledo, Salamanca, Sevilla...) en los siglos XV y XVI, que dio un patrón excelente a los cultivadores de la literatura realista. Celestina (y cada una de sus discípulas, hijas y descendientes más o menos

---

154   Caro Baroja: 2003, 130.

legítimas) es una mujer mal afamada, que después de haber pasado la juventud como mercenaria del amor, se dedica en la vejez a servir de alcahueta o tercera [...] practica la Hechicería; la Hechicería erótica ante todo[155].

Aquí podemos observar la división de ambos personajes, el paso de Circe a Celestina, dos figuras distintas que entienden lo sobrenatural de un modo diferente. Circe y Medea requerían sólo de sus propias habilidades para lo sobrenatural; los conjuros y pociones que ambas conocían eran la fuente de su poder. La bruja, sin embargo, debe solicitar ayuda a entidades externas, invocando demonios para que la ayuden en sus labores, como vemos en la propia Celestina: «conjúrote, triste Plutón...».

Frente a la oración, surge el conjuro. Y cuando Dios no responde a las penas quizá la única salida sea aliarse con el diablo, o con su representante en la tierra: la Bruja. La bruja que conoce muchas veces el remedio a ese dolor intenso que doscientos "padrenuestros" no han podido suavizar, o las hierbas que evitarán ese embarazo tan poco deseado. La bruja que sabe, que calla y, sobre todo, que no juzga los pecados de quienes acuden a su puerta pidiendo ayuda. Que bastante tiene ya con los suyos. Para Lara Alberola,

> La hechicera, además de ser independiente y urbana, tiene relación con el diablo, al que invoca en sus rituales mágicos, pero su trato de amistad con él no pasa de ahí. La bruja se reúne en un cierto punto (valle o montaña) con otros integrantes de la secta y adora al diablo, ante el cual ha renegado de Dios y ha jurado obediencia, e instigada por él debe practicar todo el mal que esté en su mano. No debemos olvidar que también mantiene relaciones

---

155   Caro Baroja, 2003: 142-143.

sexuales con su mentor, aspecto que se halla ausente en el caso hechiceril[156].

EL HADA COMO ANTÍTESIS DE LA BRUJA

Paralelo al personaje de la bruja encontramos en la literatura medieval también su trasunto positivo: el hada. A la pregunta sobre el origen de las hadas, Michelet responde

> Se ha dicho que antiguamente fueron las reinas de las Galias, orgullosas y fantásticas, que, a la llegada de Cristo y sus apóstoles, se mostraron impertinentes y volvieron la espalda. En Bretaña, danzaban en aquel momento y no cesaron de danzar, lo que provocó su cruel sentencia. Están condenadas a vivir hasta el día del Juicio. Muchas quedaron reducidas al tamaño de un conejo o un ratón [...]. Son un poco caprichosas y a veces tienen mal humor, pero no es extraño con tan horrible destino. Tan pequeñas y extrañas, tienen corazón y necesitan ser amadas. Son buenas y malas y están llenas de fantasías[157].

En los procesos de brujería anglosajones, en concreto en algunos textos escoceses abundan las menciones a las "buenas hadas" que residen en la "corte de los Elfos" aunque igual daban sus intenciones buenas o malas, el único final posible era la hoguera.

Toda creación demoniacamente negativa acaba encontrando, antes o después, un equivalente positivo. El concepto positivo de la hechicera, fue pervirtiéndose y mezclándose, maleándose y fundiéndose con otras imágenes anteriores, cuyos rasgos característicos fueron a completar el mosaico que hoy conocemos como la bruja (el desenfreno de la Bacante dioni-

---

156 Lara, 2008: 145.
157 Michelet, 2009: 66.

síaca, el poder de conjurar espíritus de distintas diosas –Hécate, Diana–, los brebajes de hechiceras como Circe...). De esta hechicera clásica surgirá también en los albores de la Edad Media la figura positiva del hada, la bruja buena, que desarrolla plenamente sus características arquetípicas en la literatura popular recogida por los folcloristas románticos hasta conformar su propio género, los "cuentos de hadas".

A la hora de establecer un estudio de la brujería del medievo resulta imprescindible una lectura a fondo del principal manual escrito de la Inquisición, el *Martillo de Brujas* o *Malleus Maleficarum*.

Esta obra vio la luz en 1487 con el título de "manual", destinado principalmente a cazabrujas y jueces, para ayudarlos y guiarlos en su labor, nacida de la pluma y los miedos del inquisidor dominico Heinrich Institoris, también conocido como Heinrich Kramer (ca.1430-1505). Su fuerza e importancia en la época fue tal que hasta 1669 fue editado al menos 29 veces, y también traducido del latín original a las distintas lenguas romance.

El dominico Heinrich Institoris, que ocupaba el cargo de Inquisidor del Sur de Alemania –región que contaba con una intensa actividad herética y brujeril– chocó con importantes dificultades en su intento de conducir procesos contra brujas. Con la intención de atraer el interés y el apoyo de las autoridades locales y regionales sobre su responsabilidad y convencerles de la necesidad de una campaña más agresiva e intensa contra "*maleficae* y brujas", reunió en poco tiempo todo aquel documento, cuento, rumor o sospecha que apoyara sus ideas y preocupaciones.

Con la intención de revestir el libro de la mayor autoridad posible dentro de la Iglesia, declaró que el autor principal era el prestigioso fraile de su Orden, Henrich Sprenger, que enseñaba en la Universidad de Colonia[158]. Junto a ello, antepuso como prólogo al libro un informe, quizá falso según apuntan un gran número de estudiosos, de la Facultad de Teología de Colonia y un escrito del Papa, la llamada "Bula de las brujas" o *Summis desiderantes affectibus*.

El *Malleus Malleficarum* se compone de tres partes; la primera, de 17 capítulos, entra en detalle de manera sistemática sobre las distintas formas y explicaciones dadas a la magia y al papel del demonio y las brujas, también se afirma la necesidad de creer en la acción de las brujas y en su relación con el demonio. La segunda parte, más narrativa y con 16 capítulos, hace una lista de los diversos casos de magia perpetrados por brujas, reflexiona sobre hasta dónde puede llegar su poder, al tiempo que discurre sobre cómo resistirse a tales hechicerías y cómo destruir sus malas obras. La tercera finalmente trata distintas cuestiones en relación a los procesos. Según señala Opitz

> El *Martillo de brujas* abunda en ejemplos de mujeres que se hacen acreedoras, como hechiceras de amores o desgracias, como brujas comadronas o como viejas rencorosas, de brujerías y pactos con el diablo, entendidos como acto sexual. En la primera parte incluso se plantea de forma explícita la cuestión de la estrecha conexión entre la pertenencia al sexo femenino y la brujería a través de la pregunta: "¿Por qué en un sexo tan frágil como el de la mujer se encuentran mayor cantidad de brujas que entre los hombres?"[159].

Sin embargo, éste no es, ni por asomo, el único documento que sentó cátedra sobre el tema. Todo aquel que quisiera ofrecer su

---

158 Sobre la participación de Spenger en la creación del *Malleus* hay distintas opiniones, quienes creen que sí colaboró en la redacción y quienes piensan que Kramer, que desarrolló una carrera mucho más activa que su compañero en la caza de brujas, añadió a posteriori su colaboración.

159 Opitz, 1998: 357.

aportación podía hacerlo revistiéndolo de conocimiento "científico" o de experiencia, dentro o fuera del manto de la Iglesia. Y aunque la caza de brujas no estuvo únicamente en manos del poder eclesiástico, según Brian P. Levack sin la intervención de este poder, aquella habría sido una mera sombra de los que fue[160].

En 1484, el papa Inocencio VIII lanzaba desde Roma la bula *Summis desiderantes affectibus*, que como hemos visto, se publicó en el prólogo del *Martillo de Brujas*. En ella, el Vaticano denunciaba las terribles prácticas demoníacas que, se decía, estaban llevando a cabo en el centro de Alemania. En el documento, el Pontífice exigía a magistrados y jueces que actuasen con la mayor presteza y con mano firme, antes de que el mal se extendiera por toda Europa. Apenas 24 años después veía la luz en Ausburgo el *Tratado de las mujeres maléficas llamadas brujas*, libro que recoge grabados de la época en los que se puede observar la total asimilación de un gran número de tópicos existentes con respecto a la brujería europea. Como recuerda Fernández Álvarez:

> Por supuesto, no falta tampoco la imagen de la bruja volando, incluso llevando en volandas a una despavorida joven que incorpora a sus maléficas artes, y las terroríficas escenas de aquelarres, como las compuestas por el pintor alsaciano Hans Baldung Grien en 1514, conservadas en la Biblioteca Albertina de Viena[161].

Otro importante tratado, tanto por cómo fijó algunos tópicos como por su repercusión, es el escrito por Jean Bodin *De la démonomanie des Sorciers* aparecido en París en 1580 y reeditado en Amberes. El autor enumera un total de quince pecados de los que las brujas son culpables: desde el primero, el renegar de

160 Levack, Brian: *La caza de brujas en la Europa moderna*, Madrid: Alianza, 1995.
161 Fernández Álvarez, 2002: 306.

Dios y su consecuencia inmediata (el pacto satánico), hasta sus perversas actuaciones contra el resto de la sociedad (provocando enfermedades como el aojamiento), contra los animales y las plantas (acabar con las cosechas, provocar extrañas y mortales enfermedades en el ganado) y la provocación de desastres naturales (riadas, granizos, etc...).

El profesor salmantino Pedro Sánchez Ciruelo nos habla en su libro *Reprobación de las supersticiones y hechicerías* de la nigromancia y de las brujerías en el capítulo primero de la segunda parte:

> A esta nigromancia pertenece la arte que el diablo ha enseñado a las bruxas o zorginas, hombres o mujeres, que tienen hecho pacto con el diablo, que untándose ciertos ungüentos y diciendo ciertas palabras, van de noche por los aires y caminan lexos a tierras [distantes] a hacer ciertos maleficios[162].

Con más o menos diferencias, las similitudes halladas en estos manuales nos ayudan a establecer una serie de características uniformes que permitieron a los inquisidores recorrer Europa en busca de brujas y que, pocos años después, pasaron no sin importantes dificultades (el índice inquisitorial está repleto de títulos asociados a las brujas que conservamos gracias a la pericia de quienes lo ocultaron y se lo escamotearon al olvido) a la literatura para conformar el tópico.

Sin lugar a dudas, la primera característica común en la que inciden todos estos manuales de caza y reconocimiento de la magia es en la feminización de la brujería. Para Chiara Frugoni:

> La presencia harto más numerosa de poseídas, antes que de poseídos, se explica mediante la conocida relación mujer-diablo, que con tanta frecuencia llevaba al espectador a considerar perfecta-

---

162   Maestro Ciruelo, 1952: 35-36.

mente natural el hecho de que el habitáculo preferido del demonio fuese el género femenino[163].

Caro Baroja, aunque considera que no está totalmente seguro
de la autenticidad del texto, nos señala de igual modo que

> Al concilio celebrado en Ancyra el año 314 se atribuyó un canon
> que, traducido, dice de esta suerte: "Hay que añadir, además, que
> ciertas mujeres criminales, convertidas a Satán, seducidas por las
> ilusiones y fantasmas del demonio, creen y profesan que durante
> las noches, con Diana, diosa de los paganos (o con Herodiade) e
> innumerable multitud de mujeres, cabalgan sobre ciertas bestias
> y atraviesan los espacios en la calma nocturna, obedeciendo a sus
> órdenes como a las de una dueña absoluta"[164].

La mujer en la Edad Media:
brujas, aquelarres y misas negras

Según los textos bíblicos, la mujer se encuentra predestinada
al mal mucho más que el hombre (tal y como aparece en abun-
dantes relatos paganos y seculares). De igual modo, sabemos
que las sátiras contra las mujeres fueron –del mismo modo que
en algunas épocas y géneros clásicos– un lugar común en la
literatura piadosa medieval. El arte del medievo, en su característica combinación de terror y risa, pervierte la imagen física
de la bruja, que en la segunda mitad de la Edad Media «sigue
siendo también una mujer frustrada, vieja, fea, sin prestigio
social, la que sirve de mediadora, de ejecutora de los deseos
ajenos, incluso los de los grandes de la tierra»[165].

163 Frugoni, 2000: 437.
164 Caro Baroja, 2003: 97.
165 Caro Baroja, 2003: 122.

Según el *Malleus* para conquistar prosélitos, especialmente entre las mujeres, el Demonio se sirve de tres medios: bien las inspira un tedio especial, bien las tienta, bien las corrompe. Toda esta información en torno a la mujer y al pecado, en la inmensa mayoría satinado por el barniz de la lujuria, nos lleva a afirmar que en numerosos de estos casos no se ve a la mujer tanto como sujeto propiamente pecador, sino más bien como el catalizador del pecado del hombre a través de su colaboración con el demonio[166].

Todos estos manuales para el cazador de brujas expusieron y enumeraron aquellas características que las definían. Muchas de ellas provienen directamente de la mitología grecolatina, otras de más atrás, de la propia Lilith, y algunas, finalmente, nacieron únicamente del miedo a lo desconocido, a lo diferente.

En el *Directorium Inquisitorum* escrito en 1376 por el dominico catalán Nicolás Aymerich (1320-1399), se establecen tres clases de brujería: en la primera dan al demonio culto de latría, sacrificando y orando, la segunda da un culto de dulía o hiperdulía, mezclando nombres de demonios y santos en las letanías. Y por último, en la tercera invocan a demonios trazando figuras mágicas y colocando un niño en un medio círculo.

A las brujas, en el *Formicarius* de Johannes Nider, escrito durante el Concilio de Basilea y publicado por primera vez en 1475 (lo que lo convierte en el segundo libro impreso específico sobre brujería) se les «atribuyen actos de antropofagia y también raptos de niños, para cocerlos en calderas y fabricar ungüentos con las partes más sólidas y con las más líquidas

---

166 Como se menciona en el tratado de los inquisidores, los demonios íncubos y súcubos son quienes más colaboran ya que pueden contribuir al nacimiento de personas dadas a la Brujería.

llenar botellas u otros recipientes, que bebían para alcanzar el magisterio en la secta»[167].

Como vemos, entre los crímenes que Jean Bodín atribuyó a las brujas en 1580 destaca el décimo, que encontramos una y otra vez en diferentes tratados: matar a sus semejantes y sobre todo a niños pequeños para hacer conocimientos. Sin lugar a dudas, el más cruel y salvaje de los tópicos asociados a las brujas, las *strigae*[168] y demás mujeres perversas relacionadas con la magia es el que las convierte en asesinas de niños, ya sea para alimentarse (las *strigae*), para realizar sus pútridas pociones o sencillamente por maldad. Es el hilo que más directamente relaciona estos personajes con Lilith.

Otra de sus principales y más temidas características es su poder de convicción del que prácticamente nadie está a salvo, sobre todo las otras mujeres, más jóvenes e inexpertas, que para predicadores y moralistas eran las principales víctimas de las *vetulae*, las expertas en inducir al pecado a otros miembros de su sexo.

Una de las facetas de la brujería que resulta casi exclusivamente medieval es la alusión constante a la reunión del *Sabbat* o la Misa Negra, conocida y deformada hasta la saciedad:

> La Misa Negra, en su primer aspecto, parecía ser esta redención de Eva, maldita para el cristianismo. En el aquelarre, la Mujer lo llena todo. Ella es el sacerdote, el altar, la hostia de la que todo el mundo comulga. En el fondo, ¿no es ella Dios mismo?[169].

---

167 Caro Baroja, 2003: 134

168 Lo que después, en el folclore decimonónico recogido por los hermanos Grimm, Andersen y Perrault apareció en brujas, como la que engaña a los hermanos Hansel y Grettel, con la intención de mantener la tradición de comer niños.

169 Michelet, 2009: 145.

Para Fernández Álvarez «el *sabbat* era la reunión infernal que realizaban en lugares recónditos los seguidores de Satán para rendir homenaje al diablo y para realizar toda clase de actos inmundos, incluidos la cópula demoníaca»[170].

Esta celebración apareció en un texto por primera vez en un proceso inquisitorial registrado en Carcassonne, Toulusse, entre 1330 y 1340; en este texto se habla de ceremonias y pactos diabólicos que tienen lugar a media noche en los cruces de caminos (siempre tan provistos de significados mitológicos o mágicos), con la sangre como principal lazo de unión, donde se dice que se comían los cadáveres de los recién nacidos, arrancados de los brazos de sus nodrizas por las noches[171]. Hasta qué punto estas confesiones eran ciertas o verdades torturadas confesadas a gritos es uno de los puntos que más ha interesado a autores como Caro Baroja, que aunque no duda de la autenticidad de estos textos sí lo hace de la realidad de la propia confesión, que añadió también nuevos conceptos a la teoría de la brujería, alejándose de los antiguos protectores de la magia para centrarse en el poder e influencia del demonio:

> Las brujas parecen lanzadas a la Demoniolatría de lleno, y sin aludir para nada a las divinidades femeninas como Diana, que antes se decía que eran las patrocinadoras de hechizos y encantos, y se declaran adoradoras del Demonio, un Demonio que aparece en varias formas, pero que en el momento supremo del mito adopta la del macho cabrío. Este animal –como es sabido– siempre ha sido relacionado con ritos sucios y de carácter sexual[172].

A la hora de describir a la bruja, el tema de la edad siempre ha sido un punto clave. Si bien las hechiceras de la antigüedad

170 Fernández Álvarez, 2002: 311.

171 En H.Ch. Lea: *Histoire de l'Inquisition au Moyen Age I*, pp. 399-457 (lib. I, caps. IX-XI).

172 Caro Baroja, 2003: 128.

no eran siempre viejas y feas y su belleza solía ser parte de su poder como sucede con las hermosas Calipso y Circe, esto no es algo que vayamos a encontrar en los tratados de brujería ni en la literatura medieval.

A juicio de los tratadistas medievales, al servicio de la brujería poco sirve la inocencia de la juventud pues es la sabiduría y la maldad que dan los años lo que resulta verdaderamente útil para el demonio. Por su parte, para Fernández Álvarez,

> Cualquier vieja que viviera aislada y que, por su propia miseria física y económica, era ya una ruina de mujer, desastrada, desdentada, desgreñada y vestida con harapos, tenía una apariencia tan horrible que al punto como tal se la trataba, tanto más que su propia miseria, sus achaques y sus carencias le hacían comportarse desabridamente [...]. Tres adjetivos las acompañan: viejas, feas, desastradas. Niklaus Manuel Deutsch se atrevió incluso a pintarla desnuda. De ese modo, en contraste con una época que gozaba en representar el desnudo femenino en su juventud, todo belleza y armonía, Deutsch nos evoca la bruja tal como se le viene a su imaginación: una imagen horrenda de una vieja desnuda, con el pelo que no son sino greñas que le llegan a media espalda, unos pechos flácidos y un cuerpo lleno de arrugas. Y lo peor es el rostro, gesticulante, como de mujer poseída por el maligno[173].

Sin embargo, la belleza tentadora sí tiene cabida en el ámbito de la seducción infernal pero como parte de las características del propio demonio, según apunta Frugoni: «El travestismo del diablo en una muchacha que, en la biografía de un santo, se aparece en cierto momento para poner a prueba, a dura prueba, la virtud del protagonista, es un tópico». Muchacha que, una vez que el hombre cae en la tentación, tiende a revelar siempre su horrenda y espantosa faz, reflejo de todas las maldades.

---

173 Fernández Álvarez, 2002: 304.

Estas tentaciones demoníacas se presentan siempre del mismo modo: hermosas mujeres de piel brillante y larga cabellera, habitual característica de estas situaciones.

Dentro de la literatura, la balanza se inclinó por reflejar el tipo más habitual: la vieja bruja urbana, en una línea clara y hasta cierto punto continuada en el tiempo sobre todo en la literatura hispana, que va desde la vieja Dipsas romana hasta la Trotaconventos del Arcipreste de Hita, la Celestina de Rojas –que se ha quedado como la principal representante de su casta– la Camacha de Montilla cervantina, la madre de don Pablos, el *Buscón* de Quevedo, Fabia en *El Caballero de Olmedo*, Fátima en *El Trato de Argel*...

La amplitud y variedad de este tipo de personajes da fe del gran arraigo popular de la creencia, pero también de la presencia cada vez mayor de estas mujeres en la vida diaria de la urbe, como nos muestra Fernando de Rojas al retratar a su vieja bruja, la fealdad suma, una "vieja puta" conocida por sus vecinos, y temida por ellos.

Pero este retrato, que solo refleja y que no condena, debía ser matizado de cara a la Inquisición y por eso el autor piruetea sobre la fina línea ya comentada entre el humor y el miedo, y afirma que todo lo relativo a los embrujos de la vieja eran burla y mentira:

> Estamos ante el modelo de una bruja urbana, de una hechicera. Pero las más temidas, como más misteriosas y más siniestras eran las brujas rurales. A fin de cuentas, la Celestina estaba relacionada básicamente con las prácticas amatorias, de lo que su burdel era una buena muestra. A las rurales se las vinculaba con otras tareas, más dañinas a la sociedad, como ruina de cosechas, propagación de enfermedades (el mal de ojo) y, por supuesto, los aquelarres, o reuniones orgiásticas con Satán en las noches de los sábados[174].

---

174 Fernández Álvarez, 2002: 309.

Este modelo de bruja, como veremos siempre que encontremos un personaje similar en autores como Cervantes, actúa habitualmente en relación al amor o al deseo. El mundo de la magia maléfica es el mundo del deseo desenfrenado, y casi siempre se trata de vengar una ofensa amorosa o recuperar un amor. Como afirma el humanista Marsilio Ficino: "*Tota vis magice in amore consisti*" (*Commentarium in Convivium Platonis de amore*, Oratione Sexta, Caput X)[175]. Ya transmutado el miedo real a la bruja en inspiración literaria fue también inevitable el cambio en el tratamiento del tema. Siguiendo a Caro Baroja, en literatura,

> al realismo piadoso con que algunos autores medievales hablan de brujas y hechiceras, fustigando sus vicios y perversiones sucede un realismo puramente estético casi, en que de modo sólo secundario se condena a aquéllas, las brujas pasan a ser tema de ejercicio literario[176].

Morgana:
El arquetipo de la mujer en la mitología celta

Durante la Edad Media se popularizó en Bretaña otro modelo de bruja que tardó bastante tiempo en integrarse en la mitología europea, mucho más cercana y relacionada con el mundo hebreo y grecolatino que con la cosmovisión celta. Estamos hablando de Morgana o Morgana Le Fey o Le Fée, la hermana del rey Arturo, aprendiz de Merlín, arquetipo femenino fuerte

---

175 La cita completa es: "Sed cur *magum* putamus amorem? Quia tota vis magice in amore consistit. Magice opus est attractio rei unius ab alia ex quadam cognatione nature". (¿Pero por qué pensamos que amamos a un mago? Toda la magia está en el amor. Mágicamente necesitas la atracción de una cosa de otra de cierta naturaleza familiar)

176 Caro Baroja, 2003: 278.

y poderoso que presenta una compleja red de relaciones y características que dan lugar a una amplia variedad de historias levemente distintas, recopiladas y narradas durante la Edad Media y la cristianización de las costumbres celtas.

Aunque existe una visión cristiana del hada Morgana, que la presenta como antagonista de Arturo y enemiga de Ginebra, de cara a su relación mitológica con los tipos que hemos estado viendo hasta el momento, nos interesa más el origen y desarrollo originariamente celta del personaje, que será el que entronque con el mito literario.

En los antecedentes galeses del mito, Morgana no siempre aparece con su nombre, pero sí con algunas de sus características. Una de las versiones habla de la diosa Modron, la Gran Diosa Madre, que se casó con el rey Urien y fue madre de Owair, como sucede con Morgana le Fay en *La Morte d'Arthur*. Pero en la tradición de los ciclos artúricos Morgana, hija de Lady Igraine (madre de Arturo) y Gorlois, duque de Cornualles, es la menor de tres hermanas (Morgause, Elaine y Morgana son sólo algunos de los nombres bajo los que aparecen) en un esquema –el trío más o menos poderoso– muy habitual, tanto en la mitología grecolatina como en la celta.

Joseph Campbell opina que Morrigan, la gran diosa de la guerra en la mitología celta es «la misma que en romances posteriores se iba a convertir en la fatídica hermana el rey Arturo, Fata Morgana, Morgan la Fée», añadiendo:

La diosa Morrigan, como una aparición del destino procedente de las fortalezas mágicas del Tuatha de Danann, es conocido como Badb, la corneja o la grulla de la guerra, e, igual que otras diosas de los mundos celta, germánico, griego y romano, normalmente aparece por triplicado[177].

---

[177] Campbell, 1992: 335.

La primera mención a la isla de Ávalon la encontramos en la *Historia Regum Britannie* (1138), de Geoffrey de Monmouth, escrita en latín y traducida al francés por Robert Wace bajo el título de *Roman de Brut* en 1160. Aquí se narra que, tras la batalla contra su hijo Mordred, Arturo se retira a descansar eternamente a la isla, pero no se menciona quién le llevó ni qué sucedió después.

En la *Vita Merlini*, del mismo Monmouth (1150), se mencionan todas las habilidades de "Morgen" enseñadas por Merlín (volar, cambiar de forma, sanar...). Nos cuenta también que es la mayor de las nueve hermanas que gobiernan en Ávalon. Monmouth no menciona en ningún momento el parentesco entre Morgana y Arturo, por lo que no podemos saber si la relación incestuosa que sí aparecerá más tarde es un añadido posterior. Sí podemos encontrar algunas similitudes con los matrimonios entre dioses hermanos que, como ya hemos visto, conforman en muchos casos la base de la cosmología occidental, por lo que no parece descabellado pensar que este parentesco entre Morgana y Arturo haya existido desde un principio en la tradición oral y que por pudor, religiosidad o juicio moral los autores (Guillaume de Rennes en el *Gesta regum Britanniae* y Monmouth en los ya mencionados) decidieran eliminar este detalle de sus relatos.

El personaje de Morgana terminó el desarrollo pleno de sus características en la época de Chrétien de Troyes, donde ya se la sitúa como hermana de Arturo, en obras como *Yvain, el caballero del león*, donde el papel más destacado de Morgana es el de sanadora. Pero donde con mayor detalle se nos muestra el personaje es en *Le Morte d'Arthur*, la última de las cinco narraciones que conforman el ciclo de leyendas artúricas conocido como la *Vulgata*, cuya fecha final fijan los estudiosos en torno a 1230.

En esta obra, Morgana no es ya un hada que vive aislada y en paz en la lejana isla de Ávalon, sino un personaje destacado y con presencia dentro de la corte de Arturo. Es aquí una mujer fuerte y poderosa, dominada a veces por intensas ambiciones que la masculinizan (poder, pasión y venganza) y que le otorgan un cariz más oscuro y complejo. Entre otros actos, será esa ambición lo que la lleve a destruir la paz en Camelot al contarle a su hermano el romance entre Sir Lanzarote y Ginebra, con quien siempre ha estado enfrentada, pues representan las opuestas visiones de la mujer: morena frente a rubia, centrada en el poder o en el amor, adoradora de los antiguos dioses frente a cristiana...

La diferencia del poder de Morgana con los que ostentan las brujas en la literatura europea es que poco, o nada, tiene que ver con la visión demoníaca del mundo cristiano, con el germen inicial de lo que podemos llamar la visión europea de la brujería, entendida como un conglomerado barnizado de cristianismo de las tradiciones brujeriles grecolatinas y hebreas. Morgana tiene poder por sí misma –como lo tenían Circe, Calipso, o la propia Medea– sin necesidad de recurrir a ningún tipo de ayuntamiento diabólico. Su poder se desarrolló bajo la supervisión de Merlín, bajo el mando de la autoridad masculina a la que acaba enfrentándose, siguiendo el camino de la rebeldía marcado por Lilith.

V

MUJERES PERVERSAS
DEL MEDIEVO AL ROMANTICISMO

VIUDAS ALEGRES Y SERRANAS PASIONALES

El imaginario literario europeo ha establecido desde sus albores una clara línea divisoria entre las dos formas más recurrentes de enfrentarse, más que retratar, a la figura de la mujer: santa-prostituta, buena-mala, y en términos religiosos, María-Eva. La mujer honrada y aquella que ha perdido su buen nombre fueron hasta tal punto figuras contrapuestas y enfrentadas que durante la Edad Media se temía que la sola visión de las malas mujeres pudiera desviar a la buena esposa o a la casta hija por la senda del pecado. Por este motivo en los tratados jurídicos medievales, por ejemplo, se marcaban de modo claro y directo, las casas y mancebías a las que había de estar limitado el ejercicio de la prostitución, así como la obligación de llevar una prenda distintiva del oficio (la mantilla corta y encarnada, el famoso "pico pardo" del refrán) y la prohibición expresa de mostrar cualquier tipo de lujo u ostentación, no fuera que la posibilidad de ganar dinero en un ambiente tan empobrecido como la villa medieval tentara la debilidad de las demás mujeres.

Esta dicotomía, nunca totalmente resuelta, comenzó a tomar un nuevo cariz al final del periodo medieval. Los Padres de la Iglesia (por ejemplo, Marbodio de Rennes) hicieron a la mujer sabedora de todas las culpas que sobre sus hombros caían, pero el hombre medieval, cada vez en mayor medida, comenzó a vislumbrar esa amplia gama de grises existentes entre el bien y el mal para, poco a poco, comenzar a reflejar esa riqueza de matices en sus retratos. Destaca en esta línea doctrinal el tratado de Alberto Magno (siglo XIII) *Secreta mulierum et virorum*, donde se destaca no solo la evidente diferencia anatómica entre los dos sexos, sino también la superioridad masculina, pues, por ejemplo: "la mujer es fría y húmeda por naturaleza", "los signos de la castidad son estos: pudor, vergüenza, temor cuando camina y habla castamente"; así también la orina de una mujer virgen es "clara y brillante, aunque siempre de un blanco resplandeciente [...] Pues las mujeres corrompidas tienen la orina turbia por la fractura de la pielecilla anterior"[178]. Este tipo de tratados condujo a Juan de Garlandia a elaborar (en ese mismo siglo XIII) un tratado sobre las edades de los hombres: *De sex aetatibus hominis*, donde solo se habla de la castidad en la cuarta edad (entre los 18 y los 50 años), mientras que en los demás tratados, dedicados a la mujer, los consejos en esa dirección comienzan al acabar la infancia, es decir, a partir de la segunda edad. Por ello, las lecturas recomendadas a la mujer van destinadas más a adoctrinarla que a educarla en otros aspectos en los que sí eran educados los hombres. Para los moralistas, la mujer debe ser ejemplar en su papel en la sociedad (esposa y madre para las seglares; modelo de las reglas conventuales para las monjas). Es más, el tratado de Fray Humberto de Romans (siglo XIII) *Ad mulieres nobiles* convertía a las reinas, princesas, damas de corte y aristócratas en un modelo moral, por lo que la exigencia debía ser máxima para con ellas.

Obviamente, la mujer literaria no experimentó un cambio sustancial de la noche a la mañana. Sin embargo, a comienzos

---

178 Alberto Magno, 1526: A6-vº y D7-rº.

del siglo XV en semejante ambiente de opresiva vigilancia comenzó un periodo de transición en el que incluso aquellas que se salían de lo normativo, las descendientes de Lilith, podían tener motivos que "justificaran" su comportamiento también desde un punto de vista masculino.

Existe en estas comparaciones, por así llamarlo, una gradación de la maldad. La mujer, perversa en esencia, va purificándose y limpiando sus pecados inherentes con la realización de actos puros, o más bien, si logra alejarse del mayor de todos los actos impuros para su femineidad: la carne. Esta representación mítica de la maldad de la mujer y del peligro que su rebeldía supone para el hombre cumplió una importante función durante la Edad Media. En una época oscura, repleta de convulsiones sociales, de complejas formas de comprender la naturaleza, y de una religión que aún mezclaba lo puramente cristiano con las tradiciones más paganas, la representación del castigo que la maldad y la desenfrenada lascivia de algunas mujeres podían provocar era necesario para mantener el orden establecido. Y para llevar a cabo la representación de este mal no había figura mejor traída al caso que la de Lilith.

La mujer sensual, erótica, entra en contraposición directa con el modelo cristiano de virtud, el modelo masculino de mujer:

> Si la mujer dionisíaca es natural-erótica, la mujer bíblico-cristiana es eminentemente casera y virtuosa. Pero "virtud" viene de "vir" (varón) y es éste quien logra imponer su propio modelo a la mujer que acabará interiorizándolo[179].

La primera filosofía cristiana encuentra en la mujer el perfecto chivo expiatorio para todo lo que de malo le sucede al varón. Vicente Romano señala que «este odio contra la carne es el

---

179 Bachofen, 1988: 262-263.

odio contra la mujer. Pero es también el temor a la mujer que se presenta como seductora del hombre. La leyenda de Adán y Eva así lo ilustra»[180]. Para Miaja de la Peña,

> La Edad Media es un periodo viril y por ello la visión que se tiene de las mujeres es consecuencia de su óptica particular en la cual se confunden la admiración, el deseo, el temor e incluso el desprecio. El resultado de esta visión tiende a ser impreciso, deforme y prejuiciado[181].

Pese a lo que podría llegar a parecer, con el cambio de la visión medieval a la Renacentista no desaparece ni la misoginia ni la imagen de la mujer pasa a ser, de pronto, algo puramente positivo como tampoco se obra ningún cambio en la circunstancia diaria de la mujer, que quedó de nuevo fuera de los avances sociales de la época. La dicotomía María-Eva seguirá estando presente, aunque este punto de vista irá cambiando y puliéndose en el camino hacia el siglo XVI. Podemos observar esta mayor definición de la imagen femenina que dejará de ser solo denostada para llegar a causar también admiración en otros personajes, en los lectores y, como veremos en el caso de la Viuda de Bath, incluso en su propio creador. Esto se dará sobre todo en dos autores clave de este convulso periodo existente entre lo medieval y lo renacentista: Geoffrey Chaucer y Juan Ruiz, Arcipreste de Hita.

De algún modo, estos escritores, que se sitúan en la oscilante línea que separa lo medieval de lo renacentista, comienzan a asimilar que, tal vez no todo carácter femenino deba tender inevitablemente hacia alguno de los dos polos: vicio o virtud. Así, la mujer deja de ser pecadora o santa para presentar acti-

---

180 Romano, 2007: 28.
181 Miaja de la Peña, 1995: 381.

tudes más humanas que, en algunos de estos casos, son totalmente justificables para el escritor, como le sucede a Chaucer.

Ya hemos visto que la imaginería medieval tendió a fundir a Eva, tentada por el reptil, con Lilith, la mujer rebelde, como muestran tanto las diversas miniaturas e iluminaciones de manuscritos del siglo XV como la historia de Melusina[182] en la que merece la pena detenernos:

La historia de Melusina, también conocida como Melusine o Mélusine, es un relato legendario europeo con orígenes en la mitología celta, que se ha incorporado a la literatura francesa y otras tradiciones culturales. La figura de Melusina a menudo se describe como una mujer hermosa que, bajo ciertas condiciones, se transforma en una serpiente o sirena desde la cintura hacia abajo.

La versión más conocida de la historia proviene de la tradición francesa medieval, particularmente a través de la obra *Le Roman de Mélusine* escrita por Jean d'Arras en el siglo XIV. Según esta versión, Melusina es una de las tres hijas de la hada Pressyne y del rey Elinas. Después de que su madre fuera traicionada por su padre, Melusina y sus hermanas deciden vengarse, lo que lleva a Pressyne a castigar a Melusina con una maldición peculiar: cada sábado, Melusina se transformaría en una criatura con cuerpo de serpiente.

Melusina se encuentra más tarde con Raymondin, un noble, a quien promete casarse con la condición de que nunca la intente ver los sábados. Impulsado por la sospecha y los consejos malintencionados, Raymondin rompe su promesa y descubre el secreto de Melusina. Como resultado de su traición, Melusina se transforma en un dragón o serpiente y vuela o se desliza

---

182 Ejemplo de ello son las dieciséis ilustraciones de Guillebert de Mets, *ca.* 1410, que narran el descubrimiento del Secreto de Melusina, en *Le Roman de Mélusine*, actualmente guardadas por la Biblioteca Nacional de Francia.

lejos, destinada a lamentarse y aparecer como presagio de desastre para su linaje.

La leyenda de Melusina se ha interpretado de muchas maneras, a menudo vista como una historia sobre la privacidad, la traición y las consecuencias de romper promesas. Además, Melusina se ha convertido en un símbolo en varias culturas, representando la dualidad de la naturaleza humana, la condición etérea y a veces incomprensible de lo femenino, o como un ancestro mítico que otorga legitimidad y un aura de encanto a ciertas familias nobles europeas.

Con el tiempo, la historia de Melusina ha influido en la literatura, el arte y el folclore, adaptándose y reinterpretándose en diversos contextos, lo que demuestra su perdurable fascinación y complejidad como figura mitológica.

Para Julio Trebolle, «las divinidades destructivas eran concebidas como monstruos o puestas en relación con *víboras y serpientes*»[183], lo que llevó en más de un caso a la fusión de motivos tan antiguos como la mujer malvada y el pacto con la serpiente: «el pacto con la serpiente simboliza la parábola de la sensibilidad estimulada por la imaginación, algo que según los mitos de la antigüedad el hombre debe a la curiosidad insaciable e imprudente de la mujer»[184].

Las representaciones del mito literario en la literatura medieval se centraron en dos vertientes básicas: los libros de caballerías y las novelas del amor cortés, donde hayamos tipologías de lo femenino notablemente diferenciadas. Como ejemplo podemos observar el comportamiento de dos de las heroínas literarias más destacadas de la Baja Edad Media: Iseo y Ginebra que, sin reparar en convenciones sociales o en mandamientos religiosos actuarán en su provecho para escapar de la estrechez

---

183 Trebolle, 2008: 122.

184 Vías Mahou, 2000: 18.

del matrimonio. La psicología y el carácter de la reina Ginebra aparece magníficamente representado en *El caballero de la carretera*, de Chrétien de Troyes, obra perteneciente al ciclo artúrico, en donde se nos muestra a una mujer que maneja a los hombres (Lanzarote y Arturo) a su antojo, como títeres a los que gobierna tirando de los hilos.

Para Vias Mahou: «Iseo no tiene parangón ni con las demás por las que suspiran los caballeros, ni con las esposas fieles. Encarna la pasión misma, indomable, fatal, que ignora cualquier otra ley que no sea la suya[185]». Al contrario de lo que sucede en las novelas del amor cortés, el sentimiento que representan estas mujeres no es un amor platónico e inasible sino físico y muy carnal, lo que nos lleva a afirmar que gran parte de su poder reside en esa entrega física, cuya sola posibilidad deja al varón tendido a su merced.

Las mujeres del amor cortés son, por el contrario, abstracciones y carecen del encanto psicológico de estas heroínas medievales de carne y tinta. El amor cortés, el que siente Dante por Beatrice, se sublima a medida que la imagen de la mujer apenas entrevista se difumina, se hace más irreal, un concepto, un amor ideal, desnaturalizado y nada afectivo. Este amor inaccesible no plantea problema alguno, pues no compromete a nada y deja al varón la posibilidad de amar siempre una imagen, un sueño que no va a pedir nada a cambio, que no tendrá ni voz ni voto en la historia que él narra. Lo contrario de lo que sucederá con estas mujeres demasiado carnales, demasiado reales, que hemos visto en los libros de caballería.

De la eterna dicotomía Eva-María nacen un sinfín de submotivos de rebeldía-obediencia, en los que las mujeres se enfrentan al peso del pecado original de dos formas: lavándolo y llevando a cabo una vida perfectamente cristiana, en su acer-

---

185 Vías Mahou, 2000: 32.

camiento a ese ideal; o bien colocando por encima sus necesidades e insatisfacciones más inconfesables. Pecando, pero esta vez a conciencia.

Al fin y al cabo fue Tertuliano, en *De cultu Feminarum* (I, I), quien dijo: «Mujer, tú deberás estar siempre vestida de luto [...]. Mujer, tú eres la puerta del demonio; tú, que corrompiste a aquel a quien Satán no se atrevió a atacar de frente»[186]. Con semejante visión anclada en el imaginario colectivo, la persecución de las brujas, en el plano real y en el literario resultó totalmente inevitable.

En oposición a esta, como señala Miaja de la Peña, está la figura de María:

En lo bello se dan tres elementos fundamentales: la exactitud o perfección, la proporción o armonía, y la claridad. Esta concepción de la belleza en el plano femenino solo puede atribuirse a María, la Gloriosa, la cual como Madre de Cristo es inmaculada y perfecta. En ella se combinan las cualidades plenas: por una parte, la obediencia a Dios, la maternidad y por otro, la pureza sexual y la ausencia de vanidad[187].

La mujer real, la mujer terrena, se sabe causante de la caída en desgracia de la humanidad. Ella es la culpable de que el hombre haya perdido la comunión paradisíaca con su creador. ¿Qué posibilidad real existe de que alcance esas cualidades? Ninguna.

Ambas configurarán los modelos femeninos de la época, y la práctica totalidad de los personajes literarios medievales pueden adscribirse a uno u otro bando. Para muchos autores el principal problema estriba en saber cómo distinguir a Eva de María, como muestra Juan Ruiz en el *Libro de Buen Amor*, donde retrata en su recorrido amoroso los distintos tipos y facetas

---

186 Tertuliano, 2001: I, I.

187 Miaja de la Peña: 1995, 382.

de las mujeres de su época, a las que describe con una enorme riqueza de matices configurando así una visión única, por lo especial y amplia, del mundo femenino que le rodea.

Juan Ruiz (Arcipreste de Hita) nos muestra una diversa amalgama de modelos por un lado la visión externa, que estilística y retóricamente tanto debe al *Ars Amandi* de Ovidio; por otro, la carga sensual y erótica que no resulta nada propia de la visión clásica –y aún menos de la cristiana– y está extraída directamente de una concepción mental propia de lo femenino, que nos muestra además «una nueva oposición en el *Libro de Buen Amor*, la de la concepción cristiana de la mujer (dualidad María-Eva) y la concepción árabe oriental»[188]. No debemos perder de vista que la tradición erótica oriental y su goce de la sensualidad física dio lugar a una visión del amor y del cuerpo diametralmente opuesta a la que manejó el cristianismo[189].

El papel de la sexualidad en la poesía peninsular es mucho más destacado, por ejemplo, que en la francesa. Los deseos sexuales son los que muchas veces dirigen al héroe de la historia: «Los autores castellanos eran más groseros que los de los otros países»[190] fue una opinión habitual en los tratados galos.

A lo largo de una de las obras poéticas más representativas de la literatura medieval española, el *Cancionero General*, encontramos presentes imágenes puramente misóginas y otras que, pese a parecerlo en una primera lectura, tan solo se acoplan a la mentalidad del momento. Por un lado, Juan de Tapia y Hernán de Mexía, poetas del *Cancionero*, afirman que las mujeres son presumidas, venenosas y peligrosas. Este *topos* misógino es

---

188   Miaja de la Peña, 1995: 389.

189   La visión peninsular de la mujer literaria y socialmente está directamente influida también por la sensualidad de la literatura tradicional árabe, y es por ello que conforma una visión única en cuanto a su variación y riqueza de matices.

190   Millet, 1994: 287.

de «resonancia lúdica y cortesana, de liviana trascendencia»[191]. Pero, por otro lado, contamos también con la obra de Pere Torellas, en las *Coplas de maldezir de mujeres* que es bastante más radical: «Mujer es un animal que se dice imperfecto / procreado en el defecto de buen calor natural»[192].

La belleza física cuando está presente nos acerca a una imagen "cuasi" divina, mientras que su ausencia puede llegar a reflejar en ocasiones incluso falta de bondad y, sobre todo, ausencia de virtudes morales, como puede observarse en la representación que de las serranas hace el Arcipreste de Hita. Según esto, la mujer hermosa y rubia es angelical (la *donna angelicata*), mientras que la morena representa el pecado y la pasión, lo más oscuro del alma femenina. Esta división que vemos en Juan Ruiz fue popularizada por su coetáneo Petrarca, que extendió el concepto del ideal femenino en lo que desde entonces se conoce como la "dama petrarquista" que se enfrenta al tópico contrario: la "dama oscura" que se asentará con fuerza en el imaginario literario europeo a raíz de los sonetos shakespeareanos en los que la "*Dark Woman*" se contrapone a la mujer retratada por Petrarca como concepto del ideal femenino, y que es en realidad mucho más antigua.

Este elemento femenino (la morenez asociada a la maldad o sencillamente a la lujuria), llegó hasta el Romanticismo donde Baudelaire lo desarrolló en la imagen de la Venus Negra, máxima expresión de la oscuridad pecadora[193]. Sin embargo, no

---

191 Esteva: 1994,165.

192 Del Castillo, 1958: 184.

193 Como hemos visto antes, algunos críticos han destacado el importante papel que la sexualidad tiene en la épica hispánica, lo que hace que me plantee que el modelo típico de mujer hispánica –morena, más agreste, tal vez menos refinada– se asocie a partir de aquí con la pasión sexual desde la Edad Media, lo que más tarde se recuperó con personajes decimonónicos como la *Carmen* de Bizet.

todos los cambios en la representación de la mujer responden a esta premisa. Tanto la viuda de Bath de Chaucer como, por ejemplo, Doña Endrina, de Juan Ruiz, son mujeres complejas, con más de un perfil, excepcionales incluso para sus propios autores.

Empezaremos analizando los pormenores de la primera de estas mujeres, la peregrina Alice o Alisoun de Bath. Ella es, sin lugar a dudas, uno de los personajes femeninos más anómalos de la literatura medieval europea. Pese a ser la narradora de la historia, lo que supuestamente debería colocarla en un segundo plano, son su prólogo y su propia vida los que ganan un protagonismo absoluto frente a lo que cuenta. Alisoun de Bath es un personaje de Los cuentos de Canterbury (The Canterbury Tales), una colección de historias escritas por Geoffrey Chaucer a finales del siglo XIV. Es la narradora del "Cuento de la esposa de Bath" ("The Wife of Bath's Tale"), una de las historias más conocidas del conjunto.

En la obra, Alisoun es descrita como una mujer de la ciudad de Bath, que se caracteriza por su fuerte personalidad, independencia y experiencia con el matrimonio, habiéndose casado cinco veces. Ella es franca sobre sus experiencias y creencias, especialmente en lo que respecta a las relaciones entre hombres y mujeres y el matrimonio. A través de su prólogo y cuento, Chaucer utiliza a Alisoun para explorar temas de poder, control y sexualidad en el contexto de las normas sociales medievales.

Alisoun es una figura fascinante y compleja, que a menudo se considera adelantada a su tiempo en términos de su actitud hacia la independencia femenina y el poder en el matrimonio. Ella defiende la autoridad y el conocimiento basados en la experiencia personal más que en la tradición o la escritura, lo cual es notable dado el contexto de su época.

El "Cuento de la esposa de Bath" también es importante por su discusión sobre lo que las mujeres realmente quieren, que es el tema central del cuento dentro de la historia. En él, Alisoun cuenta la historia de un caballero que es enviado en una búsqueda para descubrir la respuesta a esa pregunta, lo que lleva a una exploración de los temas de la igualdad y el respeto en las relaciones de pareja.

Desde el comienzo, vemos que esta mujer no encaja en ningún modelo femenino medieval: es una empresaria moderna, viuda, rica, sin hijos, con un sentido crítico y una elocuencia dialéctica extraordinaria.

La mujer de Bath se autodefine por su estado civil: viuda, y de cinco maridos, nada menos. Cinco maridos "oficiales".

Su vitalismo y energía son los detonantes de una sexualidad apabullante, arrolladora y hasta cierto punto intimidante para los hombres con los que está; una vitalidad que desborda al personaje, a quienes la rodean e, incluso, al propio autor, de cuya voz el personaje parece adueñarse. Por ello,

> *Cuando la esposa habla de sus cinco maridos, queda claro que, aunque pretende vivir una vida feliz, ha sido infructuosa, porque no ha encontrado marido que pudiera satisfacerla. Como ella misma argumenta explícitamente, debido a las influencias astrológicas que han condicionado su vida (609-612), tiene dos tendencias conflictivas en su constitución que no se pueden conciliar. La influencia de Marte hace que desee dominar a sus parejas, pero la influencia de Venus hace que desee ser dominada por un gran amante y no puede encontrar estas características irreconciliables en un solo hombre.* [194].

El tema de la viuda, más o menos alegre, como principal objeto de deseo, aparecerá también en doña Endrina, aunque de una forma menos física que con la Comadre de Bath. Al fin y al cabo, para el hombre medieval la mujer viuda suele tener mu-

---

194 Levy, 1965: 363.

chas más ventajas que la jovencita virginal: ya ha estado casada antes, por lo que ya es conocedora de "los misterios de la carne", pero en relaciones "santificadas por el matrimonio", por lo que mantiene limpia su reputación. También hay que tener en cuenta que muchas de estas viudas de posiciones adineradas, como es Alice, traen consigo una considerable herencia acumulada tras sucesivos matrimonios, lo que hace de ellas un plato de buen gusto para muchos hombres, sobre todo si, como en su caso y el de doña Endrina, carecen de hijos que aportar a la nueva unión.

La Mujer de Bath se presenta ante los lectores y los oyentes de su cuento como una suerte de "mantis religiosa", una amante que desgasta a los hombres (se insinúa en el prólogo que es esto lo que acabó matando a su quinto marido, con el que tiene más de un encuentro que podríamos calificar como de alta violencia física con su furor sexual).

Alice reúne todas las características de la *femme fatal* y, sin embargo, parece que, tanto sus compañeros de viaje, como, sobre todo, el autor la tratan con respeto, incluso con admiración.

Para Harold Bloom lo más destacable del personaje es «la ambigüedad moral de la pasión vital de la Comadre de Bath»[195] junto con la admiración que el propio Chaucer terminó sintiendo por su creación, que cobró vida propia más allá de su pluma:

Que el propio Chaucer estaba orgulloso de haber creado la Comadre lo sabemos por su breve y tardío poema a su amigo Bukton, en el que habla de las "congojas e infortunios del matrimonio" y donde la cita como la autoridad:

La Comadre de Bath te ruego que leas
para que un ejemplo de lo que hablamos veas.

---

195 Bloom, 2005: 125.

Dios te otorgue una vida que puedas llevar
en libertad, pues llena de trabas la vas a encontrar[196].

Volviendo a la Comadre de Bath, y a su estado de viudez, como indica Bloom,

> La primera palabra de su prólogo es "experiencia", que ella cita como fuente de su autoridad. Ser la viuda de cinco maridos sucesivos, ya sea hace seiscientos años o ahora, otorga a una mujer una cierta aureola, hecho del que la Comadre es bien consciente; pero jactanciosamente se declara ávida de un sexto marido, al tiempo que le envidia al rey Salomón[197] sus mil compañeras de lecho [...]. Lo que es impresionante de la Comadre es su energía y vitalidad sexual, verbal, polémica.

Para Bloom,

> Lo que ofende a los moralistas de la Comadre es simplemente su poderosísima personalidad [...] Aunque la Comadre acepta las ideas de la Iglesia por lo que se refiere a la moralidad, existe en ella un profundo impulso que disiente del parecer de la Iglesia. Una escala de perfección que coloque la viudedad por encima del matrimonio, tal como hacía San Jerónimo, no tiene sentido para ella; y tampoco comparte la doctrina según la cual las relaciones sexuales maritales son santificadas sólo con la finalidad de engendrar hijos[198].

En el otro vértice de este análisis, tenemos la figura femenina general en el *Libro de Buen Amor*. Si bien no encontramos en un único personaje las características representativas de la mujer fatal, de Lilith y Eva, sí podemos trazar un triángulo femenino a partir del cual se compone para el Arcipreste de Hita la

---

196   Bloom: 2005, 125.

197   "Of whiche I have pyked out the beste, Bothe of here nether purs and of here cheste" (v.45-46).

198   Bloom, 2005: 128.

nueva visión de la mujer prerrenacentista: doña Endrina, Cruz Cruzada y las serranas[199].

Estas tres mujeres (tomamos a las diversas serranas como distintos matices con una sola faz), pertenecientes a distintos estamentos sociales, con distintos niveles culturales, diferentes características físicas, psíquicas y emocionales reúnen en sí mismas lo que se ha llamado el cuadro social del *Libro de Buen Amor*. Siguiendo el apunte de Fernando Lázaro Carreter, no hemos de olvidar que el agrupamiento de distintos tipos, femeninos en este caso, es muy del gusto de la Edad Media:

> Tipificación enteramente semejante a la de nuestro Arcipreste es la que Boccaccio realiza en su *Decamerón*: mujeres de toda condición sacan a relucir sus flaquezas en las páginas de este libro[200].

Es importante tener en cuenta, como señala Vicente Reynal que «Juan Ruiz, en el enfoque y perspectiva de la mujer, sin dejar de ser medieval, se adelanta, en aliento, espíritu y aspiraciones, a la época que se estaba dejando sentir y que algunos ya presagiaban, el Renacimiento»[201]. En España será el Arcipreste el encargado de inaugurar lo que Reynal denomina la "mirada cristalina" hacia la mujer, a la que considera buena más que mala, y no necesariamente inferior al varón, lo que llama aún más la atención. Volviendo, quizá de forma natural, a ese submotivo grecolatino que marca a la mujer mala como inteligente, peligrosamente inteligente, de hecho. El propio autor escribe «Si Dios, quando formó el omne, entendiera / que era mala cosa la muger, non la diera / al omne por compañera,

---

199 Dejamos de lado la figura de la Trotaconventos porque ya fue mencionada en el capítulo anterior y al ponerla en relación con las otras brujas literarias, desde Ovidio hasta Fernando de Rojas, ya explicamos sus características.

200 Lázaro Carreter, 1951: 219.

201 Reynal, 1991: 18.

nin d'él non la feziera; / si para bien non fuera, tan noble non saliera» (e. 109).

En esta línea de análisis nos encontramos en primer lugar con el personaje de la Panadera Cruz, mujer a la que el autor define como complemento del varón. De ella dice que presenta un físico irresistible, además de una conducta sospechosa o claramente irregular, que «vendría sin duda a conocer luego nuestro protagonista, pues añade que era "non santa"; se enteraría después, al averiguar que era de conducta liviana, "sandía" (112c) o alocada, añade»[202]. Sin embargo, el amante Arcipreste, apabullado por esa belleza física desbordante, no parece reparar en ello. En cuanto a la actitud de Cruz, de la que las expresiones eufemísticas del autor parecen indicarnos que es prostituta, digamos "ocasional" ("senda por carrera" 116 bc), se asemeja bastante a la conducta del hombre del momento, no pierde la oportunidad de lograr un gozo momentáneo, sin mayor complicación. Ante esta actitud, el autor «no condena a la mujer, la comprende y se percata de que cumple un oficio que, al practicarlo ella y hasta buscarlo, al poeta le parece, sino laudable, al menos aceptable, pues lo juzga digno de cantarse aunque sea con guasa»[203]. No obstante, podemos apuntar que, por tratarse de un *cantar cazurro* inserto en el *Libro de Buen Amor*, predomina sobre todo lo jocoso, pues este Cantar nos cuenta cómo el mensajero enviado para mantener relaciones con la Panadera Cruz pasa a ser su amante, convirtiéndose así casi en una parodia de los consejos ovidianos sobre el amor, en donde el empleo de un intermediario (o intermediaria) es fundamental para conseguir a la persona deseada.

Por otra parte, tanto el tratamiento legal como el reflejo literario de la prostitución vivió importantes cambios duran-

---

202 Reynal: 1991, 45.
203 Reynal, 1991: 48.

te esta época y parte de este cambio apareció reflejado en el *Libro de Buen Amor*, así como en diversos textos legales, de ellos el más conocido es el *Compendio y Sumario de Confesiones y Penitentes* de 1579, en donde podemos observar una clara ambivalencia hacia esta figura femenina: o es algo negativo y reprobable, que debe combatirse por los poderes públicos, o –haciendo hincapié en la tradición evangélica– la prostituta es alguien tentadora y pecadora, pero que también puede convertirse e incluso alcanzar la santidad. La prioridad en este caso pasa a ser salvaguardar la honra de la mujer honesta apartando a la prostituta de la sociedad, permitiéndola tan solo ejercer y vivir en determinadas áreas de la urbe, además, como hemos visto al comienzo del capítulo, deben ser fácilmente reconocibles (no pueden hacer ostentación de riqueza y deben llevar un distintivo visible), entre otros motivos para que las mujeres honradas no se vean asaltadas por las libidinosas intenciones de los hombres.

Aunque la Panadera Cruz no se acerca a la mujer ideal que describen el dios Amor y Venus para el protagonista, sí reúne algunas de las cualidades imprescindibles que, para Juan Ruiz, debe reunir una mujer:

> Para el Arcipreste hay una serie de rasgos fisiológicos femeninos, que vienen a tipificar a la mujer del momento, aunque pudieran servir para otras muchas épocas. Afirma de ellas que muchas veces están deseando que el varón les diga o proponga aquello que quizás de momento le van a negar, pero que si se le insiste, se lo concederán y a que ellas prefieren ser "forzadas" o presionadas y que el varón sea "apercibido" o decidido, no tener que decirle: '¡Faz tu talante!' (e. 631)[204].

Pese a que la comparación puede resultar atrevida, son las serranas del Arcipreste, dueñas y señoras de la sensualidad y el

---

204 Reynal, 1994: 80.

primitivismo, quienes guardan un parecido mayor con la Viuda de Bath, en cuanto al carácter y filosofía vital, más aún que la comedida doña Endrina que como buena dama de la época parece más preocupada por las habladurías y rumores. La mujer serrana, la vaqueriza, es una joven "traviesa" que invita al protagonista a "luchar". Esta similitud de la lucha cuerpo a cuerpo con la actividad sexual aparecerá de forma habitual en la literatura medieval, como hemos visto al hablar de uno de los esposos durante el prólogo al cuento de la Mujer de Bath. En el *Libro de Buen Amor*, tanto la Chata como la Gadea están descritas como mujeres agresivas en el sentido físico y en el amoroso. Alejadas de los cánones del momento, las serranas son mujeres abiertas, extrovertidas y activas que toman las riendas en estas situaciones amorosas. Para Reynal, ambas, la Chata y la Gadea son «la personificación del instinto primigenio sexual sin refinamientos ni tapujos, cualidades que tanto atractivo podían ofrecer al varón[205]», mujeres que al estar más en contacto con la tierra son más fogosas que las nobles recatadas, presas de la moral, a las que se les inculca la timidez y el pudor como cualidades cristianas deseables en una dama destinada al matrimonio: «El Arcipreste nos está insinuando que son más sexuales que el mismo varón, pues están más arraigadas a la naturaleza».

Entre todas estas mujeres complejas, vivas, sumisas y salvajes que nos ha presentado el Arcipreste, eran bastantes las que se daban a la que se solía llamar una vida "relajada" o "alegre", aunque como señala Reynal, «todas aparecen, exceptuándose algunas serranas, muy dueñas de sí y conscientes de su valía personal»[206].

La descripción física de las serranas (e.1012-1019) es radicalmente opuesta a la que hace el autor siguiendo los cánones de

205 Reynal, 1991: 121.
206 Reynal, 1994: 190.

la belleza preceptiva clásica (cabello claro, frente amplia, cejas apartadas, ojos grandes y labios finos) que atribuye a las dueñas y doncellas (e. 431-435) frente a la talla grande, el cabello rojo o negro, las cejas anchas y negras, los ojos hundidos y rojos y los pechos grandes y caídos que caracterizan a las serranas, cuya grotesca desproporción choca con la armonía clásica y la belleza de las damas de alta cuna.

Contraria a éstas, la personalidad de doña Endrina se acopla en mayor medida a los tópicos de la época: no piensa ceder en un principio a los requerimientos de don Melón, no quiere hablar con él a solas, cuida mucho su fama y no desea abandonar la viudez para volver a casarse. Pertenece más al prerrenacimiento en lo puramente físico y en lo circunstancial (las sensaciones y sentimientos que su presencia provocan en el poeta) que en la construcción de su propio carácter.

Para concluir, podemos afirmar que en el cambio existente entre el imaginario femenino medieval y el renacentista se dan pequeñas variaciones, matices que perfilan la imagen de la mujer como algo más complejo de lo que la literatura y el mito habían reflejado hasta el momento. Los autores medievales que narraban la maldad en la mujer, que escribían sobre las descendientes de Lilith y Eva, se anclaban a esa perversión innata de lo femenino: la mujer nace mala porque nace pecadora, y sólo si se redime y se dedica a la maternidad y el matrimonio puede alcanzar una cierta perfección virginal. Sin embargo, en el Renacimiento las mujeres perversas siguen estando muy presentes, como lo estarán en toda la literatura posterior, hasta la construcción total del arquetipo. Pero esa maldad ya no es inherente, no es algo predestinado. La mujer que es mala, frívola, coqueta o casquivana lo es, en la mayoría de las veces, por elección. Ella elige ese camino, lo que abre un sinfín de puertas psicológicas en las que, hasta el momento, casi ningún autor había llegado a adentrarse más allá de algunos lejanos ejemplos de la literatura grecolatina.

La figura femenina literaria adquiere, con la libertad renacentista, su propia libertad. El cambio de perspectiva, desde el teocentrismo al humanismo, tiene su propia repercusión en la visión que de la mujer dan estos autores. La hacen más libre, pero también más perversa. Porque si es mala, si encarna las características de la mujer fatal, es porque ella así lo ha decidido, no porque el destino, dios o su naturaleza no le dejen otra opción.

ADÚLTERAS Y MONJAS EN EL *DECAMERÓN*

El Renacimiento es ante todo una época de cambio en lo que respecta a la imagen que el hombre tiene de sí mismo y del mundo que le rodea y que empieza a percibir como algo que se puede moldear, alterar desde su propia intención. Es del todo inevitable que este cambio de visión implique y afecte a la concepción de lo femenino que se plasma en el mito, en el arte y en la literatura. El Humanismo significó un cambio en la medida de las cosas, la divinidad no era ya el centro de todo y el hombre comenzó a entender que la religión como única vía no podía ser la respuesta a cada una de sus preguntas.

Aunque más lento, el cambio de concepción con respecto al paradigma femenino es también visible en el comienzo de la fractura de la dicotomía judeocristiana Eva-María, pese a que tardará todavía siglos en atenuar su presencia simbólica en el arte occidental debido al sistema religioso establecido y, por qué no decirlo, a que el arte, de creación preeminentemente masculina permaneció bebiendo de esas fuentes clásicas que reafirmaban la creencia en la maldad inherente y milenaria de la mujer. De la brecha abierta entre los dos modelos surgen decenas de matices, nuevos perfiles de mujer que no pueden ya reducirse sencillamente a "buena" o "mala" porque ahora además sus creadores explican no solo los actos pérfidos que pueden cometer sino también los motivos y las causas que las conducen hasta ahí.

El *Decamerón* es una obra maestra de la literatura italiana escrita por Giovanni Boccaccio entre 1348 y 1353. Este libro está compuesto por 100 cuentos narrados por un grupo de siete mujeres y tres hombres que se refugian en una villa en las afueras de Florencia para escapar de la Peste Negra que asolaba la ciudad. Para entretenerse durante su aislamiento, cada miembro del grupo cuenta una historia cada día durante diez días, de ahí el nombre "Decamerón", que proviene del griego "deka" (diez) y "hemera" (día).

Las historias del "Decamerón" abarcan una variedad de temas, incluyendo el amor, la inteligencia, la fortuna y la virtud. A menudo, contienen elementos de sátira social, comedia y lecciones morales, y son consideradas un retrato de la vida medieval. Boccaccio utiliza la narrativa para explorar la condición humana y las complejidades de la vida social y personal.

Y aquí es donde la adúltera perversa puede llegar a convertirse en la insatisfecha y frustrada mujer que se termina viendo "arrastrada" a la infidelidad por causa de las circunstancias.

En este punto, la diferencia general entre Boccaccio y los autores anteriores a él es la falta de juicios (no sólo de prejuicios, que también). El poeta florentino observa la sociedad que le rodea y la retrata con una cierta tragicómica fidelidad. Como señala Joaquín Arce, la obra de Boccaccio se considera de gran importancia a la hora de establecer las costumbres y las formas de la época que retrata, y se supone que esto se extiende también en lo que a las mujeres se refiere[207].

---

207   Arce, 1976: 85-91.

Así, pese a derrochar en multitud de cuentos juicios duros y sarcásticos sobre todo hacia la casta religiosa de la Italia medieval, son poco habituales los juicios de valor negativos que entren a considerar la actitud y las obras de las mujeres desde el punto de vista de lo teológicamente bueno o malo.

De tal modo, podemos reforzar el argumento anterior afirmando que para Boccaccio no será perversa la mujer que, instigada por la falta de apetito sexual del marido, vea abocados sus instintos al adulterio, sino aquella que, por no saber mentir adecuadamente o por falta de previsión, ponga en peligro manifiesto la honra y el apellido familiar.

Y no debemos perder de vista la intencionalidad a la hora de analizar los cuentos. Este cambio de interés será lo que ayude a la transformación del mito, donde empezamos a percibir la definición de sus contornos, no ya únicamente como un modelo de mujer monstruosa por lo perverso que habita en ella, lo sepa o no, sino como una mujer real, que toma decisiones y actúa de forma perversa con una intención determinada y en su propio beneficio.

No podemos acercarnos a la concepción del mundo de Boccaccio sin visitar brevemente a las dos figuras más influyentes en su obra y en cuya trinitaria compañía germinó la semilla del cambio humanista: Dante y Petrarca.

Pese a que no corresponde aquí ahondar en la íntima relación existente entre la obra del poeta italiano y su más venerado maestro Dante Alighieri, que es extensa y detallada, sí hay que tenerla en cuenta al analizar los paralelismos existentes entre las obras de ambos hombres[208].

---

208 No en vano, fue el propio Boccaccio el primer encargado de escribir la biografía del autor de la *Divina Comedia*, al que en todo momento reconoció como maestro y fuente de inspiración.

Como se ha repetido en numerosas ocasiones, los temas tratados por ambos (el pecado y la inestabilidad social de la degradada Italia medieval) son similares, pese a diferir en el punto de vista: mientras Dante nos presenta a los pecadores ya condenados recibiendo su castigo y nos narra la historia desde esta situación, Boccaccio muestra en primer lugar la motivación que lleva al pecado, una motivación real y palpable, centrada en la vida del hombre y sin la injerencia del poder espiritual. El castigo, si es que llega, es más humano que providencial, aunque en más de un caso puede no llegar nunca en esta vida, de modo que el pecador disfruta intensamente de su pecado, al menos mientras está vivo.

Hay tres figuras femeninas en la Divina Comedia de Dante cuya sombra llegará al *Decamerón*: la Sirena, Medusa y Francesca[209]. Las dos primeras, criaturas ctónicas, son claramente amenazantes, figuras destructivas y negativas para el hombre desde el inicio del mito que ya hemos visto. La última representa la encarnación de ese peligro en la mujer moderna, la mujer real que Dante observó destrozar y arruinar familias enteras por dejarse arrastrar por la lujuria y que de este modo acabaron en el segundo círculo del Infierno. Todas ellas representan un peligro para el hombre y, por tanto, también para el poeta.

En la *Divina Comedia*, Francesca da Rimini es uno de los espíritus condenados en el Infierno que Dante encuentra en el Canto V del "Infierno", el primer libro de la trilogía. Francesca y su cuñado Paolo Malatesta son castigados en el segundo círculo del Infierno, reservado para los pecadores de lujuria, que son azotados eternamente por vientos tormentosos que reflejan la inestabilidad de sus pasiones ilícitas en la vida.

---

209 Podemos contraponer esta trinidad del mal y el pecado a las tres figuras femeninas positivas que habitan la *Comedia*: la Virgen María, santa Lucía y, por supuesto, Beatrice.

Francesca relata a Dante cómo se enamoró de Paolo leyendo la historia de Lancelot y Ginebra. Ahí le indica que este amor adúltero por Paolo fue inspirado por el personaje "Galeoto" de la literatura medieval que facilita el romance también adúltero entre Lancelot y Ginebra. En su relato, Francesca implica que el libro fue como un "Galeoto" para ella y Paolo, ya que despertó su amor prohibido. En italiano, "Galeotto" también se ha utilizado para referirse a cualquier mediador que facilite un amor ilícito, similar a un casamentero o alcahueta.

El encuentro de Dante con Francesca es uno de los momentos más emocionales del "Infierno", ya que muestra compasión por su sufrimiento y la historia trágica de amor que llevó a su caída. La historia de Francesca y Paolo es una reflexión sobre la naturaleza del amor y la responsabilidad moral, temas centrales en la obra de Dante.

Resumiendo, en el Canto V del Infierno, Francesca se nos presenta en el círculo de los lujuriosos junto a Semíramis, Cleopatra, Helena o Paris. La esposa de Giangiotto Malatesta aparece en compañía de su cuñado Paolo, con quien cayó en el pecado del adulterio tras leer cómo el caballero Galeotto incitaba a Lanzarote y Ginebra al mismo destino. En la narración de la condenada se repite la idea de culpar al escritor y absolverse a sí misma («Galeotto fue el libro y quien lo hizo» v. 137).

Al fijar el punto de unión en la penitencia infligida por el pecado cometido, podemos poner en relación la historia de Francesca y Paolo con el cuento octavo de la V Jornada del *Decamerón*. En esta Anastasio degli Onesti observa el castigo que una y otra vez el caballero inflige a la dama que le rehusó, a la que da caza por el bosque y despedaza con la ayuda de sus diabólicos perros en un círculo infernal muy del gusto y estilo dantescos.

De igual modo, a través de la línea temática que relaciona la violencia y el deseo con la mujer silenciada y la mutilación física, podemos poner este relato en relación con la truculenta historia de Filomena narrada en la *Metamorfosis* de Ovidio (6,424-674)[210].

Como figura terrorífica tenemos a la Medusa dantesca, de quien Boccaccio tomó algunas características para el furibundo discurso antifeminista del personaje de "el escolar" que aparece en la narración séptima del día ocho (VIII, 7) donde un escolar ama a una señora viuda, la cual, enamorada de otro, le hace esperarla una noche de invierno sentado sobre la nieve, a la cual él, después, por consejo suyo, le hace estar desnuda sobre una torre expuesta a las moscas y a los tábanos y al sol todo un día de mediados de julio.

En el Purgatorio dantesco encontramos otra figura relacionada íntimamente con la Gorgona y que, al igual que esta, representa el peligro y la amenaza que ejerce la fascinación sexual sobre los hombres: la Sirena.

Es en este punto donde encontramos la mayor diferencia entre ambos autores: mientras que Dante mira el cuerpo femenino con una clara sensación de amenaza, Boccaccio se refiere a él con cercanía y calidez en la mayor parte de las ocasiones, en las que la descripción física suele navegar hacia el erotismo, pasando de largo por la repetida tradición de hacer referencias negativas al olor, a los humores del cuerpo femenino, que ahora tiene un poder palpable, un poder real y visible, incluso para el más enconado misógino de sus personajes, el escolar, que con la visión del cuerpo desnudo de Elena olvida momentáneamente su plan de venganza.

---

210 Ovidio relata la violación de Philomena por su cuñado Tereus, quien le corta la lengua para que no cuente su crimen, la encierra y dice a su hermana Procne que ha muerto. En venganza, cuando esta se entera, desmembra y mata a su propio hijo para dárselo de comer a Tereus, otro *leitmotiv* muy del gusto de la época que aparece también en algunas versiones clásicas de los conocidos "cuentos de hadas" como *Sol, Luna y Talía* (Giambattista Basile, 1636)

La diferencia entre la mujer de Dante y la mujer de Boccaccio reside en que ella no utiliza su sexualidad para controlar al hombre mediante el miedo de este a lo desconocido, hacia el otro, sino que utiliza el sexo para despertar el deseo, la codicia, no existe ya un terror real y el monstruo ctónico comienza a realizar su metamorfosis en la terrible seductora.

Sin embargo, el abismo aparentemente abierto entre ambas concepciones femeninas llegará a la narrativa boccacciana en la piel de uno de sus personajes más peculiares, María Fiammetta en cuya creación encontramos una mixtura casi perfecta (que tardará tiempo en volver a aparecer en la historia de la literatura con semejante riqueza de matices) de ambas visiones, la dulce Laura petrarquista y la dantesca divinidad de Beatrice junto a la mujer carnal y libidinosa con la que convivió la obra del poeta florentino y que analizaremos en breve con más detalle.

Como ha quedado patente, la realidad de la época pemitió mantener tópicos adscritos a la *femme fatale* que hemos visto frecuentemente hasta la Edad Media y matizarlos y ampliarlos con las nuevas características que le aplicaron los hombres del Renacimiento. La más habitual será la mujer víctima de su propio deseo desenfrenado que, amparada por la lujuria, suele llevar la iniciativa, engaña al marido y se da a la pasión sin rubor alguno. No habría gran diferencia con otras mujeres igualmente invadidas por la carne y sus pecados en la literatura clásica si no fuera porque las damas boccaccianas son altamente conscientes del propio deseo, así como de las necesidades básicas que acucian tanto a mujeres como a hombres, tal y como muestra Bartolomea en el relato narrado por Dioneo[211].

---

211 Son los relatos narrados por el personaje Dioneo, en cuyas palabras no pocos críticos han visto un trasunto del autor, los que darán un giro en cuanto al tono de las historias, pues en todos los cuentos finales suele poner la nota discordante y rompe así la línea temática de la jornada haciendo de la tragedia una comedia y viceversa.

En este perfil del mal femenino la planificación de la traición amorosa ayuda a dar una perversa vuelta de tuerca más al carácter de la mujer. Si hasta el momento se entendía que a causa de su debilidad y corruptibilidad la mujer era más dada a caer en la tentación de la carne que el hombre, ahora lo hace por motivos bien distintos, entre los que destaca principalmente la insatisfacción marital, que la lleva no solo a desear tener un amante (cualquier amante) sino a planear sus actos con frialdad y dedicación absoluta, como podemos observar en el sexto cuento de la Jornada VII donde se narra cómo la dueña "escoge" al amante más humilde no porque este le guste más sino porque resulta más dúctil y manejable.

Pero si hay un personaje femenino que representa la nueva concepción del género que comenzó a forjarse tras la Edad Media al dejar atrás la teocracia y sus consecuencias más extremas, es sin duda María Fiammetta, "la de los ojos de fuego", seductora y fascinante, situada en la fina línea que divide la mujer real del personaje literario recurrente en las obras de Boccaccio.

Aunque en el *Decamerón* el principal papel de Fiammetta es el de narradora, hallamos en ella las características que la definen como personaje en la obra *Filocolo*, donde oficialmente es llamada María, y reúne por vez primera en la narrativa occidental las características de la reina del cielo y los deseos de la libido de una mujer de carne y hueso. Fiammetta desciende, literalmente, de un modelo supremo de mujer que se ha hecho carne.

La mujer libidinosa no es para Boccaccio necesariamente mala. Sin dejar de lado la tradición cristiana, la supera y va un paso más allá aunando las dos partes: al poner a Fiammetta el nombre de María el autor escapa de la univocidad del arquetipo, desmonta el tópico y da al personaje la posibilidad de conjugar las características opuestas y complementarias que en la tradición pagana clásica ha tenido.

La mujer en Boccaccio puede ser increíblemente mala, pero no podemos asegurar que se haya ganado el apelativo de "fatal", como no lo es tampoco del todo para Chaucer ni para el Arcipreste. Es una imagen mucho más positiva que la vista anteriormente, influida por el Humanismo y una nueva concepción vital que, en muchos aspectos, se enfrenta a la medieval. El recurrente cambio de paradigma (del teocéntrico al antropocéntrico) cambia también la concepción que de la mujer tiene la literatura, un cambio que no fue ni mucho menos permanente ni general, ni muchísimo menos trascendió al mundo real pero que dejó tras de sí muestras llenas de riqueza y frescura que, al tiempo que la literaturizan, reflejan la realidad del momento, un tiempo en el que la mujer comienza a ser dueña de su capacidad sexual. No es ya un *instrumento diaboli* sino una persona (mejor o peor, de más alta o baja clase, de mayor o menor moralidad) que juega las bazas que posee, entre ellas la de la "fatalidad sexual".

CLEOPATRA Y LADY MACBETH

El teatro fue el género más desarrollado durante el Renacimiento inglés, ya que la Reforma Protestante usó el escenario como vehículo para la didáctica moral, además de para la propaganda política, pero eso es otra historia. Durante el reinado de Isabel I, la cultura anglosajona estuvo principalmente centrada en la ciudad londinense, a un tiempo cortesana y popular, en un equilibrio complejo y no siempre fácil de concretar. El cierre de los teatros entre 1642 y 1660 por parte de los puritanos, así como la caracterización de hombres jóvenes para representar los papeles femeninos, son dos circunstancias cuyo peso y relevancia marcan sin duda la semiótica del teatro del momento, tanto como las imágenes que este nos brinda de las mujeres que retrata. Una mujer que, solo tras la reapertura de los teatros en la Restauración, pudo subirse por vez primera a los escenarios de manera profesional y comenzó a aparecer recurrentemente en las comedias de la época, y cuyo carácter sexualmente explícito estuvo impulsado por el rey y la actitud aristocrática y libertina de la corte.

No debemos olvidar que el drama inglés tuvo, como sucedió con la mayoría del teatro europeo, un origen religioso, sin embargo, en este caso la moral religiosa influyó no solo en los temas a tratar, sino, principalmente, en el modo de acercarse a ellos, sobre todo a los más delicados: «cuando el teatro isabelino trata lo sexual es con una finalidad accidental» afirma el profesor Pérez Gallego[212]. Es un residuo de la trama general, contrariamente a lo que podemos encontrar en algunos ejemplos del teatro francés o español, en este momento en el drama inglés no se da un planteamiento sexual en el sentido absoluto hasta la llegada de la Restauración.

En un contexto tan clericalizado, el papel de la mujer quedaba reducido a las dos imágenes ya ampliamente tratadas: la santa y la pecadora. Sin embargo, el papel cada vez más visible de algunos miembros femeninos de la sociedad ayudó a desdibujar estas líneas; al fin y al cabo, la idealizada reina de Inglaterra era una mujer fuerte, inteligente y muy poderosa. En esta época lo femenino, como parte de la sociedad, comenzó a ver cambiar sus roles y hubo de adaptarse a las circunstancias. El más importante de estos cambios fue la abolición de los conventos en Inglaterra durante la Reforma y con la eliminación de la opción de profesar como monja para las hijas más pequeñas, los padres tenían más dotes que entregar, más personas

---

212 Pérez Gallego, 1967: 103.

entre las que repartir las herencias, incluso, en algunos casos, los más atípicos, más gente a la que educar.

La educación de esta mitad de la sociedad se convirtió así en una cuestión de estado, aunque no pasaba de ser en realidad un saber puramente decorativo que, sin embargo, trajo consigo consecuencias tan inesperadas como el comienzo de, lo que podríamos llamar, el germen de la libertad sexual, tal como lo expresa Jardine:

> En el caso de las fanáticas de las sectas religiosas, la incompatibilidad de los relatos es fácil de predecir: los protestantes, dentro de ciertos límites, santificarán a las mujeres miembros de sus sectas particulares, los católicos las vilipendiarán y viceversa. En el caso de las académicas e intelectuales, la tendencia a vilipendiarlas como "monstruosas", "antinaturales" e (inevitablemente) sexualmente rapaces, puede parecer más sorprendente.[213]

Como es evidente, el uso y disfrute de estas nuevas libertades generó desconfianza y no pocos recelos. La misma autora señala más adelante:

> Los moralistas y los satíricos se apresuraron a convertir la incómoda sensación de que las mujeres (como los hijos menores, los de baja cuna y los grupos tradicionales de sirvientes) actuaban con mayor libertad, en un potente símbolo de desorden general.[214]

La sexualidad femenina no se limitaba al ámbito de la intimidad del dormitorio, sino que extendía su influencia también sobre cuestiones políticas y económicas, pues esta sexualidad representaba la falta de control de la mujer y su interferencia sobre todo en cuestiones de herencia. En una sociedad tan claramente dividida y delimitada como era la anglosajona, todo comportamiento que se saliera de la norma se contemplaba

---

213 Jardine, 1983: 56.
214 Jardine, 1983: 93.

como un ataque directo, no solo hacia la sociedad, sino sobre todo hacia la jerarquía que la sustentaba. Esta situación tan compleja llega a las tablas teatrales en forma de historia, de alegoría, de revisión clásica con moraleja final.

Pese a que el teatro inglés y español presentan considerables diferencias, no hemos de pasar por alto algunas similitudes que nos conducen de modo casi directo hacia la evolución del arquetipo de la *femme fatale* en la literatura europea. Las mujeres fuertes, aterradoras incluso, no escasean en este período.

El drama de los Siglos de Oro ofrece una amplísima variedad de tipos y rangos que van de la mujer esquiva, la bandida, la amazona, la líder o la "bachillera" a la vengadora. Sin embargo, en Inglaterra el teatro estaba fuertemente asociado a la prostitución femenina, las mujeres habían de abstenerse de aparecer en ellos no solo como actrices sino también como espectadoras: «Las mujeres serían simbólicamente prostitutas por el hecho de que los hombres de la audiencia las miraran.»[215].

Según los datos históricos que tenemos, la legislación existente sobre la mujer en la época y la realidad del momento, más abierta a pie de calle de lo que los moralistas querrían, se daban de bruces. No es de extrañar que estas actitudes más modernas quedaran reflejadas en el teatro jacobino con los personajes femeninos mucho más matizados, menos maniqueos, de las obras de autores como Kyd, Marlowe, Webster o Ford. Los sectores más tradicionalistas y conservadores de la sociedad pretendían delimitar el campo de las libertades femeninas, particularmente desde el punto de vista sexual, puesto que eran analizadas como un ataque directo al orden social. Un caso curioso en este sentido era el del travestismo femenino. Pese a la continua referencia a este *topos* en el teatro del momento, la mujer vestida de hombre era un ser peligroso, como dejan claro los

---

215   Walthaus y Corporaal, 2008: 7

textos coetáneos que nos hablan de Juana de Arco, a la que se atacaba no únicamente por llevar vestimenta masculina, sino por ser esta vestimenta la de un hombre con un estatus social elevado. El travestismo, pues, va más allá de la perversión biológica (no olvidemos que en la Inglaterra del momento los papeles femeninos eran interpretados por hombres disfrazados de mujer que más tarde se disfrazaban de hombres en un juego de personalidades sexuales que debía ser, como mínimo, desconcertante) y para la sociedad isabelina esto se traducía en una verdadera herejía social contra la jerarquía y el orden establecido, pues vestida de hombre quién puede controlar lo que hace una mujer y las cosas que se le ocurrirán.

La mujer que refleja el teatro británico del Renacimiento mantiene la mayoría de las características que la hicieron "fatal" en épocas pasadas:

> Los rasgos de carácter femenino a los que los críticos dan un apoyo tan entusiasta son, casi sin excepción, moralmente reprensibles: astucia, duplicidad, rapacidad sexual, "mutabilidad", ser diferente de lo que parece, falta de confianza y secretismo general. [216].

La preocupación por la sexualidad femenina y su disfrute sigue estando en un plano destacado tanto en la literatura como en los propios argumentos esgrimidos para hablar de su naturaleza, inherentemente viciosa: «Parte del personaje femenino como signo inevitable de lujuria irracional, y como preludio inevitable del desorden y el desastre.»[217] Para los autores del momento, las vírgenes que dicen "no" quieren decir "sí"; así pues, la que dice "sí" una vez ha de ser insaciable, y el hombre que no sabe reconocer estas señales es un incauto, por lo que

---

216 Jardine, 1983: 69-70.

217 Jardine, 1983: 72.

se debe regresar a la clasificación bíblica, a los tipos ya ampliamente conocidos:

> La sexualidad femenina (personificada en María Magdalena, el antitipo de María, madre de Cristo) niega todos aquellos atributos que acercan a la mujer al modelo ideal. No importa cómo una mujer use su sexualidad; que ella es sexualmente consciente la marca como Eva/Magdalena en lugar de María. [218]

El peligro que representan estas mujeres es su alejamiento de las características consideradas propias de su sexo, las virtudes femeninas que aparecen enumeradas en textos como el alfabeto hebreo y catalogadas en los Proverbios 31. 10-29, cuyo inicio "¿Quién hallará a la mujer virtuosa?" y resto de contenido donde se destacaba el carácter de esta mujer ejemplar fueron ampliamente citados durante estos siglos.

Una de las principales virtudes de las mujeres ha de ser la discreción y el silencio, pues la definición de mujer sin virtud es aquella que reúne en su carácter la lujuria, la cabezonería y la charlatanería. Como podemos observar en los cuentos folclóricos y en la tradición medieval inglesa, muchas pruebas de virtud requieren que la joven permanezca en total silencio durante un extenso período de tiempo para así romper el maleficio caído sobre el varón de la familia (marido, padre, hermano). Un tema que se traslada hasta *King Lear* (1606), donde la joven Cordelia prefiere el virtuoso silencio a la charlatanería manipuladora y falsa de sus hermanas, como también sucede en la obra de Robert Greene *Penelope's web* (1587?) donde la más joven de las esposas de los hijos del rey Ariamenes es la más virtuosa por ser la menos habladora. Solo hay un área en el que la voz de la mujer fuera del restringido ámbito del hogar está permitida o autentificada, y es únicamente en el campo

---

218   Jardine, 1983: 77.

de la profecía y solo porque un dios la usa como vehículo. En cualquier otro espacio, las muestras de inteligencia y de ingenio verbal forman parte de las características más negativas del género.

Otra de las características que convierten a las mujeres en "no-mujeres" es la ausencia o eliminación del instinto maternal, que llevado al extremo da como resultado las modernas revisiones de Medea que con distintos nombres y distintas motivaciones encuentran en la ira, el asesinato o la venganza su auténtica autorrealización hasta transformarse en sus propios monstruos. Sin duda, Lady Macbeth representa a la perfección este cambio al pedir

> *Come to my woman's breasts*
> *And take my milk for gall, you murdering ministers,*
> *Wherever in your sightless substances*
> *You wait on nature's mischief!* (Acto I, Escena V)[219].

En la obra de Shakespeare *Cymbeline* (1611), Posthumus atribuye el vicio de la humanidad en general a las características que encuentra específicamente en la mujer.

Entre los autores preshakespereanos que contribuyeron al aumento y desarrollo del mito de la *femme fatale* encontramos, por un lado, al moralista Spencer, cuya *The Faery Queen*[220] (1596) es considerada la precursora de la *Christabel* de Coleridge, que analizaremos con mayor detalle más adelante.

---

219 Ven a los pechos de mi mujer / Y tomad mi leche para la hiel, ministros asesinos / Dondequiera que en tus sustancias ciegas / ¡Esperas las travesuras de la naturaleza!

220 *The Faery Queen*, inspirada en la figura de la reina Isabel I, es un poema épico isabelino que compagina el amor y la guerra, compuesto por doce libros, formado cada uno por doce cantos que representan las doce virtudes básicas y, si bien no es una obra de teatro, influyó en los dramaturgos de la época.

Por otro lado, el primero de los autores de la época en ofrecer un retrato de mujer realmente interesante para este estudio es Thomas Kyd (1558-1594) que con su obra *The Spanish Tragedy* (1592) no solo revolucionó los criterios del momento que afectaban tanto al desarrollo de los personajes como a la trama, sino que con la figura de Bel-Imperia nos ofrece un retrato único:

> La mujer de mente independiente, de fuerte carácter y transgresora de las normas sociales, que reencontraremos en las memorables protagonistas femeninas de Webster o de Middleton. Ya Don Andrea relata su verdadera naturaleza: "*In secret I possessed a worthy dame*", que dista mucho del ideal oficial de mujer casta, callada y obediente. No obstante, Kyd no retrata a Bel-Imperia como malvada, sino que la dota de una atractiva ambigüedad moral que impide cualquier clasificación fácil. Es ella quien toma todas las iniciativas sexuales de la obra; literalmente seduce a Horatio para que la apoye en su búsqueda de venganza por la muerte de Don Andrea; se niega a conformarse con los papeles que sus familiares quisieron imponerle y demuestra una inteligencia, inventiva y habilidad en el manejo de los demás que supera en mucho los recursos de sus oponentes masculinos[221].

Un personaje recurrente en las obras renacentistas es la mujer de doble moral, que, curiosamente, suele llamarse de forma habitual Isabella[222] (como en *Measure for Measure* de Shakespeare o las Isabellas de *The Witch* o *Women Beware Women*, de Middleton), la "virtuosa hipócrita", personajes que, a costa de la virtud de otras mujeres, logran salvaguardar su propia castidad (en apariencia) y, por tanto, su estatus social, aunque sean incapaces de ver la descarada hipocresía de sus actos.

---

221 Bregazzi, 1999: 71.

222 Curiosamente, pues era el nombre de la reina inglesa del momento.

La diferencia entre los retratos femeninos de Middleton y los de aquellos que le precedieron es que el autor parece comprender bien la base económica primaria que subyace en la problemática femenina, tal y como aparece reflejado en la delincuente Moll Cutpurse en *The Roaring Girl* (1611), que se niega a aceptar ninguno de los dos roles –esposa o prostituta– que la sociedad le asigna como solución económica, en un continuo desafío hacia los modelos impuestos que son sin duda los culpables del comportamiento depravado de sus personajes femeninos, pues se ven por su causa forzadas a recurrir a subterfugios, la delincuencia o la prostitución para sobrevivir.

Otra de sus más destacadas e influyentes obras, *The Witch* (1616), nos ofrece seis retratos femeninos de muy distinto pelaje (adolescente, "virtuosa" esposa, prostituta, aristócrata adúltera, criada astuta y bruja) con quienes explora diferentes aspectos de la sexualidad femenina para llegar a la conclusión de que tan sólo Hécate, la bruja, el ser sobrenatural, la más temida, es realmente consecuente en su actitud libertaria y es capaz de crear un compañerismo real con sus secuaces, algo de lo que el mundo humano adolece del todo en las relaciones entre sexos, como muestra el autor. En *The Changeling* (1622) y *Women Beware Women* (1621) Middleton explora la relación entre dinero y sexo en una sociedad cada vez más mercantil que rebusca e implementa la vulnerabilidad de la mujer, que se convierte en un objeto cuyo valor depende en gran medida de su virginidad. Según señala Bregazzi:

> Middleton marca claramente la supeditación de la libertad sexual femenina a su clase social y su nivel económico: las mujeres de la clase gobernante y adinerada como Livia e Isabella pueden permitirse el libre disfrute de su sexualidad, mientras que las de clase media acomodada como Bianca tienen que negociar con su sexualidad para así satisfacer sus aspiraciones de movilidad social ascendente; y la castidad parece reservarse a las mujeres de clase

media baja sin recursos económicos para que puedan encontrar un marido como solución a su situación[223].

La brecha no existe solo entre los distintos sexos, sino que entre las propias mujeres y se hace aún mayor cuando la clase social entra en juego, y así lo refleja el autor en personajes como la manipuladora Livia de *Women Beware Women*, que representa la clase poderosa y es la culpable de la relación incestuosa entre su hermano y su sobrina que, por otro lado, es la única relación auténtica y sincera de toda la obra[224].

Con la protagonista de *The Changeling*, Beatrice-Joanna, Middleton conforma uno de los retratos más interesantes de todo el teatro renacentista inglés. Piensa ella que sigue siendo una mujer virtuosa pese a haber ordenado el asesinato de su no deseado pretendiente, así que cuando el cínico sicario De Flores le pide como pago su virginidad, Beatrice se escandaliza hasta que él le recuerda lo poco lógico de su pudor, pues su alma está ya mancillada por el asesinato. Tampoco tiene reparo alguno en que su criada virgen la sustituya en la noche de bodas y luego matarla. No ve en ningún caso lo moralmente reprochable de unos actos que son consecuencia directa de las actitudes de los personajes masculinos que la rodean, porque pese a lo poco halagüeño del retrato femenino que nos presenta, los hombres son para Middleton los últimos responsables de fomentar estas conductas, al cosificar a las mujeres para su uso.

The Duchess of Malfi (1614) y *The White Devil* (1612) son las obras más destacadas del escritor John Webster.

---

223 Bregazzi, 1999; 219-220.

224 El incesto era muy habitual como tema en el teatro de la época, hasta el punto de convertirse en la representación escénica de la ruptura de las estructura del patriarcado, junto con la imagen de la libertad femenina, lo que llevaría al absoluto caos social que las relaciones incestuosas significan.

En la segunda obra, Vittoria, la protagonista, se aleja de los estereotipos femeninos del momento y tratará de explorar nuevamente los límites de la libertad sexual en la mujer: «Vittoria, pese a que se le refiere repetidamente como "diablo" [...], se nos presenta más como víctima de su entorno que como una virago desalmada o fuente del mal»[225].

La obra se desarrolla en una Italia fragmentada por conflictos políticos y dominada por poderosas familias. La posición de la mujer en este contexto es particularmente compleja, sujeta a la autoridad masculina, pero también centro de intrigas políticas y sociales. Vittoria Corombona es una joven viuda de gran belleza e inteligencia, perteneciente a una familia de clase media. Su ambición y deseo de ascender socialmente la llevan a entablar una relación adúltera con el Duque de Brachiano, un hombre casado de alta posición. Esta relación ilícita con el Duque es el catalizador de los eventos trágicos de la obra. Tras el asesinato de su marido, Camillo, y la muerte de la esposa del Duque, ambos amantes quedan libres para casarse, lo que desencadena una serie de venganzas por parte de las familias afectadas. Vittoria desafía las normas sociales y morales de su tiempo, defendiéndose con elocuencia en su juicio por adulterio y asesinato. Es un personaje complejo, que puede interpretarse tanto como víctima de las circunstancias como alguien que las manipula en su beneficio.

La obra, aunque no fue bien recibida en su tiempo, es hoy valorada por su crítica a la corrupción moral y política de la sociedad, y Vittoria es vista como uno de los personajes femeninos más complejos y poderosos del teatro renacentista inglés. Vittoria Corombona representa un desafío a las convenciones de su época, encarnando la lucha por la autonomía y el poder en un mundo dominado por hombres. Su historia es un testi-

---

225 Bregazzi, 1999: 198.

monio de ambición, amor, y tragedia, elementos que la convierten en una figura memorable de la literatura renacentista.

La protagonista de *The White Devil* usa conscientemente el sexo para obtener protección y escalar socialmente como ha hecho siempre la mujer fatal, pero no es ya el retrato de un ser depravado lo que se nos ofrece aquí. La obra persigue crear una alegoría de la culpa, buscando la reflexión del espectador sobre una situación donde el problema base no está en la actitud o la predisposición de la mujer, como se había estado afirmando hasta el momento, sino en la legalidad y la política que sustentan las poco móviles bases del poder. Es por eso que las muertes de Vittoria y la de su hermano Flamineo, están recubiertas por un claro afán moralista y por una obvia finalidad didáctica.

En la obra del genial Marlowe destaca por su valor representativo el fantasma de Helena de Troya en su *Dr. Faustus* (1604). La mujer terrible por excelencia en la mitología griega aparece en unos versos desbordantes de sensualidad con los que el autor busca subrayar su diabólica naturaleza de súcubo al poner en boca de Fausto: «*Her lips sucks forth my soul: see where it flies*» (Escena XIII, v. 91).

El teatro renacentista inglés llega a su máximo apogeo con la obra de William Shakespeare. En ella encontramos tantos tipos femeninos como modelos de mujer podía uno llegar a encontrar entre sus coetáneas. Sin embargo, son tres básicos los que nos interesan: Cleopatra, Lady Macbeth y, quizá en menor medida por su influencia posterior, la Dark Woman de los sonetos.

La figura de la Reina del Nilo y su relación con el romano Marco Antonio tuvo su momento de mayor auge en el teatro Renacentista, hasta cinco obras escritas en inglés y en español vieron la luz en menos de un siglo por parte de Diego López de Castro, Mary Sidney, Samuel Daniel, Rojas Zorrilla y Shakespeare, en cuyas obras se evidencia la actitud de ambas naciones ante el retrato de la mujer poderosa. Como nos recuerdan Wilcox y Walthaus «Las obras fueron escritas durante o después del gobierno de reinas fuertes en ambos países y en Europa occidental y, tal vez no por casualidad, contienen una magnífica gama de imágenes de autoridad femenina.»[226].

Llama la atención, a la hora de poner en relación las distintas visiones que estas obras ofrecen del mismo personaje, el hincapié y la continua mención que hace Shakespeare de la belleza de su protagonista, lo que nos podría llevar a pensar que el autor inglés da más importancia a la hermosura física de Cleopatra que a su poder, pero conviene saber que la semiótica teatral nos lleva a recordar al lector que el papel de la hermosa Cleopatra era representado en el escenario por un joven mancebo, y qué menos que recordar una y otra vez la hermosura y feminidad de la mujer para lograr que el público viva más intensamente la trama de la obra y olvide al actor.

Esto no era necesariamente así en el teatro español, ya que eran actrices quienes representaban los papeles femeninos y las descripciones de la reina en obras como la de López de Castro están repletas de adjetivos negativos [«aquel cruel, aquel horrendo monstruo / aquella bestial hembra de Cleopatra» (3.217)]:

En Cleopatra se funden dos aspectos que, unidos, resultan terribles para el sujeto renacentista: la belleza y el poder, siendo sin duda el segundo el que implementa la sensación de fatalidad para el hombre. Aunque es el atractivo de la belleza femenina, su innata sensualidad, lo que hace responsable directa a la mujer de la caída de su compañero, argumento que será reiterado una vez tras otra en estas obras teatrales.

Cleopatra representa lo que los críticos han llamado la "mujer varonil. Es inevitable tener en cuenta la gran importancia

---

226 Wilcox y Walthaus, 2008: 33.

de la tradición cultural y bíblica del personaje, que para autores coetáneos como Mary Sidney y el propio Shakespeare, presenta fondos absolutamente contrapuestos. Mientras que para la Condesa de Pembroke –cuyo mecenazgo además hizo posible la obra de Samuel Daniel, *The tragedy of Cleopatra* (1594)– la figura de la reina se asimila más con la de María como modelo femenino de lealtad, para Shakespeare un elemento de la figura de la Eva satánica se esconde detrás de la autoridad de género de Cleopatra. Para él, Cleopatra significa la "otredad". No solo es la mujer, es la exótica extranjera que conduce al hombre al adulterio, al tiempo que asume y absorbe su poder de decisión militar, le engaña y le sobrevive, únicamente para morir de un modo aún más dramático.

Precisamente con ella, más de lo que lo hizo con ninguna otra Salomé, Dalila, Judith o Semiramis, la tradición sobrepasa y rebasa los orígenes bíblicos para amarrar en el puerto de las amazonas, de las mujeres varoniles, fuertes y poderosas. La de Shakespeare, pese a su reiterada belleza, no se nos presenta como una Cleopatra sensual, joven y hermosa, sino como una mujer fuerte y capaz, con un amor ya maduro y entrado en años. En *Antony and Cleopatra* (1607) por ejemplo, el dominio de la mujer es totalmente político, no folclórico, rompe el orden público, no la armonía doméstica:

> En la obra de Shakespeare, las apariciones de Cleopatra en el escenario se asocian con la castración (o al menos el debilitamiento) de los hombres: se burla del eunuco Mardian para que admita las fantasías sexuales que no puede consumar, golpea al mensajero que le trae noticias desagradables y, en una confrontación política tras otra, es retratada como directamente responsable del juicio fallido y las acciones equivocadas de Antonio.[227]

---

227 Jardine, 1983: 114.

Finalmente, el dato que aleja a Cleopatra de lo femenino es su relación con la maternidad, como veremos que sucede también con Lady Macbeth. Shakespeare trata la maternidad de la protagonista no como algo real, sino desde un punto de vista totalmente simbólico al narrar la muerte de la reina a causa del áspid: «*my baby at my breast, / that sucks the nurse asleep*»[228] (Acto V, Escena II), en una absoluta deformación del sentimiento maternal. Cleopatra es un personaje sumamente dinámico y controvertido en todas las obras en las que aparece, precisamente por su posición de poder, pues es capaz de subvertir las normas, la autoridad social y de género para romper las estructuras familiares e, incluso en el caso de la obra analizada, la identidad de los hombres y su lealtad a la propia nación.

En el caso de Lady Macbeth su masculinización va mucho más allá puesto que Cleopatra mantiene, al menos, su carácter y su sexualidad femenina, mientras que la cruel asesina shakesperiana va más lejos en su virilización, que influye de forma directa en la debilitación y feminización del carácter, inicialmente fiero y firme, del esposo:

Lady Macbeth se masculiniza figurativamente a través de la monstruosa jactancia de que mientras su bebé "me sonreía en la cara", "yo... / Habría arrancado el pezón de sus encías deshuesadas, y le habría arrancado los sesos, si así lo hubiera jurado / como tú lo has hecho con esto" (1, 7,56-59). Deliberadamente, presentándose a sí misma como hipermasculina para reflejar el comportamiento afeminado de su marido, Lady Macbeth evoca la vergüenza en él para que vuelva a la contienda. La obra retórica de Lady Macbeth, "sé un hombre", funciona a las mil maravillas.[229]

228 mi bebé en mi pecho, / que chupa a la nodriza dormida.
229 Laugis, 2012: 48.

Sus logros se basan principalmente en la palabra, el discurso penetrante y venenoso que vierte en el oído de Macbeth hasta conseguir transformarle:

> Hie thee hither,
> That I may pour my spirits in thine ear;
> And chastise with the valor of my tongue
> All that impedes thee from the golden round,
> Which fate and metaphysical aid doth seem
> To have thee crown'd withal (Acto I, Escena V)[230].

La fatalidad de Lady Macbeth destaca por su originalidad, no solo al contraponerla a las demás *femmes fatales* de la literatura de la época, sino con la inmensa mayoría de sus antecedentes europeas, por la inexistencia de ningún tipo de matiz sexual en su maldad, no seduce, no coquetea, no pervierte. Ella solo quiere el poder. Toma las riendas de la situación desde el primer momento en el que recibe la carta donde Macbeth relata su encuentro con las "hermanas fatídicas". Su virilización es visible también en su relación con la bebida: «a ellos los embriaga; a mí me embravece» (Acto II, Escena II).

Mientras que la mujer que Shakespeare retrata en sus obras refleja los distintos tipos femeninos, la mujer de sus sonetos representa la esencia femenina del sentimiento, y es una mujer sexualmente cruel: la Dark Woman.

La inmensa mayoría de la poesía amorosa del momento seguía emulando el estilo petrarquista de idealización femenina; sin embargo, los versos de William Shakespeare rechazan esta visión alejada de la realidad que llega a parodiar con descaro en el Soneto 130 que analizaremos más adelante.

---

230   Oye aquí, / para que derrame mi espíritu en tu oído; / Y castiga con el valor de mi lengua / Todo lo que te impide la ronda de oro, / Lo que el destino y la ayuda metafísica parecen / tenerte coronado.

La poesía shakespereana representa un drama versal a tres bandas: el hombre maduro, el poeta; el joven o *Fair Youth* (por el que el poeta siente también una gran atracción) y la mujer oscura. Un trío que conforma y define sus actos y sus silencios en el juego amoroso. Como ya hemos señalado anteriormente, la poesía del bardo rompe con acidez y cierto sarcasmo los tópicos petrarquistas, sobre todo aquellos que se refieren a la mujer, mientras que no sin cierta ironía mantiene estos lugares comunes al hablar de la belleza y de los sentimientos del poeta hacia el Fair Youth. La visión idealizada del amor no ha desaparecido del todo, pero la encontramos mezclada con un realismo recubierto de un cierto punto amargo: lo que se busca y se ama no es ya la simple belleza casi etérea, sino el encanto de la imperfección. El juego amoroso es un engaño maestro en el que la amada ya no es fría y distante, sino oscura y perversa, la Dark Lady falsa, mentirosa, promiscua y manipuladora.

A esta mujer fatal (morena) están dirigidos los sonetos del 127 al 152. La alta sexualidad de los poemas se ha interpretado más como una parodia de la tradición amorosa petrarquista que como un intento de escandalizar sin más. Shakespeare rompe la línea temática del soneto, respetada hasta el momento por todos los poetas, e introduce temas tan poco usuales como el sexo, la parodia de la belleza o las veladas alusiones pornográficas del soneto 151.

Es en el ya mencionado poema 130 en el que nos presenta a la dama con una serie de imágenes que rompen con las manidas metáforas de la belleza petrarquista: «*If snow be white, why the her breasts are dun*»[231] (v.3), subrayan su humanidad, su físico real y palpable: «*my mistress, when she walks, treads on the groun-*

---

231 Si la nieve es blanca, ¿por qué sus pechos son pardos?

d»[232] (v.10). y defienden la realidad de un amor real, que huye de la falsa idealización, como señala en el pareado final:

«*And yet by heaven, I think my as rare,*
as any she belied with false compare»[233].

Después de Shakespeare se comenzó a ahondar en las motivaciones y la psique de los personajes. La introspección psicológica había llegado a la literatura inglesa, que durante el neoclasicismo siguió haciendo gala de su forma de ver el mundo, como bien ejemplifica *Paradise Lost* (1667) de John Milton, que sitúa en el cielo todo lo que el neoclasicismo tenía por virtuoso (la razón, el decoro, lo civilizado) mientras que el infierno es el terreno del subconsciente, del sentimiento encarnado en Eva, el elemento perturbador, el peligro que acecha el orden establecido por el puritanismo.

Apenas cincuenta años después dos novelas de Alexander Pope volvían a representar la lucha de sexos, *The Rape of the Lock* (1712) en la que la crítica social nos enseña el amor de Belinda como pura coquetería y su ritual de belleza diario como un modo de armarse para el combate amoroso contra el Barón; y *The Dunciad* (1728-1743) en el que la diosa Dulness reina sobre Westminster como representación de todo lo negativo, y es dibujada como una diosa arrogante que arrastra al mundo hacia el caos y el desorden.

En esta época vio la luz una novela que destaca en la época por su enfoque de la moralidad: *The Fortunes and Misfortunes of Moll Flanders* (1722) de Daniel Dafoe. En ella la protagonista es una ladrona, bígama y prostituta que, contrariamente a los finales moralizantes y castigadores, logra su propósito de ascen-

---

232 Mi señora, cuando camina, pisa el suelo.

233 Y sin embargo, por Dios, creo que soy tan rara como / cualquiera que ella desmintiera con comparaciones falsas.

der socialmente en las colonias a las que había sido deportada como delincuente.

Aunque parece algo exagerado afirmar que sea uno de los primeros ejemplos de novela feminista, sí es cierto que rompió esquemas desde la perspectiva de la mujer. Rompe con los códigos establecidos, y lo hace con una voz narrativa propia, desenfadada, que se muestra además orgullosa de sí misma o incluso de su situación.

La novela se ambienta en Inglaterra y las colonias americanas del siglo XVII, narrando la vida de Moll desde su nacimiento hasta su vejez. Moll Flanders nace en la cárcel de Newgate, donde su madre está encarcelada. Tras ser enviada a cuidado de una nodriza, crece aprendiendo a cuidar de sí misma. A pesar de su deseo de ser una dama, la pobreza la lleva a trabajar como sirvienta. Moll se casa varias veces, buscando seguridad económica y estatus social. Sus matrimonios son con hombres de distintas fortunas, incluyendo un fabricante de lino, un mercader, y un caballero, entre otros. Algunos de sus esposos mueren, mientras que otros la abandonan o resultan ser estafadores. Después de varios fracasos matrimoniales y financieros, Moll se ve forzada a robar para sobrevivir. Se convierte en una hábil ladrona, pero vive constantemente temiendo ser capturada. Finalmente, Moll es arrestada y encarcelada en Newgate. Allí, se arrepiente de su vida de crimen. Su actual esposo, quien resulta ser su medio hermano, y ella son deportados a las colonias americanas. En América, Moll y su esposo logran redimirse y amasar una considerable fortuna. Al final de la novela, regresan a Inglaterra como personas respetables.

La novela explora temas como la supervivencia, el pecado, el arrepentimiento, y la redención, proporcionando una mirada crítica a la sociedad del siglo XVII a través de la vida tumultuosa de Moll. Defoe utiliza la historia de Moll para examinar el sistema de clases y la hipocresía moral de la época.

Esta es una de las pocas obras en las que el matrimonio no ayuda en ningún caso a Moll a escalar socialmente, y eso que lo hace cinco veces. Autores de la época y críticos posteriores han contrapuesto en más de una ocasión a *Moll Flanders* con la novela *Pamela* (1740) de Samuel Richardson. Pamela Andrews es una joven de 15 años, hermosa y virtuosa, que trabaja como criada en la casa del señor B., un caballero rico y apuesto. Tras la muerte de la madre del señor B., Pamela se convierte en el objeto de sus deseos. Él intenta seducirla en varias ocasiones, pero Pamela se resiste a sus avances, determinada a proteger su virtud. El señor B. la secuestra y la lleva a su casa de campo, donde continúa sus intentos de seducción, alternando entre cariño y crueldad. Pamela está decidida a escapar o resistir hasta la muerte, manteniendo una firme moral cristiana.

A lo largo de la novela, el señor B. comienza a respetar la virtud de Pamela y su constante resistencia. Su obsesión se transforma en un amor genuino. Finalmente, el señor B. propone matrimonio a Pamela, ofreciendo así una recompensa a su virtud y constancia. Ella acepta y la novela termina con Pamela ascendiendo en la escala social y convirtiéndose en una señora.

La novela trata temas como la virtud, la moralidad, el poder y el abuso sexual. Richardson utiliza la historia para criticar la clase aristocrática y sus abusos, y para examinar la relación entre clase, virtud y matrimonio.

Pamela fue una obra innovadora en su uso del formato epistolar, que permite al lector un acceso íntimo a los pensamientos y sentimientos del personaje. Además, la novela es un estudio de la condición de las mujeres y las dinámicas de poder entre los géneros y las clases sociales de la época.

La historia de Pamela y su lucha por mantener su virtud frente a la persecución recibió tanto alabanzas por su moralidad como críticas por lo que algunos vieron como una complacencia con la estratificación social y el patriarcado. El doble criterio con respecto a la moral sexual del hombre y la mujer es tan evidente que Henry Fielding consideraba que Pamela era un modelo de astucia e hipocresía, cuya única meta es ascender a través del matrimonio con el señor B[234].

> Si se compara brevemente *Pamela* con *Moll Flanders* se puede apreciar que desde los inicios de la novela ya están presentes dos modelos muy diferentes de mujer. Moll representa la mujer independiente que logra sus metas con su propio esfuerzo [...] su mundo es de exteriores y sus matrimonios no son el vehículo de su triunfo. [Pamela] es en muchos aspectos la antecesora del modelo de mujer que Virginia Woolf definía como el "ángel de la casa". En realidad Moll y Pamela simbolizan los dos estereotipos de mujer "ángel" o "demonio", pero Moll rompe con este estereotipo masculino pues triunfa al final, lo mismo que Pamela[235].

Esta será la principal diferencia que podemos reseñar entre la posterior novela romántica y sus predecesoras. Aunque el romanticismo cayó más que ninguna otra época (quitando la Edad Media) en los estereotipos entre la mujer perversa y el ángel de la casa, el castigo, inevitable antes para las que se atrevían a desafiar las leyes sociales, ya no es tan irremediable, y las malas acciones de las mujeres fatales pueden ser justificables y, más aún, pueden llegar a verse incluso recompensadas.

---

234 El escritor parodió *Pamela* en dos obras, *Shamela* y *Joseph Andrews* donde es el hombre, el hermano de Pamela, quien pretende guardar su virtud de la voracidad sexual de su jefa.

235 Villalba, 2009: 132.

VI

LA MUJER EN EL ROMÁNTICISMO: DE SEDUCIDAS A SEDUCTORAS

DE MUSA SILENTE A PRESENCIA DESAZONADORA

Llegamos ya a la recta final de nuestro viaje a través de la creación del arquetipo. Nuestro personaje empieza a estar ya moldeado, se ha deshecho de los ropajes sobrantes, de las modas de la época y comienza ya a fijarse, a cristalizarse en su versión definitiva. En la segunda mitad del siglo XIX, la mirada hacia la mujer cambió y esta dejó de ser el receptáculo del deseo masculino para ser la fuerza demoledora que arrastra al hombre hacia la perdición.

La división entre el ángel de la casa y la prostituta es más radical y evidente que nunca, pues se defendía la idea de que las mujeres habían de andarse con más cuidado si cabe para no dejar que sus innatos bajos instintos las dominaran y las hicieran sucumbir.

La definición que a día de hoy manejamos de la mujer fatal aparecerá por primera vez de forma completa en la novela À rebours (1884) de J.K. Huysmans, que ofrece una aproximación muy precisa a los rasgos físicos y psicológicos de la que hemos definido como *femme fatale* en una interrelación entre pintura y escritura, que dará productos de una gran riqueza literaria y visual.

La íntima y fructífera relación entre el arte plástico y la escritura obtuvo su principal impulso de la figura del prerrafaelita Dante Gabriel Rossetti, creador de la Hermandad Prerrafaelita en el Londres de 1848. Esta escuela partiría de temas religiosos y místicos para derivar en un erotismo característico que, al tiempo que dio fama y renombre al grupo, se encargó de darle un rostro visible a la figura femenina que encarna la *femme fatale*.

Se establece una relación dialéctica en la que los poetas versifican imágenes de cuadros de artistas coetáneos, que pintarán sobre todo figuras clásicas en un afán de búsqueda de nuevas revisiones de temas pasados en la mitología grecolatina; así mientras Moreau pinta Cleopatras, Salomés y Sémeles, las obras de Gautier y Huysmans reflejan la decadente opulencia de sus escenas pictóricas.

El simbolismo, uno de los movimientos literarios que más se enriqueció gracias al contacto con lo pictórico, partía de un idealismo filosófico que se encontraba radicalmente enfrentado al positivismo y en clara rebeldía frente al cientificismo. A Baudelaire, que fue su figura más representativa y uno de sus primeros activos, debemos la creación y definición de la perversidad femenina como icono.

La imaginería prerrafaelita se alimentó desde sus cimientos con los versos de los poetas románticos, especialmente de los que salieron de la pluma de John Keats, que con su *Belle Dame Sans Merci* (1820) sentaría una imagen de la mujer que inspiraría a Rossetti diversas recreaciones visuales del poema: la más conocida en 1848, donde el hombre se inclina sobre una hermosa y aparentemente inocente dama de largos cabellos; otra posterior, en 1855, donde encontramos al caballero y la dama a lomos de un caballo y de nuevo la larga melena de ella como elemento destacado en la imagen. Muchos críticos han visto en esto también referencias al momento en el que Mefistófeles

advierte a Fausto sobre la cabellera de Lilith, en la escena de la
noche de Walpurgis, que ella usa para atrapar a los hombres:

> FAUSTO. ¿Esa quién es?
> MEFISTÓFELES. ¡Obsérvala! ¡Esa es Lilith!
> FAUSTO. ¿Quién?
> MEFISTÓFELES. Primera mujer del padre Adán.
> Guárdate de su hermosa cabellera,
> el único tocado que la adorna.
> Una vez que con él incita a un joven
> no le deja escapar tan fácilmente
>
> GOETHE, 2004: 87

Estos dibujos inacabados de Rossetti nos conducen directamente al cuadro homónimo de Waterhouse (1893) que supone la fijación pictórica del tipo de la *Belle Dame,* su belleza, su poder de atracción, así como sus intenciones perversas. Una obra que influyó en los versos de Swinburne, tanto como en los de Maeterlinck. Tinta y óleo entonando una misma sinfonía.

La *Belle Dame sans merci* es la representación mágica y perfecta del motivo del Eterno Femenino y todo lo que este encarnó para simbolistas y prerrafaelitas. En Keats podemos hallar la semilla de los elementos que más tarde desarrollará el prerrafaelismo y que, gracias al puente de unión que supuso, llegaron hasta el simbolismo francés, donde se incorporaron a la ya amplia lista de matices que arrastraba la *femme fatale*. Así, junto con obras como *"Love"* (1719) o la *"Introduction to the Tale of the Dark Ladie"* (1799) de Coleridge, tuvieron un claro ascendente sobre Keats. Y es a través de este tortuoso camino de influencias donde podemos reconocer los rasgos de la *Belle Dame* en la perversa Cleopatra de *Une nuit de Cléopâtre* (1845) de Gautier:

> Con un destello decidían el destino de un hombre; tenían una vida, una transparencia, un ardor, una humedad brillante que jamás había visto en ojos humanos; lanzaban rayos como flechas

dirigidas a mi corazón. No sé si la llama que los iluminaba venía del cielo o del infierno, pero ciertamente venía de uno o de otro. Esta mujer era un ángel o un demonio, quizá las dos cosas, no había nacido del costado de Eva, la madre común. Sus dientes eran perlas de Oriente que brillaban en su roja sonrisa, y a cada gesto de su boca se formaban pequeños hoyuelos en el satén rosa de sus adorables mejillas. Su nariz era de una finura y de un orgullo regios, y revelaba su noble origen, En la piel brillante de sus hombros semidesnudos jugaban piedras de ágata y unas rubias perlas, de color semejante al de su cuello, que caían sobre su pecho. De vez en cuando levantaba la cabeza con un movimiento ondulante de culebra o de pavo real que hacía estremecer el cuello de encaje bordado que la envolvía como una red de plata[236].

Por su parte, la balada de Keats recrea una leyenda que será recurrente en el mundo simbolista: la leyenda del Tannhäuser y su intento de redención tras disfrutar del placer y la sensualidad junto a la diosa Venus. Keats describe así a la mujer que embruja al caballero:

«*Encontré a una dama en el prado,*
muy hermosa, doncella de cuento de hadas;
su cabello era largo, sus pies ligeros
y sus ojos salvajes.
 Una corona tejí para sus cabeza
y también brazalates, y un fragante espacio;
me miró a tiempo que me amaba,
y lanzó un dulce gemido.»
«*Pálidos reyes vi, y también princesas,*
pálidos guerreros, todos ellos con una palidez mortal;
y gritaban: "¡La bella dama sin piedad
os ha esclavizado!"».

KEATS, 2007: 152-158

---

236 Gautier, 1965: 78.

El negro abismo, al que se ve abocado todo hombre que cae en brazos de la hermosa y terrible mujer, queda marcado en la advertencia onírica en los versos clave del poema:

«Pálidos reyes vi, y también princesas,
pálidos guerreros, todos ellos con una palidez mortal;
y gritaban: "¡La bella dama sin piedad
os ha esclavizado!"».

KEATS, 2007: 152-158

Al despertar del sueño al que la mujer le ha inducido, el caballero solo ve "sus hambrientos labios en las sombras", clara referencia al mundo vampírico, que le abocan a un terrible destino, al vagar solitario y oscuro de aquellos que han cedido a la tentación.

El catálogo de imágenes negativas es cada vez más amplio y complejo; lo que vemos sobre la mujer en esta época, tanto en pintura como en literatura, hace referencia de un modo u otro a su influencia destructiva sobre el hombre, por lo que el papel de la mujer como musa inspiradora del artista comienza a desaparecer para dar paso a otra visión que Borney resume como «el sexo femenino castra y mata al hombre al que hubiera debido inspirar»[237]. Este hecho fue ampliamente respaldado por escritos de filósofos como Shopenhauer, que en sus ensayos afirma que estas mujeres ejercen una influencia corrosiva y destructiva sobre la creación, o los textos de los hermanos Goncourt, que en *Manette Salomon* defienden que la mujer solo triunfa a costa de domesticar y anular al sexo masculino.

Ella representa más que nunca las características de lo perverso, es la dominación del espíritu por el cuerpo, lo animal, quien impide al hombre alcanzar la fusión con el ideal y, aunque ocasionalmente pueda ser la musa inspiradora que el ar-

---

237 Bornay, 2004: 377.

tista necesita, representa más a menudo una amenaza directa para él. Y todo esto despierta en el simbolista una atracción morbosa, una seducción interminable por el sexo que caminará de la mano de un recurrente y obsesivo miedo por los atractivos que este encierra.

El arquetipo de la *femme fatale* comienza a estar ya preparado para ver la luz. En sus características encontramos, sobre todo y principalmente, la voluptuosidad. La voluptuosidad animal de la prostituta Nana –«El vaho que ella exhalaba, como el de una bestia con celo, se había ido extendiendo»[238]–; la voluptuosidad insana como la que mueve a la duquesa de los Arcos de Sierra-Leona en *Les Diaboliques* (1873) de Barbey d'Aurevilly y cuya feroz y depravada sexualidad le vale la comparación con Mesalina y Agripina por parte de sus conocidos; la demoníaca voluptuosidad que vemos en el relato del mismo libro "*Le bonheur dans le crime*" donde D'Aurevilly establece la triple relación mujer-bestia-diablo, inmerso plenamente en el marco romántico y totalmente alejado ya de la imaginería medieval.

De nuevo, Josephin Péladan (1884) en *Le vice suprême* establece que el vicio supremo era la corrupción del espíritu y, por tanto la mujer al ser la encarnación del deseo animal esclaviza al hombre con sus propias pasiones y lo aparta de la búsqueda del ideal, poético, científico o metafísico.

La mujer voluptuosa, para otros la mujer fálica, la *femme tentaculaire*, se encarna en la protagonista de la obra de Huymans *Là-bas* (1891) una Hyacinthe que actúa con una "furia de vampiresa", la mujer que manipula y causa la ruina moral y material de sus amantes –como lo son Juliette y Claire en las obras de Mirabeau *Le jardin de supplices* (1899) y *Le Calvaire* (1886) respectivamente– mujeres cuya perversión ahonda en el sadismo, que disfrutan ofreciendo a sus amantes espectáculos

---

238   Zola, 1967: 68.

que les causan horror mientras ellas (como la histérica y sádica inglesa Claire) son conducidas hasta el éxtasis sexual, en un ciclo de dolor-placer con el que nos reencontraremos en los más retorcidos versos de Swinburne.

Las características físicas reflejadas en sus cuadros por los prerrafaelitas serán las que más a menudo encontremos en las descripciones de estas mujeres de mirada ausente, con ojos verdes y fríos, actitud laxa -siempre levemente provocativa- cabello abundante, suelto, ocasionalmente rizado u ondulado y habitualmente rojo.

Simbólicamente, el pelo, sobre todo femenino, es una manifestación energética en la tradición literaria. Para Cirlot,

> La cabellera opulenta es una representación de la fuerza vital y de la alegría de vivir, ligadas a la voluntad de triunfo, características todas representativas de la imagen de esta mujer voluptuosa y dominante. Si el cabello es fuerza, en la mayor parte de los casos se relaciona también con el fuego, sobre todo si su color es el rojo, ya que los cabellos cobrizos han contado siempre con un significado venusino y demoníaco. No debemos olvidar tampoco que, para autores como Flaubert, el pelo es el "manto magnífico de la mujer en los tiempos primitivos"[239].

Esta derivación se acentuará sobre todo en la obra de Dante Gabriel Rossetti. El artista corporizará en las mujeres de sus cuadros la gran mayoría de los tópicos artísticos del arquetipo, que alcanzará la cumbre en una de sus obras más destacadas, *Lady Lilith* (1864-68), representativa por antonomasia de todo lo comentado, puesto que forma parte de la serie de obras en las que el pintor traza el sendero de esta mujer fatal, aunque todavía no ha alcanzado su plena madurez.

---

239 Cirlot, 1970: 111.

Bajo la clara influencia de los personajes femeninos de *Poems and Ballads* (1866) de Swinburne –quien dedicó a Rossetti gran parte de su creación literaria– la figura representa una amalgama entre la Lilith creada en el *Fausto* de Goethe y la de la *Belle Dame Sans Merci* de Keats. En relación a este cuadro, el pintor escribió en 1870 a su amigo el doctor Hake:

> Usted me pregunta acerca de Lilith, supongo refiriéndose al cuadro-soneto. La imagen se llama Lady Lilith por derecho (solo pensé que esto presentaría una dificultad en la impresión sin pintura para explicarlo), y representa una moderna Lilith peinando su abundante cabellera dorada, una mirada observándose en el cristal con una completa autoabsorción por cuya fascinación tales naturalezas arrastran a otros dentro de su círculo. La idea que usted indica (a saber: el principio peligroso en el mundo de ser mujer) es sobre el significado más esencial del soneto.

Esta mujer bella, sensual, fría y perversa tendrá, en ocasiones, una característica más que sumar a este dechado de virtudes: el exotismo. Es decir, lo ajeno, lo distinto, lo que se aleja de las costumbres y usos propios.

Será Marimée el encargado de situar en España el tipo de mujer pasional, impulsiva y explosiva que veremos en su *Carmen* (1845); en ese punto decisivo para la construcción del arquetipo, cuando don José le espeta "eres un diablo", ella responde con el categórico "sí" y el beso que cierra la obra. La violencia y la pasión se encarnan en su modelo femenino, mortal para los hombres que la rodean, y a los que acaba llevando a la ruina, como a José a quien convierte en ladrón y asesino contra su voluntad. Será desde este momento, también, cuando el mito literario se relacione con ese término tan poco preciso (lo exótico) y también con la abierta sexualidad del modelo español.

El clima caluroso parece marcar la aparición del personaje-tipo en sucesivas novelas. Desde España hasta el Trópico en

Les Mytsères de Paris (1842) de Eugène Sue, donde la diabólica criolla Cécily representa la sensualidad ardiente del Caribe, la joven de color, seductora y vampírica, cuya mirada atrae a sus víctimas lentamente, caracterizada por una "coquetería feroz", símbolos todos que terminarán formando parte del patrimonio iconográfico de la mujer fatal. En un momento de la obra, el narrador nos remite a otras figuras femeninas igualmente seductoras y terribles al afirmar que Cécily mostraba "una corrupción digna de las reinas cortesanas de la antigua Roma".

Este exotismo, representativo de la necesidad de proyección fuera del mundo real, es común a la literatura del momento y ambas mujeres, aunque de un modo mucho más visible la primera, contienen la base profundamente sensual que construye el armazón sobre el que se levantan la inmensa mayoría de estas obras.

Estas mujeres se comportan más como cobras hipnotizadoras, como animales que ejercen una peligrosa y poderosa fascinación y que son capaces de disfrutar tanto del dolor que inflingen a sus víctimas como de las sangre que las alimenta.

La mujer fatal queda perfectamente bien descrita por Valle Inclán en *La cara de Dios* (1889) donde, al hablar de Paca la Gallarda, de la que se ha dicho: «La mujer fatal es la que se ve una vez y se recuerda siempre. Esas mujeres son desastres de los cuales quedan siempre vestigios en el cuerpo y en el alma»[240].

En este momento termina ya de perfilarse y definirse la aterradora figura de la *femme fatale* en la literatura y en el arte y, tal vez, en algunas de las calles más sombrías del París habitado por las prostitutas negras de Baudelaire. En el devenir del siglo XIX la figura se escindió en diversas versiones de sí misma que pusieron el punto de intensidad en los distintos matices de un

---

240   Valle Incán, 1972: 273.

mismo cuadro: la prostituta callejera, la cortesana, la ninfa, la mujer vampiro, la adúltera, la sádica.

Y todas ellas conforman el *collage* de lo que comenzó siendo el ejemplo de la mala mujer desobediente para terminar comprendiendo en sí misma decenas de distintas faces, distintos lados. El siglo XIX, con su fijación obsesiva por desentrañar la maldad de la mujer, parió al mundo un nutridísimo abanico de ejemplos del mal femenino.

La prostitución y la belleza de lo horrendo. La cabeza de la Medusa

Este fue un momento altamente complejo para acercarnos a él desde el punto de vista del análisis social. El auge del capitalismo y la industrialización trajeron consigo una larga lista de nuevos horizontes y de problemas para una sociedad que no presentaba su mejor cara. El consumo de opio se había disparado tanto entre intelectuales y poetas como entre los obreros y las prostitutas que lo utilizaban habitualmente, los primeros para "abrir la mente a nuevas experiencias", y los segundos para soportar las largas jornadas de trabajo. La prostitución había aumentado tanto en su ejercicio como en su demanda, de tal modo que se hacía cada vez más difícil ignorarla y continuar sin regularla. Y a la sombra de este tétrico panorama, nuevas aficiones y filias cobraron vida a través de la pluma de escritores de la época que se imbuyeron de pleno en la oscuridad que buscaba engullirlos.

La figura mitológica femenina que aunó ambas emociones, atracción y repulsa, rechazo y morbo, fue la Gorgona Medusa. La historia de su excesiva belleza y la maldición de su injusto castigo por parte de Atenea quedaban ya muy atrás en la vasta cultura de los poetas románticos. Medusa era una mujer terriblemente bella que con una sola mirada era capaz de petrificar a los hombres, un ser terrorífico mitad hembra y mitad monstruo que fascinó entre otros a Percy B. Shelley, que tras haber observado en la galería Uffizi hacia 1819 el cuadro *La cabeza de la Medusa*, en su época falsamente atribuido a Da Vinci, escribió[241]:

Yace, mirando al cielo nocturno,
supina sobre la cumbre circundada de nubes de un monte.
Abajo, tiemblan tierras distantes;
su horror y su belleza son divinos.
Sobre sus labios y sus párpados
se posa la venustez como una sombra:
irradian, ardientes y sombrías
las agonías de la angustia
y la muerte que se debaten a sus pies.
De la cabeza, como si fuese de un solo cuerpo,
brotan, semejantes a la hierba
que nace en la roca húmeda,
cabellos que son víboras;
se entrelazan y caen,
tejen nudos entre sí
y aquella intrincada maraña
muestra su esplendor metálico,
como para burlarse de la tortura
y de la muerte interiores;
cortan el aire compacto
con sus desportilladas mandíblas.
Es la tempestuosa hermosura del terror.
Las serpientes expanden un brillo cobrizo,
encendido en la intrincada maraña,
como un halo vibrante,
móvil espejo de toda la belleza

241 *Posthumous Poems of Percy Bysshe Shelley*, edited by Mary W. Shelley (London: John and Henry L. Hunt, 1824), pages 139-40.

y de todo el terror de aquella cabeza:
un rostro de mujer con viperinos cabellos
que en la muerte observa el cielo
desde aquellas húmedas rocas

Era, por tanto, del todo inevitable que el hombre de la época, que estaba acostumbrado a pasear por la Corte de los Milagros parisina, magistralmente descrita por Víctor Hugo con sus mendigos contrahechos, amputados, picados de viruela, y sus prostitutas ajadas, de carnes flojas y labios rojos por los que asoma la muerte con nombre propio[242] sintiera una atracción incontrolable hacia la cara más oscura y depravada de la sociedad, en su deformidad, tanto física como moral.

Hablar del ambiente generado por causa de la prostitución en la Europa finisecular es inútil si no hablamos antes de la recepción social que tuvo este auge del amor en venta. Para comprender la circunstancia en su conjunto hay que recordar que el descubrimiento de la sexualidad femenina revolucionó la ciencia y la visión que los hombres tenían de la mujer. Como ejemplo, encontramos la cita de Jarret Derek en *England in the Age of Hogarth* (1976), que recoge la declaración de un insigne doctor inglés de la época que afirmaba rotundamente que nueve de cada diez mujeres no disfrutaban del sexo y la que sí lo hacía era meretriz[243], porque sus instintos la habían conducido inevitablemente hacia la delincuencia y la prostitución[244].

Estos estudios condujeron a establecer una relación directa, con una base aparentemente científica entre la estructura cri-

---

242 La sífilis, la enfermedad venérea del momento, un motivo más para temer a la mujer que puede portarla sin que el hombre llegue a saberlo.

243 Palabra que en origen, de hecho, por su etimología significa "la que se vale por su propio mérito", "la que no depende de nadie". Podríamos ahondar mucho en los matices psicosociales de la relación etimológica que establece que cualquier mujer independiente es prostituta. Quizá en otra ocasión.

244 Derek, 1976: 115.

minal latente y la prostitución femenina. Libros como el escrito por C. Lombroso y G. Ferrero en 1893 (*La donna delinquente, la prostituta e la donna normale*)[245] tuvieron una importante influencia entre sus coetáneos a la hora de caracterizar los distintos tipos de mujer que existían para los hombres del siglo XIX, entre las que destaca la mujer con pasado, la mujer fatal, que como señala Luis Martínez Victorio «ha transgredido las normas morales por ambición o por ingenuidad y que debe pagar su pecado contra la sociedad»[246].

La prostitución ha sido considerada como un fenómeno social subversivo, pues es capaz de alterar y perturbar el orden social oficial, ya que con su simple existencia ataca la monogamia y la institución familiar, encarnada en el ideal de mujer que defiende la castidad, el matrimonio y la maternidad. Ya no sólo desde una perspectiva moral, sino sobre todo socioeconómica, esas mujeres independientes eran todo un peligro:

> La prostituta dejaría de ser estigmatizada y excluida según los planteamientos religiosos como pecadora, como atentadora del orden divino. Se presentará ahora como "enferma" psíquica, aquejada de monomanía erótica o afectada por una "locura moral"; como un ser antropológicamente "diferente" según la conformación de la superficie de su cráneo; como un organismo víctima de una degeneración morbosa e, incluso, como criminal, ser atávico y primitivo[247].

245 Lombroso defendía que la prostitución era el equivalente de la criminalidad en la mujer, la forma específica en la que la degeneración se manifestaba en ella, en cuyo cuerpo encontraba el médico italiano anomalías atávicas que menciona, como el "pie prensil" o la menstruación precoz, así como la falta de instinto maternal.

246 Martínez Victorio, 2010: 5.

247 Rivière, 1994: 24.

En su obra, Lombroso incluyó también en su lista de criminales a disidentes políticos e intelectuales, por lo que podemos afirmar se aplicaba con gran ligereza la etiqueta de delincuente a todo aquel que amenazara el orden social establecido.

Que el interés por estas mujeres llegara hasta la literatura era lógico y esperable. Los escritores románticos encontraron en el burdel y el callejón sus mayores momentos de inspiración e hicieron de la mujer de vida alegre todo un símbolo, la figura de la contramoral femenina. *Les diaboliques* de d'Aurevilly hacen de la prostitución y de su hija ilegítima, la sífilis, las vías perfectas para la autodestrucción por medio de la sexualidad y así inaugura el autor este tema que aún se trata hoy en día en las distintas artes y por el que los decadentes sintieron una morbosa fascinación, al estilo de la mostrada por Baudelaire en "*Les deux bonnes soeurs*".

La separación entre la mujer voluptuosa y callejera y la mujer de bien es más visible que nunca. Y existe una más que clara inclinación de escritores y pintores por la primera. Verlaine, por ejemplo, en su poema «*Filles*» enaltece a la mujer de la calle a la que se opone la señora respetable, por quien siente gran desprecio:

Buena chica sencilla de las calles,
cuánto te prefiero a las zorras
que nos atestan la acera
con su arrastre, son mi raspador,
posesivas y estúpidas muñecas
nada más que cubiertas de harapos
o de carreras y de apuestas,
¡epidemia desencadenada sobre París!
Tú, tú eres mi verdadero camarada
que la noche subiría de rango.
E incluso en las sábanas mimosas
guardaría aires masculinos.

Amante a la buena de Dios,
la novia a través de la coqueta,
que te conviene ser una pequeña
para provocar mi apetito.

Muchos fueron los escritores que prefirieron la sensualidad, el misterioso y oculto enigma que yace en la mujer venal, tan fuera de las leyes divinas, a la tranquilidad y la férrea –y aburrida– moral de la mujer respetable, para la que la prostituta sirve de parapeto.

Flaubert es, sin lugar a dudas, uno de los escritores que más interés y atracción sintió por la cortesana, por lo que conocemos del hombre, dentro y fuera de las páginas. Muestra de ello es el retrato de Marie que hace en *Noviembre*, a la que llama serpiente, demonio y bestia furiosa, en un alarde de sensualidad verbal:

> Ni los pobres, ni los ricos, ni los bellos, ni los feos, han podido satisfacer el amor que yo les pedía; todos, débiles, lánguidos, achacosos, abortos hechos por los paralíticos que el vino embriaga, que la mujer mata, temen morir entre las sábanas como se muere en la guerra; no hubo ni uno solo que no haya quedado harto después de la primera hora. FLAUBERT, 1986: 11-12.

La lujuria descarnada volverá a aparecer en sus obras, en esta ocasión en *La Tentation de Saint Antoine*, donde la pareja formada por la reina de Saba y el patético personaje de Ennoia –de quien dice el autor que amaba el adulterio, la idolatría, la mentira y la necedad–encarnan la corrupción y la lujuria.

El hombre decimonónico vive en la creencia de que la plenitud sexual llega solo de la mano de la mujer pecadora, como refleja Flaubert en *Noviembre*, que sólo junto a la bestia furiosa que representa la cortesana Marie puede sentir como completa la experiencia sexual.

Si hay un personaje literario que encarna la corrupción moral y física de la que venimos hablando es, sin duda, Nana, la cortesana de Zola. Porque Nana no es una prostituta, no es una mujer callejera, ni carne de burdel, ella pertenece a la parte más alta de la jerarquía, y por eso, por pura imitación con la sociedad de clases en la que surgía, la cortesana sí podía ser representada en la más alta literatura.

Ella es la meretriz ideal, la mujer amoral que sólo se relaciona con el poder y el dinero, pero que, al igual que sucede con sus antecesoras más destacadas, la *Manon Lescaut* de Prévost (1731) o la lánguida Marguerite de *La Dame aux Camélias* (1848) de Alejandro Dumas hijo, son mujeres que, pese a vender su cuerpo por dinero, buscan la redención en el amor, lo que ocasionalmente las hace superiores en cuanto a moralidad a la mujer de bien burguesa que, si bien no comercia con su sexualidad en el burdel, sí lo hace a través del matrimonio pactado, como se destaca en diversos pasajes de estas mismas obras[248].

Pese a ese amor sincero que pueden llegar a sentir, la tragedia siempre se cobra en la mujer de moral disipada su primera víctima.

Fantine es la principal representante del tópico de la prostituta santa que se extendió por la literatura europea del siglo XIX, quizá como reacción a los argumentos de degeneración genética y moral que hemos comentado anteriormente. Autores como Dickens y Hugo buscaban en los motivos y las causas sociales de la prostitución la redención de estas mujeres, pues Fantine no se prostituye en busca de lujuria o placer, o porque su carga genética la aboque a tal destino, sino que para ella supone un sacrificio y un sufrimiento voluntario y altruista para

---

248 La influencia que estas obras tuvieron unas sobre otras es un tema harto tratado, baste recordar que el título de la novela que el amante Armand regala y dedica a Marguerite, y que ella lee con pasión de adolescente enamorada es, precisamente, *Manon Lescaut*.

cuidar de su hija Cosette. La figura de la mujer-madre abnegada, amante y cuidadosa se fusiona con la prostituta miserable, perdida y abandonada por la sociedad. La misma sociedad que la conduce al abismo y que la convierte posteriormente en mártir del sufrimiento femenino.

A diferencia de las mujeres anteriores, Nana sí es una prostituta consciente de sus actos, más cercana a la *femme fatale*, que no se justifica por la inclinación a la sensualidad como Manon o Marguerite, o por la cruel necesidad, como Fantine.

Nana es una novela del autor francés Émile Zola publicada en 1880 como parte de su serie "*Les Rougon-Macquart*". La novela se centra en la figura de Nana Coupeau, una prostituta que se convierte en actriz y simboliza la corrupción de la sociedad francesa del Segundo Imperio. Zola utiliza su historia para explorar temas de moralidad, sexualidad, y las diferencias de clase. Nana es una joven y atractiva mujer de origen humilde que, gracias a su belleza y encanto, se convierte en una célebre actriz de teatro, a pesar de carecer de talento. Su nombre se hace famoso después de su aparición en una obra en la que aparece prácticamente desnuda. A través de su atractivo sexual, Nana seduce a numerosos hombres pertenecientes a la alta sociedad, incluyendo banqueros, condes y hasta el príncipe heredero. A través de estas relaciones, acumula riquezas y poder. La novela retrata una París en plena decadencia moral, donde la belleza y el sexo son moneda de cambio en las transacciones sociales y políticas. A pesar de su éxito y riqueza, Nana lleva una vida caótica llena de excesos. Su vida personal está marcada por la tragedia, incluyendo la pérdida de su hijo y las complejas relaciones con sus amantes. La historia de Nana termina con su muerte a causa de la viruela, reflejando la destrucción física y moral a la que se ve sometida. Su fallecimiento coincide con la derrota francesa en la Guerra franco-prusiana, simbolizando el colapso del Segundo Imperio.

Nana es una crítica social y una exploración del poder destructivo de la sexualidad femenina cuando es explotada por y dentro de una sociedad corrupta. Zola presenta a Nana no solo como una mujer que utiliza su sexualidad para manipular y ascender, sino también como una víctima de las circunstancias y de los hombres que la usan y descartan.

La novela es un estudio detallado del naturalismo, un estilo literario que Zola perfeccionó, caracterizado por la observación objetiva y el estudio científico de los personajes y la sociedad. Nana está afectada por las taras genéticas de la rama familiar de los Rougon-Macquart[249], tiene una *"félure"*, una tara hereditaria: el erotismo, su belleza y juventud, subrayada por las descripciones del autor («*Su garganta de amazona* », « *su cuerpo de una blancura vergonzante*»), la arrastran hacia el narcisismo y la sensualidad, perfectamente representados en su figura desnuda observándose y regodeándose frente al espejo. Esta tara la encontraremos también en Sabine, la esposa del conde Muffat, mujer de la nobleza que se presenta con un sensual lunar idéntico al de Nana, en disposición y simbolismo, una risa escandalosa y una inclinación –así mismo genética, explica Zola– a la sensualidad. Ambas son representantes de la decadencia sensual femenina, aunque su pertenencia a distintas clases sociales convierte a Nana en prostituta y a Sabine sólo en una esposa adúltera más de la nobleza.

Pese a ser una mujer caprichosa, ansiosa por poseer riquezas y poder, Nana mantiene hasta bien avanzada la historia su actitud semi-inocente que la hace expresar sentimientos bondadosos de cierta preocupación por los hombres que destruye, sentimientos que se verán con mayor claridad en su encuentro con Georges, que la hace volver a sentirse casi una niña: « *Nana,*

---

249   La vida de la familia la narra Zola en la trilogía que integran *La Taberna*, *Nana* y *Germinal*.

en brazos del pequeño, había vuelto a cumplir quince años». Sin embargo, la genética naturalista se impone.

La simbólica muerte de Nana es el castigo impuesto por la sociedad a la prostituta y que Zola presenta de un modo frío, distante, sin recurso emotivo alguno que haga al lector sentir cierta lástima de la protagonista. La mujer caída, según su creador, no podía escapar a su carga genética y ni al panorama social que la empuja al pecado al tiempo que la condena por él.

En el "ébauche" de *Nana*, Zola habla del «*sexo* todopoderoso, el *sexo* en un altar y todos sacrificándolo todo [...]. El libro tiene que ser el poema del *sexo*, y la moraleja será que el *sexo* haga que todo gire en torno suyo²⁵⁰.

Pero más que el placer y la sensualidad, si algo relaciona a Nana con la figura de Lilith y la *femme fatale* es la tarea de vengadora que le asignó Zola como se muestra en el séptimo capítulo con la crónica de Fauchery, *La Mosca de Oro*, que Nana lee sin comprender y donde ella es comparada con una mosca dorada que había «crecido en un arrabal, en el arroyo parisiense; y alta, hermosa, de carne soberbia como planta de pleno estercolero, vengaba a los mendigos y abandonados, de quienes procedía». Ella, Nana, la mosca, escapa del arrabal llevando consigo el veneno de las podredumbres sociales puesto que para el autor «esto era bueno, era justo; había vengado a los suyos, a los menesterosos y los desheredados» (capítulo XIII).

Como hemos señalado, con la creación de este personaje Zola rompe el concepto visto en Víctor Hugo de la prostituta-santa, la buena chica a la que no le queda más remedio que dedicarse a tan bajo oficio por necesidad. Lo hace para crear un nuevo mito literario, el de la cortesana como mujer fatal, poderosa, simbólica y mítica, heredera directa de los arcanos tradicionales que unen erotismo con pecado, dolor y muerte,

---

250 *Cf.* A. Lanoux y H. Mitterand, *Les Rougon-Macquart*, II, p. 1673.

como nos recuerda el conde Muffat cuando la observa desnuda y no puede evitar pensar en «su antiguo horror por la mujer, ese monstruo de la Sagrada Escritura, lúbrica, que hiede a bestia. [...] Era la bestia dorada, inconsciente como una fuerza bruta, y cuyo solo olor bastaba para viciar al mundo» (capítulo VII). Ya no existe la mujer romántica, solo la bestia sensual.

LA ADÚLTERA:
DE EMMA BOVARY A ANNA KARENINA

Si en algo destaca la novela decimonónica de final de siglo es en el análisis psicológico de sus personajes. La prioridad ahora es comprender y transmitir las verdaderas motivaciones del "otro". El escritor burgués siente una atracción y curiosidad que ralla en lo morboso por aquellos que en los estudios literarios reflejan la alteridad, es decir por las clases sociales más bajas y por la mujer, en concreto, por la mujer infeliz. El narrador de finales del siglo XIX no busca ya únicamente la condena y el castigo para quien incumple las normas sociales, sino que pretende mostrar al lector todo un complejo universo de emociones e íntimos pensamientos que ahondan en las causas que conducen a las protagonistas al desastre las más de las veces.

La novela de adulterio era ya, a estas alturas de la película literaria, todo un motivo macrotextual, más bien manido. Sin embargo, pese a ser un tema tratado hasta la saciedad, grandes figuras literarias del decadentismo finisecular se rindieron a la estructura del triángulo amoroso, dotándola ya de paso, de una nueva dimensión social, donde lo que importaba no era ya llenar de perversidad a la mujer, inclinada de forma natural a la lujuria o al pecado, sino que esta termina por convertirse, a ojos del lector en víctima de los estamentos sociales que la empujan, de su deficiente educación y de su consecuentemente disoluta imaginación, del tedio y la coquetería o, finalmente, del amor. Unas víctimas, que, sin embargo, deben seguir expiando su pecado con la muerte –a excepción de la Regenta, cuyo castigo, quizá más cruel aún si cabe, es seguir viviendo en la sociedad que la encumbró y ahora la desprecia, sola, sin amigos y sin fortuna– y para quien el perdón sólo llega tardíamente si el pecado ha sido más emocional que carnal. Este es el caso de la novela de Fontane en el que la adúltera del título, Melanie, es perdonada por un esposo que comprende, ya en las postrimerías del siglo, que ella no se casó por amor, pero que sin embargo, sí quiere a su amante.

En estas novelas, la maldad femenina aparece más bien como un daño colateral ante la búsqueda de la propia felicidad y la satisfacción personal. No es un rasgo innato y presente en las protagonistas y sólo se muestra ocasionalmente de manera clara en el retrato de una de ellas, desde nuestro punto de vista en la figura femenina más compleja y real que alumbró la literatura de la época: Anna Karenina, que es quien reúne un mayor número de características del arquetipo de la mujer fatal a lo largo de la obra.

No podemos decir que las protagonistas de estas historias sean mujeres fatales y perversas, sino más bien mujeres aburridas y encerradas.

Sin duda, la presentación realista y naturalista que escogen estos escritores en estas obras concretas[251], desde Flaubert hasta Clarín –todos ellos bajo el manto e influencia del primero, creador para muchos de la gran novela de adulterio, bajo la que nacieron todas las que vamos a tratar– no ayuda en absoluto a la evolución y desarrollo del tópico de la mujer perversa y todopoderosa que tanto atemorizó y enamoró a los románticos.

---

251 El propio Flaubert contribuyó mucho más a la fijación del arquetipo con otras dos de sus obras: *Salammbó* y *Noviembre*, de la que ya hemos hablado.

Es Leon Tolstói el único autor no burgués (perteneciente a la aristocracia rusa) y quien, pese a adscribirse en un principio al enfoque realista, prefiere ahondar en la dimensión moral del individuo antes que en la presión que la sociedad ejerce sobre él, aunque no esté, ni mucho menos, olvidando este rasgo temático a lo largo de su novela[252]. La visión moral de Anna Karenina, solo equiparable con la que otorga ocasionalmente Clarín a su Ana –nunca tan madura, ni tan consciente de sí misma y de lo que la rodea como su homónima rusa[253]– la lleva a ser la que más sufre.

Es también la única que se enamora, de forma tan profunda y desgarradora que es esta misma pasión, poco habitual en los consentidos adulterios de salón de la alta aristocracia rusa, la que acaba por destrozarla.

Pongámonos en contexto: *Anna Karenina* es una novela del escritor ruso León Tolstói, que se publicó por primera vez en forma de libro en 1878. Es considerada una de las cumbres del realismo literario y se centra en la vida y la crisis de la alta sociedad rusa del siglo XIX. La novela se abre con una de las frases más famosas de la literatura: "Todas las familias felices se parecen entre sí; cada familia infeliz es infeliz a su manera". Este comienzo establece el tono para los temas de la novela: amor, infelicidad, fidelidad y la búsqueda del significado de la vida.

Anna Karenina es una mujer bella, inteligente y de clase alta, casada con Alexei Alexandrovich Karenin, un frío burócrata gubernamental. Su vida cambia radicalmente cuando conoce

---

252 Los únicos momentos en los que Anna se siente feliz es cuando logra salir del ambiente que la oprime en la casa del campo, pero nunca en San Petersburgo, un *leitmotiv* por otro lado bastante habitual el de oponer la vida del campo a la vida de la corte.

253 No deja de señalarnos el autor lo poco preparada que está para la vida y su más que insuficiente educación, en contraste con la fuerza, empuje e interés literario de la mujer de Karenin.

al conde Vronsky, un joven y apuesto oficial del ejército, en la estación de tren.

1. **El romance**: Anna y Vronsky se enamoran y comienzan un apasionado pero adúltero romance. La relación se convierte en el escándalo de la sociedad y lleva a Anna a un creciente aislamiento social y emocional.

2. **Contrapunto**: paralelamente a la historia de Anna, la novela sigue a Konstantin Levin, un terrateniente que lucha con sus propias cuestiones sobre la fe, la felicidad y el significado de la vida. La historia de Levin contrasta con la de Anna, presentando una visión más esperanzadora y positiva de la vida rural y los valores tradicionales.

3. **La crisis**: La intensidad de su relación con Vronsky no compensa la pérdida de su hijo y su estatus social. Anna se siente cada vez más atrapada y desesperada.

4. **El trágico final**: Anna, consumida por la paranoia y la desesperación, y sintiéndose abandonada por Vronsky, termina su vida arrojándose bajo un tren.

5. **Conclusión y redención**: la novela concluye con Levin llegando a una comprensión de sus propias creencias y un sentido de paz interna, contrastando con el destino trágico de Anna.

La novela abarca una amplia gama de temas, incluyendo la crítica a la sociedad rusa de la época, la naturaleza del amor, la búsqueda de la felicidad y el significado de la vida. Tolstói explora estos temas a través de personajes profundamente desarrollados y múltiples subtramas que enriquecen la narrativa principal. *Anna Karenina* no solo es un retrato íntimo de la psicología de una mujer, sino también un comentario expansivo sobre la política, la economía y la filosofía de la Rusia de Tolstói.

Tolstói insiste en poner de relieve que es esta falta de acatamiento ante unas normas morales estrechas y asfixiantes lo que la aboca al desastre y al suicidio, más allá de la propia conciencia moral.

La fuerza del ambiente, apuntalada por el determinismo de Taine y los postulados de la novela naturalista[254], termina venciendo siempre al espíritu de rebeldía de la adúltera, que llega en el caso extremo de Anna a preferir acabar con su propia vida porque no encuentra ya su lugar en la sociedad y en el mundo que la rodea.

El que arrastra a esta mujer no es ya ese "fatum" de los románticos, el destino trágico de la heroína, sino un final impuesto por una sociedad cargada de conceptos anacrónicos como el del honor esgrimido por Instetten (Fontane) y don Víctor (Clarín) que le lleva a su propia muerte en el segundo caso y a un final no deseado por nadie en ambas obras.

La imagen de la *femme fatale* creció, se amplió y matizó a lo largo del siglo XIX. Sin embargo, el naturalismo y la observación empírica del mundo y la sociedad del momento sacaron a algunos de estos escritores del conjunto de mitos y arquetipos transmitidos con mayor o menor intensidad y éxito a través de sus lecturas y de los tópicos reiterados. La mujer era mala, engañosa y traicionera, sí, pero ahora interesaba conocer sus motivos, porque quizá en algunos casos concretos (cuando la diferencia de edad hace imposible el entendimiento matrimonial o si la falta endémica de educación femenina crea fantasías o formas de pensamiento poco morales) la culpa sea en parte de una sociedad que exige más de lo que da.

---

254 Pese a que ninguna de estas obras luce un naturalismo radical al estilo de Zola, todos estos autores inciden en buscar una explicación física a la conducta de estas mujeres, de las que nos dirán en algún momento que "sufren de nervios", histeria o locura.

Este es el motivo por el que en la novela naturalista –salvando el apabullante ejemplo de la prostituta Nana, a la que contemplamos como el nacimiento de un nuevo matiz del mito literario y en el que encontramos los rasgos ya familiares de la *femme fatale*– no podemos encontrar ejemplos claros y rasgos de la mujer peligrosa, descendiente de Lilith. Lo más cercano será la enérgica, seductora, sincera y compleja Anna Karenina que se erige, no ya como representante del mito, sino como la primera figura femenina completa, cerrada y brillante. Ella posee una personalidad propia que escapa a las páginas de la novela y encumbra a su autor como el escritor decimonónico que más se acercó a reflejar una realidad psicológica alejada del tópico, pese a su cercanía al arquetipo. Tolstói crea un personaje en cuya amplitud de matices tienen igual cabida la mujer moral –pocas protagonistas poseen el profundo calado moral de nuestra Anna–, la mujer lectora –todas ellas muestran una cercana relación con la lectura y, en el caso de las dos Anas, también con la escritura, pero sólo Karenina tiene lecturas realmente serias, obras que probablemente encontraríamos en la biblioteca de Tolstói–, la mujer locamente enamorada de Vronski, la madre devota, la aristócrata aburrida, la amante despechada, y la mujer fatal que trae consigo la ruina y el desastre –más para sí misma que para otros– formando así el personaje más maduro y complejo de cuantos hemos analizado.

La mujer vampiro

La historia de la mujer vampiro es la historia del mal imperecedero, siempre seduciendo y tentando al bien, y es, también, la historia del miedo a lo oculto, a lo diferente, en cualquiera de las distintas interpretaciones (social, histórica, literaria) que podamos encontrar.

Son diversas las figuras clásicas que reúnen en sí las características iniciales de este personaje-tipo; y todas ellas heredan sus rasgos de un tronco común. Arpías, estriges, empusas y lamias presentan afinidades con Carmilla y la Clarimonda de Gautier, por ejemplo. Y todas ellas son, a su vez, hermanas ilegítimas de Lilith, la encarnación de la nocturnidad, de la lascivia y el mal femenino.

La construcción del tipo de la vampira se erige sobre dos puntos: la bruja, de las que toma sus poderes sobrenaturales y con la que, ocasionalmente, pueden establecerse claros paralelismos[255] entre *La Morte amoureuse* de Gautier y *The Monk*, de Lewis; y la *femme fatale*, quien le presta su iniciativa, su letal seducción y la oscuridad inconfesable de sus últimas intenciones. No podemos decir, en este sentido, que exista una sustitución de la mujer fatal o de la bruja por la vampira. En este caso, usaremos lo que Jan Perkowski[256] llamó el "*Daemon Contamination*", un proceso de contaminación mutuo, una influencia recíproca que se da a través de los tiempos entre las distintas criaturas demoníacas de la mitología, el folklore y la literatura.

Existe una relación clara entre la bruja y la vampira, relación que se puede apreciar con mayor detalle si ponemos en paralelo las historias y los personajes de *La muerta enamorada* y *El Monje*. Entremos en contexto: *La morte amoureuse* o *La muerta enamorada*, es un relato de Théophile Gautier publicado en 1836. Esta obra es un ejemplo clásico de la narrativa gótica y romántica francesa del siglo XIX y cuenta la historia del sacerdote Romualdo y su encuentro con una mujer aparentemente

---

255 Diversos estudiosos, entre los que se encuentran Ibarlucía y Castelló-Joubert (2002), sostienen que el término griego *brucolaco* o *vrucolaca*, que puede traducirse como "mordedor", "devorador" o "roedor", quizá contenga la raíz etimológica de la palabra "bruja", lo que explicaría la relación de coexistencia entre ambos personajes.

256 Perkowski, 1989: 70.

sobrenatural llamada Clarimonda. El relato comienza con la ordenación de Romualdo como sacerdote. Durante la ceremonia, él ve a una hermosa mujer en la audiencia cuya presencia lo perturba intensamente. Esta mujer, que se revela como Clarimonda, comienza a aparecer en los sueños de Romualdo, causando un profundo conflicto entre sus votos eclesiásticos y sus deseos carnales. Eventualmente, Romualdo y Clarimonda se encuentran y se enamoran, dando inicio a un romance secreto. Clarimonda es descrita como una figura etérea, misteriosa y seductora, que lleva a Romualdo a cuestionar su fe y su camino en la vida. Romualdo comienza a llevar una doble vida: de día es un devoto sacerdote, y de noche, un amante apasionado de Clarimonda. La dualidad de su existencia refleja el conflicto interno entre el deber y el deseo, lo espiritual y lo carnal. Se descubre que Clarimonda es en realidad una vampira que ha estado sosteniendo su vida y juventud con la sangre de Romualdo. A pesar de su naturaleza sobrenatural, Clarimonda es retratada como un personaje complejo con profundidad emocional. Un anciano sacerdote interviene, ayudando a Romualdo a reconocer la verdadera naturaleza de Clarimonda. Juntos, profanan la tumba de Clarimonda y el sacerdote drena la sangre de su cuerpo, liberando a Romualdo de su influencia. Romualdo vuelve a su vida eclesiástica, pero queda marcado por la experiencia y continúa soñando con Clarimonda. Su amor por ella persiste más allá de su muerte, indicando que su conexión trasciende la mera seducción física.

La historia explora temas de amor, tentación, sacrificio y la eterna lucha entre las obligaciones espirituales y los deseos terrenales. Gautier utiliza el personaje de Clarimonda para cuestionar la represión de los deseos naturales y para explorar la idea de un amor que va más allá de la moralidad convencional y el orden social.

Por otra parte, *The monk: a romance*, más conocida como *The monk* (*El monje*), es una novela gótica escrita por Matthew Gregory Lewis y publicada en 1796. La obra es conocida por su trama audaz y sus elementos sobrenaturales, y es considerada una de las mejores novelas góticas de su época. En *The monk*, no hay una única protagonista femenina, sino varias mujeres cuyas historias se entrelazan con la del personaje principal, Ambrosio, un monje en Madrid que cae en la corrupción y el pecado al caer en las redes de Matilda, que inicialmente se presenta como un joven monje admirador de Ambrosio, pero luego se revela como una mujer que ha ocultado su género para estar cerca del monje. Matilda le confiesa su amor y lo seduce, llevándolo por un camino de lujuria y pecado. Ella es descrita como una figura demoníaca que incita a Ambrosio a cometer actos degradantes y finalmente a vender su alma al diablo. Matilda es una de las instigadoras del cambio en Ambrosio, revelándose como una figura diabólica o una bruja que usa la magia negra para manipular a otros y satisfacer sus propios deseos.

The monk explora temas de hipocresía religiosa, pecado, tentación y la naturaleza del mal. La historia y sus personajes femeninos son fundamentales para el impacto duradero de la obra como una crítica a la moralidad rígida y la represión sexual de la época.

En ambos relatos, *La muerta enamorada* y *El monje*, la mujer, emparentada directamente con el Mal y poseedora de poderes sobrenaturales, corrompe al sacerdote valiéndose de su apariencia de dulce *madonna* medieval. En este caso, la diferencia argumental es que en *El Monje*, Ambrosio termina siendo castigado, mientras que el Romualdo de Gautier se redime y, años después, se lamenta de la pérdida de su amada. En cuanto a lo que las protagonistas representan, en *El Monje* Matilda, encarnación de la pura maldad, está dispuesta a todo para lograr tentar a Ambrosio, para introducir a un monje virtuoso en el mundo del pecado al que el hombre termina por darse con desenfreno. Clarimonda, también agente del mal, presenta sin embargo características que podríamos llamar "más luminosas", empezando por su nombre (que el antropónimo de una vampira se refiera a la claridad del mundo no deja de ser sarcástico o, cuanto menos, significativo), y siguiendo con una serie de rasgos que pueden apreciarse en la cortesana de Gautier, donde podríamos aventurarnos a conjeturar que ella no es sino la encarnación de la imaginación de Romualdo, una presencia malvada que deviene de la culpa y la mente del propio cura y a la que, por tanto, este no puede odiar.

La construcción del estereotipo de la diablesa femenina llega a la literatura cuando la figura del dandy vampírico dominante, al estilo del Lord Ruthven de Polidori, comienza a dejar paso a la mujer demoníaca.

Sin embargo, este intercambio de papeles puede rastrearse en algunas obras anteriores, como es el caso de la balada de Goethe, *Die Braut von Corinth* (1797), en el que la vampira se apropia de la fuerza del personaje de tipo byroniano y acarrea la desgracia y la muerte a todo aquel que osa acercarse a ella.

Si tenemos en cuenta las características de la mujer malvada presentes en la historia literaria hasta este momento, resultaba del todo inevitable la asociación entre dos elementos tan seductores para el artista romántico: la belleza femenina y la muerte. Eros y Tánatos. La no muerta de piel blanca, magnéticos ojos verdes y cabellera roja, como indican los cánones, que seduce, pervierte y, finalmente, mata a su víctima.

En el romanticismo, como señala Mario Praz «de los mismos motivos que deberían provocar desagrado [...] brota un nuevo sentido de belleza engañosa y contaminada, un estremecimiento nuevo»[257].

---

257   Praz, 1999: 66.

Otro gran escritor de lo fantástico aterrador, Poe (2001), en *La filosofía de la composición*, reconoce de forma explícita que la muerte de una mujer bella es el mejor tema poético que puede encontrarse:

> Cuando se halla más estrechamente ligado a la Belleza: la muerte, por tanto, de una mujer hermosa es, sin ningún género de dudas, el tema más poético del mundo; y del mismo modo tampoco cabe dudar que los labios más aptos para expresar este tema son los de un amante despojado de su amada[258].

Para los románticos la belleza suprema es la belleza maldita, y hay cientos de textos que lo atestiguan. Entre los más conocidos destacan el ya tratado poema de Shelley sobre Medusa, Baudelaire en cualquiera de sus *Flores del mal*, o los novelistas de lo horrendo como Mirabeau en *Les jardin de supplices* o Lewis en *The Monk*.

Durante estos años, muerte y belleza se funden y confunden en una suprema mezla de cuerpos corruptos y espíritus melancólicos, un concepto que, si bien fue tratado en estos momentos por primera vez con suma profundidad, había aparecido ya anteriormente a lo largo de la historia de la literatura en momentos y escritores puntuales, pero con destacable constancia.

La imagen del vampiro se ha ido configurando en base a las características que les atribuyen las leyendas populares y, con posterioridad, los textos literarios. La palidez extrema, la frialdad de la piel y la sed de sangre son los rasgos comunes que presentan vampiros de ambos sexos.

Si bien el componente sexual siempre ha estado presente – recordemos las mitológicas figuras de súcubos e íncubos que, a hurtadillas, se adentraban en las alcobas de hombres y mujeres desprevenidos para saciar sus deseos carnales y su instinto de-

---

258 Poe, 2001: 47.

predador– es en la literatura cuando entra en juego el poder de la seducción. La vampira, como estereotipo de devoradora sexual, nace fundamentalmente en el siglo XIX aunque se desarrollará a lo largo del siglo XX, gracias, sobre todo, a su difusión en el mundo del cine que acabó por deglutirla para convertirla en la esterotipadísima *vamp*. Sin embargo, su imagen como mujer dominante y peligrosa conforma un fenómeno anterior, más amplio y, como ya hemos apuntado, no restringido en absoluto a la ficción victoriana.

Para construir su personaje y el ambiente que le rodea, Goethe, en *La esposa de Corinto*, cuenta con diversos antecedentes literarios. Es más que probable que conociera una de las primeras apariciones de este motivo en la literatura alemana, más concretamente en el poema de Ossenfelder de 1748, "El Vampiro" (*Mein Liebes Mägdchen glaubet*), en el que se acuña por primera vez este ya tan familiar término.

La más importante de sus influencias es, sin duda, la clásica *La novia de Amfípolis* de Flegón de Tralles, un cuento tradicional de fantasmas que es transformado por Goethe en una historia de vampiros. En la balada del autor alemán, la protagonista es, contrariamente a lo que sucede en el relato de Flegón, la causa directa de la muerte del amado, al que ha chupado la sangre del corazón, convirtiéndose en una amenaza aterradora para todo el que le rodea[259].

---

259 Para otros, Goethe se inspiró en la historia de Menipo Licio y la Empusa, referida por Filóstrato en el libro cuarto de su *Vida de Apolonio de Tiana* (II d. C.): una bella mujer seduce a un joven para que se case con ella, en la boda se dan cuenta de que es una Empusa y, al nombrarla, sus vestidos, su casa y su cuerpo se desvanecen. En la mitología griega, las Empusas formaban el séquito de Hécate, la diosa de la muerte. Adoptando la figura de una hermosa doncella, solían acostarse con los hombres durante la noche y chuparles sus fuerzas vitales hasta hacerlos morir. Por su lascivia y crueldad, estas criaturas infernales, capaces de transformarse en perras o vacas, se emparentaba con Lamia, la vengativa divinidad libia.

La balada de Goethe alcanza puntos críticos en la historia literaria no solo porque dé forma y definición a las características propias del vampiro en una poderosa figura femenina, sino porque incorpora nuevos rasgos a los que posteriormente recurrirán otros autores para dotar a sus terribles personajes de este tipo de tristeza seductora tan habitual ya en el mundo de los no muertos. Como señala Mario Praz, a propósito de *La esposa de Corinto*, de Goethe, Madame de Staël advertía una "mezcla de amor y espanto", la "voluptuosidad fúnebre" que emanaba de la escena en la que «el amor se aliaba con la tumba, la misma belleza no parecía más que una horrorosa aparición»[260].

El poema narra la historia de un joven que llega a la ciudad de Corinto para encontrarse con su prometida, a quien nunca había conocido, ya que su compromiso fue arreglado por sus familias. Al llegar, es recibido por los padres de la joven y se aloja en su casa.

Durante la noche, una figura femenina entra en su habitación. Aunque inicialmente parece ser su prometida, se revela que es el fantasma de una joven que había muerto antes de poder casarse. Esta aparición se ha levantado de su tumba debido al deseo insatisfecho y al amor que no pudo experimentar en vida.

El joven y el espectro comparten una noche de pasión, pero al descubrir la verdad, el joven se horroriza al saber que ha abrazado a una muerta. El fantasma le explica que fue criada en las enseñanzas del cristianismo, mientras que él pertenece a una tradición pagana. Debido a las diferencias en sus creencias, no podrían haberse casado en vida.

El poema concluye con una crítica a la rigidez de las normas religiosas y culturales que separan a las personas en vida y más allá. La historia es una metáfora del conflicto entre el paganis-

---

260   Praz, 1999: 170.

mo y el cristianismo en la Europa antigua, y Goethe utiliza este conflicto para explorar temas más amplios de amor, deseo, y la represión social y religiosa.

La protagonista femenina del poema, aunque no tiene nombre, representa el anhelo y la tragedia del amor no realizado, así como la crítica de Goethe a las restricciones que la sociedad y la religión imponen a la expresión personal y al amor verdadero.

La esposa de Corinto se destaca como una obra que desafía las convenciones sociales y religiosas, ofreciendo una visión del amor que trasciende la muerte y las barreras humanas.

En este poema el lado más malvado de la criatura se muestra solo tras la muerte del amado. Su arrepentimiento y sus sentimientos humanos (reprocha a su madre el pacto que ésta, siendo joven y estando enferma, realizó para entregar a su hija a cambio de recuperar su lozanía) la alejan de la figura aterradora tan habitual en la superstición popular. Son también estas características las que la hacen tan distinta del tipo de mujer malvada, sádica y cruel que aparecerá en Gautier, o en los poemas de Baudelaire. Con el ambiente decadentista, las historias de vampiros dejaron a un lado sus referentes a denuncias políticas para centrarse en el lado oscuro, erótico, desazonador y sensual de la seducción del mal.

Pese a ello, la mujer vampiro no ha perdido toda esa carga contestataria hacia la moral cristiana y su peligro principal sigue haciendo referencia al pecado original[261]. La vampira es promiscua, agresiva, activa y egoísta, características que chocan de pleno con la idea cristiana de la mujer-moral. Como señala Lucendo Lacal «las comparaciones entre el estereotipo

---

261 Si recordamos la archiconocida novela del irlandés Stocker, *Drácula*, vemos con mayor claridad cómo se ha recurrido frecuentemente a la figura del vampiro, en casos como estos, como un recurso habitual a la hora de enfrentar paganismo contra cristianismo.

de la vampira y el vampiro muestran que las distintas formas en la ficción están basadas en una valoración negativa de esa diferencia sexual y en una división binaria de la sexualidad» (Lucendo Lacal, 2009: 235).

Volviendo a *La novia de Corinto* hemos de destacar que la obra aúna, por un lado, la visión más clásica del motivo vampírico con una concepción profundamente romántica y moderna. En la atracción inherente que la figura del no muerto ejerce sobre quienes están a su alrededor, encontró el romanticismo el motivo, o la excusa, para tratar el tema sexual con una mayor amplitud de miras, acercándose a él desde los distintos ángulos de visión que puede ofrecer la literatura fantástica. Es a causa de esta novedosa (y hasta cierto punto aparente) liberación sexual por lo que resulta tan obvia la atracción lésbica en "Carmilla" de Le Fanu, un tema casi inexistente, al menos de manera tan inconfundible, en la literatura anterior al siglo XIX.

Ya desde el arranque del relato, la vampira inicia su acercamiento hacia Laura rodeándole el cuello con sus "bellos brazos", rozando sus labios y empleando un suave tono de voz que arrastra a la niña hacia ese universo de sensualidad y lúbrica seducción del que no puede, es más, no quiere salir. Sin embargo, aunque la relación entre Laura y Carmilla es la más afamada en este sentido, no es la única. El trabajo inacabado *Christabel* (1797) de Samuel T. Coleridge es considerado el primer poema vampírico en lengua inglesa. En él encontramos los orígenes de la atracción lésbica de la obra de Le Fanu encarnada en los personajes de Geraldine, la bella hechicera, y Christabel, a quien la primera convence para compartir el lecho.

Carmilla cumple con todos los tópicos y rituales de la fórmula actual de la ficción vampírica: desde la estructura interna en cuanto a los cuadros en los que se divide la acción (ataque, muerte/resurrección, caza/destrucción) hasta, como hemos visto, la larga y detallada seducción de la víctima por parte del vampiro, la confusión entre sueño y realidad y el fracasado intento de hallar una explicación racional para los sucesos sobrenaturales acaecidos que, finalmente, pueden solventarse gracias al reconocimiento de los métodos del folclore tradicional del cazavampiros para reconocer, vencer y matar al monstruo.

Que la vampira y, por tanto, la mujer fatal (la pecadora, la prostituta, la *vamp*) son el principal peligro para el modo victoriano de comprender y llevar la institución del matrimonio es más que evidente en el relato atribuido a Tieck "No despertéis a los muertos"[262]. Aquí encontramos una historia que explora temas como el amor más allá de la muerte, la obsesión, y las consecuencias de intentar alterar el curso natural de la vida y la muerte. Aunque este relato a menudo se atribuye a Tieck, cabe mencionar que existen algunas disputas sobre su autoría, pero tradicionalmente se ha incluido dentro de su obra.

El cuento comienza presentando a Walter, un hombre profundamente enamorado de su esposa, Brunhilda, quien fallece prematuramente. La pérdida lo sume en una profunda desesperación, hasta el punto de obsesionarse con la idea de volver a estar con ella a cualquier costo.

En su búsqueda por recuperar a Brunhilda, Walter se encuentra con un extraño personaje, un brujo o nigromante, quien le advierte sobre los peligros de despertar a los muertos. Sin embargo, movido por su deseo irrefrenable, Walter ignora las advertencias y persuade al brujo para que realice el ritual que devolverá a Brunhilda a la vida. Finalmente es devuelta a la vida, pero con una condición vampírica. Aunque inicialmente Walter se siente extasiado por tener nuevamente a su amada con él, pronto comienzan a surgir problemas. Brunhilda muestra un insaciable apetito por la sangre humana, lo que lleva a

---

262 Aunque recientes investigaciones parecen indicar que su creador fue Ernst Raupach.

Walter a enfrentar una terrible realidad y las consecuencias de sus actos.

La historia culmina con una profunda reflexión sobre el precio de desafiar las leyes naturales. Walter, atrapado por su propia obsesión y las trágicas consecuencias de sus acciones, se ve forzado a tomar una decisión drástica para poner fin al ciclo de horror que él mismo ha desatado. Lo que le conduce a la ruptura inevitable del nuevo matrimonio y, finalmente, hacia su propia y horrible muerte, que se resume en la inevitable advertencia: "No despertéis a los muertos".

Este juego, el favorito del gato que suelta y agarra al ratón, de tentar con lo prohibido, con lo vergonzoso, con aquello que no debe ser nombrado, es también el favorito de otra dama aterradora de la literatura francesa del XIX, la ya mencionada cortesana Clarimonda de Gautier, quien seduce con sus artes demoníacas y su belleza sobrenatural al padre Romualdo, hombre piadoso y temeroso de Dios hasta que posa en ella sus ojos («¡Piensa en ello, hermano! Por haber mirado a una mujer una sola vez, por cometer una falta aparentemente tan leve, padecí durante años los tormentos más terribles; mi vida se vio perturbada para siempre»[263]) y cuya alma termina por pertenecerle casi hasta la locura, hasta que, ayudado del padre Serapione, logra vencer el poder, más emocional y sensual que puramente demoníaco, que la bellísima cortesana ejerce sobre él. Una victoria que no le causa, como vemos en otros héroes supervivientes de historias de vampiros, alegría ninguna. Hasta el final de sus días Romualdo, quien debería comportarse como una víctima liberada según los tópicos, no deja de lamentar la pérdida de su amada y de la diversión y felicidad que ella le daba. En este punto, los actos de Serapione, claro antecedente del arquetipo del cazavampiros, no le parecen destinados a sal-

---

263 Gautier, 2001: 31.

var su alma sino únicamente a coartar su diversión: «La muerte de la vampira, y lo que ella representa frente al realismo, no ha traído en absoluto la tranquilidad al monje, sino todo lo contrario. Destruir a Clarimonda, como representante y guía dentro del mundo del placer nocturno y la fantasía, es destruir lo más interesante de la vida, según Gautier»[264].

Una de las novedades más interesantes del relato de Gautier es que Clarimonda no busca de manera directa la muerte de su amado. Desde el primer momento lo que pretende es seducirle, apartarle del camino de la fe («porque te amo y deseo arrebatarte a tu Dios, hacia el que tantos corazones vierten ríos de amor, sin alcanzarlo jamás»), al menos al Romualdo hechizado, el vividor, mientras que su *alter ego*, el religioso, castiga su cuerpo con el cilicio, el ayuno y la oración, en una pesadilla desdoblada en la que la duda entre lo que es realidad y lo que es ficción supone una tortura constante para el alma del monje. Llega la mujer-monstruo incluso a drogarle cada noche para poder beber una gota de su sangre sin matarlo y, de este modo mantenerse ella con vida y alargar su pasión, en una de las escenas más sensualmente eróticas de la literatura fantástica del momento:

> La sangre corrió en hilillos purpúreos y algunas gotitas salpicaron a Clarimonda. Sus ojos recuperaron entonces el brillo, y noté en su cara una expresión de feroz y salvaje alegría que hasta entonces nunca había notado. Saltó del lecho con agilidad animal –con la agilidad de un mono o de un gato– y se lanzó sobre mi herida, que succionó con indescriptible voluptuosidad. Sorbió despacio mi sangre, con la delectación de un gourmet que cata un vino de Jerez o Siracusa; entrecerraba los ojos, cuyas verdes pupilas no eran ahora redondas, sino oblongas. De vez en cuando se interrumpía para besarme la mano, después posaba sus labios sobre la herida y

---

264 Lucendo Lacal, 2009: 277.

bebía una nueva gota. Cuando vio que la sangre cesaba de manar, se levantó con los ojos húmedos y brillantes[265].

Una nueva faceta de la vampira –el alargar la vida del objeto de deseo por placer y, quizá también, para satisfacer una cierta sensación de soledad– es lo que la hace más humana, pero también, como puede observarse en el desenlace del relato, más vulnerable y más peligrosa cuando sus sentimientos resultan heridos.

Podemos contemplar una diferencia de enfoque en cuanto al estilo de seducción del hombre y la mujer vampiro: el primero diversifica más su caza (hombres, mujeres, ancianos, niños, jóvenes), mientras que la mujer tiende a establecer primero relaciones personales y familiares antes de dar muerte a su víctima –como observamos en los casos de Clarimonda y Carmilla, por ejemplo– y suelen atacar a jóvenes de ambos sexos y, esencialmente, a niños, en una revisión del mito de Lilith y en una perversión del papel de la mujer-madre encargada de dar vida y alimento, frente a la mujer-vampira (mujer-liberada) que arranca una y toma el otro[266].

La poesía decimonónica se alimentó también del arquetipo vampírico en sus dos vertientes (masculina y femenina), aunque de manera inevitable, la lírica tendió más habitualmente a identificar la fuente del Mal con la Belleza y, por tanto, con esa imagen de la mujer aterradora que devora sin remordimientos el corazón del poeta.

La misma mujer que primero seduce y luego asesina sin el más mínimo atisbo de compasión, una mujer ante la que el escritor se siente más vulnerable y perdido que nunca, no solo

---

265 Gautier, 2001: 48-49.

266 Tanto las tres vampiras amantes-discípulas de Drácula como la propia Lucy aparecen devorando niños en la obra, en un intento de hacer aún más repulsiva la imagen de la bella muerta para el lector victoriano.

por la fuerza que ella emana, sino por las características bien poco halagüeñas que suele reunir el hombre que se deja seducir por la bella difunta (cobardía, fragilidad, masoquismo...). Según esta idea, la fuerza de la vampira es directamente proporcional a la debilidad del hombre al que mata o seduce. A este tema, con este enfoque y diversas variantes, dedicaron algunos poemas autores como Baudelaire ("La metamorfosis del vampiro", "El vampiro"), Keats ("Lamia", "La Belle Dame sans Merci"), Kypling ("El vampiro") y algunos relatos versificados, como "Leonora" de G.A. Bürger, donde la mujer, en este caso, es la víctima del muerto que regresa de la tumba para desposarla[267].

Como podemos observar en la mayoría de estos poemas, no nos encontramos solo ante relatos de vampiras, sino que el poeta termina por atribuir a mujeres reales –mujeres letales– las características, tanto físicas como psicológicas, de la mujer como parásito chupasangre, al que de forma inevitable y enfermiza se siente atraído, como sucede con todo aquello que representa lo más bajo de la condición humana. Resulta del todo inevitable al leer a Baudelaire establecer la conexión ya habitual entre las imágenes de vampirismo y las enfermedades de transmisión sexual, la prostitución, la liberación de las costumbres y las coacciones de todo tipo. Por ello, pese a todo, la moral del hombre de fin de siglo debe ponerle cortapisas al monstruo que no ha de vencer nunca, bajo ningún concepto.

No pasa desapercibido que, en la fantasía de seducción que la vampira representa para el hombre, el sadismo y la tortura juegan un importante papel. Estos mismos autores decadentes, cumpliendo con la estética de su momento, tienden a recrearse

---

267 El famoso estribillo *Laß ruhn die Toten* será la inspiración en 1823 del cuento mencionado de Ernst S. Raupach o de Ludwig Tieck, "No despertéis a los muertos".

en el sufrimiento femenino como una nueva forma de belleza, una nueva inspiración[268]. Era del todo inevitable que este sentimiento llegara hasta la figura de la vampira, en la que los hombres del relato vuelcan toda su ira, empalándola y decapitándola sistemáticamente y disfrutando de ello sin el más mínimo resquicio de duda (no olvidemos la escena de la muerte final de Lucy en *Drácula* que contrasta sumamente con la tristeza de Romualdo al terminar con Clarimonda). La moraleja final es que el monstruo (hembra) siempre es sometido, lo que no sucede igual (ni en número ni en modo) con el vampiro masculino.

Como hemos visto, Clarimonda fue la última de las bellas atroces del siglo XIX que despertó en los lectores algún tipo de simpatía. Según avanzaban el tiempo y la literatura, la vampira se presentaba cada vez más malvada y carente de matices.

La literatura posterior, en especial la literatura norteamericana del siglo XX, ahondará mucho más en la figura del vampiro al que dominan los sentimientos de soledad y desagrado, en un intento no solo de humanizar esta figura arquetípica de la literatura de terror, sino también y sobre todo, de convertirla en un icono del ser rechazado y marginado por la sociedad que, en su más profundo yo, ansía en realidad regresar a ella. Nada más alejado del papel originario de la mujer vampira, de la *femme fatale* que llega a disfrutar del caos y la destrucción que siembra a su paso.

---

268 Podemos resumir en este sentido el espíritu de fin de siglo con la frase de Baculard d'Aranaud: «*Que les yeux d'une amante sont ravissants, adorables, lorsqu'ils sont couverts de larmes! Le coeur s'y baigne tout entier*», «¡Los ojos de una amante son encantadores, adorables, cuando están cubiertos de lágrimas! El corazón entero se baña en ellas».

LA NIÑA PERVERSA Y LA MADRASTRA CELOSA

Uno de los más perturbadores capítulos de la historia artística europea es el que llevó a la sociedad decimonónica, sobre todo a los hombres de la rígida moral victoriana, a la admiración, –en algunos casos rallando casi en la obsesión– por las niñas púberes, que llegaron a transformarse en el receptáculo de sus más oscuras fantasías.

No debemos olvidar, a la hora de tratar este controvertido tema –siempre más desde el punto de vista artístico que social o, desde luego, moral– que según las leyes inglesas de la segunda mitad del siglo XIX, las niñas de doce años tenían ya plena capacidad (legal, física y moral) para mantener relaciones sexuales, eran consideradas ya mujeres. Dicho esto, suscribimos la afirmación de Bram Dijsktra de que el arte, que rara vez les da forma, sirve casi siempre para consolidar y afianzar los prejuicios culturales dominantes, y muestra de ello son los recurrentes temas que trataban esos cuadros de Toudouze o Cabanel, que ya a nadie escandalizaban y que colgaban en los más respetables salones de Londres y París.

Partimos de la siguiente premisa social: la infancia, mal que pese por lo tardío, se ha desexualizado a lo largo del siglo XX, y no podemos decir que lo haya hecho en todos los rincones del globo. Esto significa que no podemos aplicar nuestro actual prisma a las representaciones artísticas anteriores, donde la visión sexual de estas diminutas *femmes fatales* es obvia y clara para creadores y espectadores que hacen de ellas objeto artístico al tiempo que subliman el deseo masculino de posesión y dominación.

En un informe de 1862, recogido por Ronald Pearsall en *The Worm in the bud* (1969), se cuenta que en los ciento ochenta y cuatro burdeles conocidos en la ciudad inglesa de Birmingham (que no era lo que hoy entendemos por metrópolis, precisamente) se podía encontrar más de medio centenar de jóvenes menores de dieciséis años prostituidas, bien por propia voluntad o bien forzadas por la familia y las circunstancias de pobreza y miseria que las rodeaba.

En otra obra ensayística del momento, el *Diario íntimo* (1851-1985) de los hermanos Goncourt se encuentra el testimonio de un joven inglés sobre la casa de una tal Mrs. Jenkins donde, "desde luego" (sic) se podía pegar a las jóvenes hetairas de hasta trece años.

En un tiempo en el que el avance científico situaba a la mujer en un permanente estado de semi-desarrollo mental y equiparaba su inteligencia con la de un niño, resulta extremadamente sencilla la intencionada fusión entre la mujer y la niña. Schopenhauer, en *De las mujeres* (1851), declara que las representantes del "bello sexo" están preparadas para ejercer de educadoras y cuidadoras en nuestra primera infancia por el hecho de que ellas mismas están toda su vida en una especie de estadio intermedio entre el niño y el hombre.

El evolucionismo, así como diversas teorías científicas del momento, no fueron en absoluto ajenas a estas tesis. Así, el profesor de la Universidad de Ginebra, Carl Vogt en *Lecciones sobre el hombre* (1868) explicaba científicamente la siguiente verdad: la mujer estaba atrofiada en su crecimiento evolutivo; se quedaría, pues, niña para siempre, la "salvaje", ya que para algunos seguidores de las teorías darwinistas, contrariamente al hombre que está en un estado más avanzado de civilización, las mujeres tienen desarrolladas habilidades más características de las razas inferiores.

La reducción mediante la ciencia de la mitad de la población a una sola tarea, el papel reproductivo, se ajusta como un guante a las conclusiones que en materia de antropología sacaron los científicos del momento: la mujer es esencialmente un órgano sexual, un bien material orientado al placer del hombre y la reproducción, y en eso consiste su belleza.

Si la mujer es un ser en estado perpetuo de inmadurez, cuya única función es satisfacer los instintos sexuales y reproductivos del varón, la línea que separa a esta de la niña ha dejado ya de existir. Por ello,

> En su tentativa de no tener que cumplimentar las exigencias físicas y emocionales que solían plantearles las féminas adultas, muchos hombres que habían esperado encontrar en las mujeres de su propia edad las mismas cualidades dóciles y monjiles que habían visto en las esposas de sus padres, empezaron a suspirar por la pureza de la niña que no podían hallar en las mujeres[269].

Es este sin duda uno –que no el único- de los principales motivos por los que el siglo XIX presentó esa fascinación por la infancia que llevó a escritores y lingüistas a recuperar, rehacer y ahondar en el legado folclórico y en las vías de conocimiento y acercamiento al mundo creadas para los niños: los cuentos infantiles. Lo que hasta la segunda mitad del siglo XX es sinónimo de cuentos de hadas, de adaptaciones, traducciones o transcripciones de leyendas, relatos ancestrales y tradiciones mitológicas. El fin último para autores como Andersen, Grimm o Perrault era respetar esos arquetipos que otorgan un valor de eternidad a sus relatos, al tiempo que llevaban consigo los primeros conceptos morales y éticos a la psique del niño ya que, como hemos visto al inicio de este libro, el cuento recoge la función primaria del mito como vehículo educativo y de transmisión de ideologías y valores.

Podemos apreciar, según esto, en todos los relatos revisados u originales del siglo XIX lo que Hugo Cerda en *Ideología y cuentos de hadas* denomina el "proceso de decantación ideoló-

---

269 Dijkstra, 1994: 185.

gica" en el que el escenario es siempre un mundo feudal, regio y clerical donde incumplir las normas lleva siempre aparejado un serio castigo. Pese a lo cual, en algunos de los relatos, sobre todo en algunas versiones como la conocida *Caperucita Roja* de Perrault de 1647, que resultan ser más fieles a la narración folclórica inicial, podemos percibir algunos de los rasgos originales de las historias populares. En el cuento del francés el final, más trágico y a favor del lobo, no hace pasar a la joven por la fase de resolución, triunfo y final feliz de los cuentos de hadas, sino que conduce a la moraleja y el destino trágico del mito.

Esa exploración del mundo puro y maravilloso de la infancia, un mundo de caballeros valerosos y mujeres débiles, de hadas, de monstruos, dragones, de imágenes sencillas en blanco y negro, dio lugar a las principales obras de literatura infantil en el siglo XIX: *Alicia en el País de las Maravillas*, *El príncipe y el mendigo*, *Los hijos del Capitán Grant*, *Oliver Twist*... Estos libros infantiles buscaban representar y recoger la idea, la fantasía del niño y adaptarla. Eran, al fin y al cabo, historias sobre niñez fabricadas por adultos que pensaban, escribían e imaginaban como tales:

> La interminable recurrencia a las fantasías de encuentros medievales entre caballeros fuertes y de buen corazón y mujeres serviles que necesitaban ser rescatadas representaba la continuidad simbólica del culto de mediados de siglo a la monja hogareña. La madre-niña, la virgen beata [...] en las obras de estos artistas era caracterizada bien como bruja malvada, bien como niña indefensa cuyos tiernos brazos se alzaban, no expresando deseo sino dulce agradecimiento, hacia la valentía caballeresca de su hierático y magnífico señor[270].

Se mezclan de este modo dos visiones que, pese a todo, llegan a convivir en el espacio del arte occidental (literario pero,

270 Dijkstra, 1994: 188.

también y sobre todo, pictórico[271]): la mujer es un ser infantil e inmaduro al que hay que cuidar y proteger incluso de sí misma y de su propia e inconsciente sexualidad –obras como *Satan in Society* de Cooke buscaban alertar de los peligros de los internados femeninos, donde la masturbación se había convertido en un "vicio contagioso" y "criminal" – y, por otro lado, ya desde su más tierna infancia, el niño, como defienden Lombroso y Ferrero presenta en su carácter una amoralidad viciosa que encuentran semejante al carácter de la mujer.

Paul Adam en "Des Enfants" publicada en *La Revue Blanche* en 1895 afirmaba que las perversas características eróticas de la mujer se acentuaban en el comportamiento de la niña que, según el autor, presenta una tendencia natural e innata a la prostitución.

Nace así la ninfa perversa que verá la luz como arquetipo completo ya en el siglo XX en la celebérrima novela de Nabokov, *Lolita*. Antes, la pequeña *femme fatale* había ido recopilando y rehaciendo algunas de las características que conformarán su figura arquetípica en obras como *La Tentation de Saint Antoine* de Flaubert donde el santo relata en una de sus pesadillas visionarias: «*Y ese niño negro que apareció en medio de las arenas, que era muy hermoso, y que me dijo que se llamaba el espíritu de la fornicación.*»[272].

Esta niña, que bien podría ser la inspiración de la pequeña protagonista de la obra del autor francés de origen uruguayo Jules Laforgue *Las moralidades legendarias* (1887), es una peque-

---

271 Pintores como Paul Chabas o Alexandre Cabanel juegan con la doble visión de la infancia perturbadora en esos cuadros expuestos en los grandes Salones de Arte de París, de un modo mucho más directo y complejo de lo que encontramos en la literatura cuya expresión resulta, en comparación, ciertamente comedida.

272 Flaubert, 1874: 28.

ña Andrómeda que se aparece como una arpía total y absolutamente depravada, a pesar de su corta edad.

Zola en *El pecado del padre Mouret* (1875) realiza también un brillante relato del desesperado anhelo masculino de pureza e inocencia, una reprimida ansia por formar parte del mundo inocente y puro del niño; en realidad, tanto como de escapar de las estresantes implicaciones de la pasión adulta, como se puede deducir en el relato.

Años antes, Balzac, en *La piel de zapa* (1831) nos muestra cómo el anhelo masculino de signos de pureza infantil se entremezcla con las fantasías paralelas acerca de la ambigua inocencia del sueño, y crea de este modo una imagen ya icónica, la de la mujer como niña emocional. Criatura pura e inocente que va de la obediencia absoluta al abandono amoroso sin plantearse nada más. En la obra de Zola, la infantil Pauline, novia de Rafael, es su amorosa sierva y para él representa la felicidad su dulce ignorancia, pues no le ha sido concedida «la facultad de razonar [...] ni la facultad de pensar en ocultar su mirada con secreta vergüenza».

En la poesía romántica encontramos también una amplia colección de ejemplos de ninfas perversas, jóvenes aparentemente inocentes cuya pureza parece perturbar al poeta, en última instancia, casi tanto como lo hicieron las características sexuales de la *femme fatale*. Si hay un poeta que haya cantado a la infancia ese es William Blake. Según Camile Plaglia «En *Cantos de inocencia*, la autoridad masculina es un Herodes impotente que masacra a los inocentes al tiempo que los viola con la vista y con la mente. La sociedad funciona mediante una especie de pederastia viciosa»[273].

Estos niños inocentes son los precursores de las víctimas masculinas castradas por la crueldad de las mujeres, que tam-

273 Paglia, 2006: 409.

bién podemos ver con absoluta claridad en "*The Mental Traveller*" (1863) donde la bruja es la primera representación del arquetipo decimonónico de la gobernanta malvada o en el poema "*To Tirzah*" (1789) en el que bruja y madre son, en realidad, un mismo ser:

Los sexos nacieron de la vergüenza y el orgullo:
surgieron con la mañana y en la tarde murieron;
pero la Misericordia transformó la muerte en sueño:
los sexos se levantaron para trabajar y llorar.
Tú, Madre de mi padre mortal,
con crueldad forjaste mi corazón
y con falsas lágrimas, engañándote,
encadenaste mi nariz, mis ojos y mis oídos.

Sin embargo, los niños de Blake carecen del poder sexual que sí tienen, por ejemplo, las pequeñas transmutaciones de la joven Rose Le Touche de la que el poeta John Ruskin se enamoró cuando ella tenía 10 años y para quien escribió "*Lilies*", mezcla entre lo sexual y el anhelo de pureza que buscaban los hombres del siglo XIX.

Para enfrentarse directamente a la niña-virgen como tópico recurrente en la literatura, sobre todo en aquella aparentemente infantil, orientada a educar a estas mismas niñas en una determinada serie de valores y prejuicios sociales, apareció la malvada madrastra. Las Cenicientas, Blancanieves y Auroras tenían ahora una figura a la que enfrentarse: la de la mujer ya mujer con quien se establece una dinámica de competición (de hermosura en el caso de Blancanieves, de atención en el de Cenicienta) haciendo de la relación entre ambas la verdadera piedra angular de la dinámica del cuento. En ocasiones, se nos presenta superficialmente la figura del caballero que aparece solo al final, casi de casualidad en el cuento de Blancanieves, para despertarla únicamente porque se ha quedado prendado de su belleza. *Ergo*, la malvada madrastra, aterrada por lo único que puede socavar el poder sexual de la *femme fatale*, el paso del tiempo, había acertado al sentirse amenazada por una versión más joven, inocente y pura de sí misma.

El cuento en el siglo XIX es la unión entre los elementos constitutivos del mito antiguo y el desarrollo del mito moderno. La figura arquetípica de la malvada madrastra es el punto sobre el que gira este universo, y es ella normalmente quien con sus celos y perversidades precipita los acontecimientos de la trama.

La madrastra representa los terrores de la mujer que fue hermosa, pero a quien la edad ya ha desplazado de su lugar de poder y que se siente amenazada por la joven heroína del cuento, la propia hijastra; en el mito literario, el vínculo de sangre con la madre es demasiado fuerte e irrompible como para planteárselo, porque además se busca incentivar el sentimiento maternal al tiempo que se estigmatiza a quien no lo respeta o carece de él, como es el caso de la estéril madrastra de Blancanieves. Sin embargo, en algunas versiones iniciales, más cercanas al folclore que a la literatura –como es el caso de la historia de los hermanos Hansel y Gretel– la figura negativa es la de la propia madre, que no duda en sacrificarlos en aras de su propia supervivencia.

EL SADISMO, LA ALGOFILIA Y OTRAS PERVERSIONES SÁFICAS

El Marqués de Sade fue una de las figuras más claramente influyentes para la literatura del siglo XIX. Su imitación y la admiración que despertaba son obvias en las obras de los artistas románticos que, siguiendo sus teorías, convirtieron el vicio en virtud y la virtud en un elemento negativo, restrictivo y pasivo,

GOLY EETESSAM

que había de romperse para hacer que la felicidad, la felicidad más física, no tuviera freno alguno. Esta inversión de valores representa la base del sadismo, un juego psicológico muy del gusto decadente que hace acto de presencia en buen número de relatos y versos.

El modelo Justine/Juliette, la pareja vicio-virtud, se repite ahora por doquier con cierto apreciable cambio de matiz: la mujer no es solo receptáculo del dolor y la crueldad del hombre, sino que desde ahora será quien lo inflija a quienes se encuentran a su alrededor. En *Mémoires du Diable* (1837) de Frédéric Soulié, Juliette y Caroline son la pareja que representa esta dicotomía literaria donde, al fin, Lilith encuentra su venganza. En estas obras, su heredera –la mujer impúdica, lujuriosa y perversa– triunfa sin ambages, como ya lo hizo la Justine de Sade, sobre las virtuosas que la envidian y sobre los hombres que la denostan. En una nota del volumen IV de *Justine*, el autor afirma que existe una mayor inclinación a la crueldad por parte de la mujer, puesto que posee una sensibilidad más aguda que el hombre. Esta afirmación resuena en las líneas de *L'âne mort et la femme guillotinée* (1829) de Jules Janin, donde la figura femenina anticipa a las crueles mujeres de Baudelaire el cual ve su suprema voluptuosidad en la certeza que poseen de estar haciendo el mal, tal y como menciona en *Journeaux Intimes*.

Baudelaire es el gozne literario que deja tras de sí al hombre fatal del tipo byroniano, al poeta-verdugo de su venus negra que, pese a ser ya una tigresa, una bestia implacable y "fecunda de crueldad", es castigada por el demiurgo creador, para llegar finalmente a la mujer fatal retratada por Moureau.

Este tipo de mujer cruel y sádica requiere de un varón apocado y dispuesto a amar por encima de todos los desmanes, chantajes y humillaciones:

El hombre, en la obra del poeta, aspira a ser una "víctima impotente de la furiosa rabia de una mujer"; su actitud es pasiva, su amor es martirio, su placer es dolor. En cuanto a la mujer, sea Fredegond o Lucrecia Borgia, Rosamond o María Estuardo, es siempre el mismo tipo de belleza disoluta, imperiosa y cruel.[274]

En el caso del masoquismo masculino (para los científicos del siglo XIX era ampliamente común la tendencia natural de la mujer a desear ser golpeada y maltratada durante el sexo), la literatura y la ciencia han ido de la mano, lo que sin duda ha perjudicado a ambas ramas. En 1886, tras la publicación y el pertinente escándalo de *La Venus de las pieles* de Leopold von Sacher-Masoch, el Dr. Krafft-Ebing acuñó el término "masoquismo" como desviación sexual en su libro *Psicopatía sexual*[275], lo que hizo del relato, incluido en el ambicioso e inacabado proyecto *El legado de Caín*, el principal y más conocido representante del deseo masoquista masculino y del cruel sadismo femenino, encarnado en una desaforada Wanda von Dunajew. Ambos, masoquismo y sadismo, vienen a ser las dos caras, el aspecto activo-pasivo de un mismo mal que en la época se denominó "le vice anglais". Este deseo de infligir dolor, tanto relacionado con el erotismo (sadismo) como sin connotación sexual alguna (desviación llamada algofilia), aparecerá frecuentemente en la novela francesa de la época donde el tipo de *gentleman* inglés es atraído y fascinado por crueldad y violencia, más aún si esta la ejerce una mujer.

Aunque, como hemos dicho, el cambio comienza a verse ya en Baudelaire, es en la obra de Flaubert donde podemos apreciarlo en toda la magnitud de sus matices. En una clara alusión a la importante influencia del Divino Marqués en la creación

---

274 Praz, 1999: 409.

275 Hecho que, por otro lado, marcó enormemente la recepción y difusión de la obra del escritor, todavía muy infravalorada.

de los gustos sociales de la época, Flaubert nos cuenta que Emma Bovary gusta de leer libros que contengan descripciones violentas y sangrientas que la exciten. En *Salammbô* es el bello esclavo quien, ante los ojos satisfechos de la amante, sufre un inenarrable martirio[276]. El clima ha cambiado: «es la mujer la que se muestra frígida, insensible, fatal, es el ídolo; el hombre es quien sufre a causa de su pasión» (Praz, 1999: 359).

La representación de la mujer cruel y sádica llevó unida la asociación de esta con la belleza medúsea que presentan los personajes femeninos en *La tentación de San Antonio* o las mujeres de D'Annunzio en obras como *Trionfo della Morte* (1894) cuya protagonista, Hipólita Sanzio, es terrorífica y, según dice el propio autor, casi gorgónea; o en el que está considerado su trabajo más sádico, *Forse che sì, forse che no* (1910), en cuyas páginas, junto a su personaje Isabella Inghirami, teoriza sobre la algofilia y otra de las recurrentes perversiones decimonónicas: el incesto.

Recordamos que este tema ya fue ampliamente tratado por autores como Byron en *Manfred* (1817) o Wordworth (*Tintern Abbey*, 1798). En estas obras suele ser el varón el que pervierte e inclina los deseos femeninos, mientras que en obras como *The Cenci*, de Shelley, el acto está más controlado por ella, Beatrice Cenci, que pese a ser la víctima y una figura esencialmente positiva, el ansia de venganza y la furia con que la retrató el escritor romántico la alzan como uno de los personajes femeninos más destacados y oscuros de la literatura de su momento, y sobre la que no se ha profundizado suficiente todavía. Para el poeta, como para sus coetáneos, estas relaciones incestuosas conllevaban "una circunstancia muy poética"[277] que los autores

---

276 Similar sensación será la que cause, en una situación parecida, la cruel Claire en *Le jardin des supplices* de Mirabeau.

277 Shelley, 1880: 143.

aprovecharon para remarcar más aún el carácter perverso e inherentemente lujurioso de la mujer, que no atiende ni siquiera a las barreras que impone la sangre.

Si pensamos en autores cuyos personajes femeninos giren en torno a esa crueldad sádica, sin duda A.C. Swinburne es el nombre más destacado. Denostado y poco apreciado,[278] principalmente por la crudeza de su temática, su obra y sobre todo su concepción del Eterno Femenino, ejerció una destacada influencia sobre escritores y pintores. Esto le convirtió en una de las principales referencias para el prerrafaelismo, en base a la relación del poeta con Dante Gabriel Rossetti y a la influencia de los deletéreos personajes de *Poems and Ballads* (1866) sobre los cuadros de este, reflejos de una belleza dolorosa, espectral, esencialmente romántica, que envuelve y caracteriza a todas sus mujeres.

La sumisión ante la mujer como fuente de erotismo y lujuria es el *leit motiv* de su creación, de la que sustraemos la definición del ídolo femenino, que tanto influyó en la pintura prerrafaelita y la literatura posterior. Los dramas del escritor están repletos de mujeres terroríficas y lujuriosas que llegan a afirmar, como en el caso de *Rosamond* (1860): «soy la mujer de todos los relatos, el rostro que siempre se encuentra en el rostro de la historia».

En Swinburne estas mujeres son más la proyección de la turbia sexualidad del poeta que un reflejo de lo que conoce y comprende él de la psicología de la mujer del momento. Su mayor esfuerzo por acercarse a lo que podemos describir como un "estudio del alma femenina" es su recreación de María Estuardo –dentro de la trilogía que componen *Chastelard* (1865), *Bothwell* (1874) y *Mary Stuart* (1881)– quien es fatal, sobre todo,

---

278   Basta decir que no existen traducciones oficiales de su obra completa al español y que, de momento, no parece que vayan a editarse.

para los hombres que la aman. Es una mujer fría y sádica, que se complace con el dolor ajeno, muy alejada del tipo histórico para ser directamente extraída de la psique sexual y sensual del autor. Una mujer a la que su amante describe de este modo[279]:

> Conozco sus formas de amar, todas ellas:
> Una forma dulce y suave es la primera;
> después Arde y muerde como el fuego;
> al final de eso, polvo carbonizado
> y párpados atravesados por el humo.

En esta concepción físicamente cruel de la mujer resultan útiles los arquetipos recurrentes de las bellas atroces de la antigüedad clásica y bíblica: Cleopatra, Dalila, Semiramis, Judith, Salomé o Venus[280] (pétrea o carnal) pueblan sus versos sofocando entre sus fríos brazos el último aliento del poeta. Un canibalismo sexual que es ahora monopolizado por la mujer, un ídolo implacable y sanguinario; la transformación poética de la *Belle Dame Sans Merci* de Keats en la terrorífica Venus de Tanhäuser del *Laus Veneris* de Swinburne. La reducción de la diosa a una sombra, un fantasma, un vampiro siniestro y cruel cuya única misión es torturar al poeta para quien, como vemos en *Anactoria*, todo el universo, y esencialmente la mujer, es sufrimiento y dolor.

La última de las perversiones adscritas a estas mujeres fatales literarias es el lesbianismo. La literatura decimonónica ahondó también en el desarrollo de los deseos sáficos como

---

279 Swinburne, 1929: 320.

280 No en vano, partiendo de la base de cada una de sus histórias míticas, en este periodo se establece la relación metafórica entre decapitación y castración masculina como vemos en las historias de Judith o Salomé (incluso la de Dalila con el paralelismo del pelo) y que dará como subtema la necrofilia como desviación sexual, presente en historias como *La cabeza del Bautista* de Valle-Inclán.

una muestra más de la perversión y la degradación moral de la mujer sometida siempre a sus instintos y apetitos sexuales.

En la obra de Balzac, *La muchacha de los ojos de oro* (1835), Paquita Valdés está sexualmente sometida a una lesbiana española, la Marquesa de San Real, una libertina del tipo de Sade, que destroza totalmente el concepto de hombría al usar al marqués para su placer en ausencia de Paquita, a la que acaba asesinando salvajemente. Se convierte así en una de las más destacadas hembras de feroz espíritu ctónico en el Decadentismo. Aunará la lujuria femenina y la mente violentamente masculina para representar la androginia que el concepto de lesbianismo puede llegar a representar en la psique de los autores románticos. De la profusión del propio tema en el inconsciente colectivo dan muestra las similitudes entre dos obras que se escribieron casi al mismo tiempo: *Mademoiselle de Maupin*, la apología del amor lésbico escrita por Gautier, y *Seraphita* de Balzac, en cuyas mujeres protagonistas podemos reconocer el perfil y la fama que la escritora George Sand tuvo durante estos años.

VII

CONCLUSIONES

En las páginas que conforman este libro he pretendido trazar la línea que defina el arquetipo de la mujer fatal encarnado en el personaje parabíblico de Lilith. Durante más de 3000 años, primero a través de relatos mitológicos, representaciones artísticas ornamentales o rituales, y narraciones folclóricas y después desde la literatura y la pintura, la imagen arquetípica de la *femme fatale* ha estado presente en el imaginario colectivo occidental.

Pero de dónde sale esta idea repetida cual mantra sobre la maldad inherente de la mujer sexual, cómo nace y cuál es su principal intención son preguntas cuyas respuestas parecen perderse muy atrás, entre los primeros relatos y representaciones míticas, aquellos que asientan la base de nuestro imaginario, porque qué duda cabe ya a estas alturas: la literatura occidental ha desarrollado ampliamente la concepción de la maldad de la mujer más allá de toda especulación.

A lo largo de todos estos milenios, Lilith y su arquetipo han reunido en sí una serie de características que podemos dividir en dos tipos o niveles: estructurales, que son aquellos sin cuya presencia no es posible hablar del arquetipo mítico de la mujer fatal, a saber, la sexualidad visible y agresiva y su deseo de dañar a otros, principalmente a los hombres; y en segundo lugar, las características ornamentales o circunstanciales, muchas veces propios de un paradigma determinado de un autor, o que es tal porque recoge un submotivo concreto (clásico o romántico, por ejemplo) que pueden fluctuar en su representación y que nos ayudan a situar el arquetipo en el tiempo y el espacio.

Sin llegar a situar como hace Jung el arquetipo como producto de la fantasía de una situación de baja intensidad en la conciencia, ni realizar una psicologización de la mitología, sí he recogido este término para definir el mito desgajado y cuyo hilo hemos seguido a lo largo de la historia.

Hemos concretado el mito original de Lilith como la encarnación de una lección moral simbólicamente relatada. Pese a que los matices de significado que este mito revela pueden tener mínimas variaciones a lo largo del tiempo, la base sobre la que se desarrolla es pétreamente invariable: la mujer fuerte es peligrosa para el hombre y para la sociedad en la que vive.

Con respecto a las características estructurales, Lilith se define desde los inicios como el concepto de lo que existe de agresivo en la psique femenina. Tanto en sus inicios, encarnada en las terribles diosas mesopotámicas Istar o Inanna, representaciones de mujeres guerreras y sanguinarias, como en su desarrollo dentro del mito hebreo, del que conocemos un mayor número de detalles con respecto a sus hábitos tanto de devoradora de niños y semen como de cruel torturadora de hombres; hasta sus herederas en la literatura clásica, ejemplos extremos de crueldad (Medea, Clitemnestra...).

A lo largo de estas páginas hemos trazado el desarrollo de los componentes temáticos que completan el mito de Lilith desde un remoto y difícilmente rastreable origen a través de la historia de las literaturas europeas. En este análisis hemos pretendido explicar y justificar el cambio de ideas que arrastra el arquetipo de una época a otra, el paso que se da en la creación literaria, de la *imitatio* a la *inventio*.

De este modo hemos encontrado características estructurales pertenecientes al arquetipo de la *femme fatale* en las leyendas que recrean los mitos de las diosas mesopotámicas (la crueldad sanguinaria de la diosa Allat y la voracidad sexual de Istar son rasgos que encontramos en versos de la epopeya de Gilgamesh y en las representaciones simbólicas que adornan platos rituales y tablillas), que son los mismos mitemas o características que, todavía poco matizados, pasaron a las figuras mitológicas hebreas o griegas. El miedo a la mujer agresiva, la que no encaja o incluso se revela contra el papel de la maternidad y que como hemos visto en el desarrollo de mitemas circunstanciales, no deja de estar presente, construyendo un submundo con sus propios terrores y fantasías.

Hemos hallado estos elementos básicos de análisis, constituidos por las unidades invariables y permanentes que definen este modelo mítico: la maldad y el atractivo sexual, que son los elementos que nos aseguran la transmisión de la identidad esencial del arquetipo a través de las sucesivas versiones históricas. Así la mitología griega crea, entre otros, uno de estos seres mitológicos femeninos terribles y poderosos, Medusa, cuya infernal maldad está directamente relacionada con la suprema belleza que la condujo hasta su castigo (bien por presuntuosa o bien por haber sido violada por Posidón en el templo de Atenea), y que representa a la perfección el simbolismo que envuelve al arquetipo: da igual lo hermosa que pueda llegar a ser una mujer, abstraerse en su belleza solo puede causar la perdición y la muerte.

El poder del mito religioso es de gran importancia, y de una forma casi directa llegó a la literatura, que no tuvo reparo alguno en adosar a las figuras mítico-literarias más ctónicas las características que, en reiteradas ocasiones, hemos visto en las diosas de los panteones y los relatos homéricos. Llegan así las evoluciones psicológicas de estas Medeas, Clitemnestras, Helenas y Fedras que, aportando cada una de ellas un matiz único de personalidad, el mitema ornamental propio de la circunstancia, crean un universo específico, un decálogo de los diversos estándares existentes de la maldad femenina: asesinato de niños inocentes, falsas acusaciones por despecho, planes para matar al rey y hacerse con el poder... Todo ello explicado y, en ocasiones, justificado desde su falta de espacio en el mundo: no hay sitio en la civilización para caracteres extremos.

En esta exégesis alegórica podremos encontrar la verdad, si reducimos la alegoría al nivel de la abstracción, y esta es, como hemos visto a lo largo de estas páginas, una verdad ética: no existe lugar en la civilización conocida para la mujer que desafía mediante la fuerza y la manipulación sexual su posición en el mundo.

Sirenas, empusas, lamias y vampiros son las manifestaciones mitológicas de estos miedos. En la mitología hebrea, la propia Lilith reúne ya en sí misma todos los rasgos mitológicos que componen el arquetipo sin serlo todavía de pleno derecho, en realidad: es agresiva, contesta a los ángeles enviados por Dios a buscarla, su mayor pecado es negarse a someterse a los deseos del hombre, hacer gala de una sexualidad propia y viva... Su belleza la lleva a ser la perdición de todos aquellos que se dejan embaucar por su lujuria.

Los mitemas circunstanciales que rodean su figura nos ayudan a ponerla en relación con las diosas mesopotámicas ya mencionadas: la representación del búho o la lechuza, la identificación con la serpiente, etc.

Algunos de estos mitemas pueden encontrarse en la madre de la humanidad, Eva, trasunto cristiano de la griega Pandora, que añade a la ya compleja mezcla la soberbia y la curiosidad, pecados ambos que engrosarán la lista de características de la *femme fatale* desde este momento y que buscan demostrar la innata debilidad de la mujer, lo que la aboca inevitablemente a una vida pecaminosa a la que el hombre no debe dejarse arrastrar.

Con el devenir de los siglos el mito etno-religioso irá dando paso al mito literario, que busca reflejar en cada momento la visión del autor sobre la mujer (mala) de su momento. Esta transformación es el motivo principal por el que este recorrido ha tenido un carácter histórico, pues a la hora de realizar un análisis completo sobre la evolución de la figura de la mujer fatal y de su metamorfosis y su cambio a lo largo del tiempo, hasta su banalización y casi desaparición en el momento actual, hemos encontrado oportuno adentrarnos también en los terrenos de la sociología y de la psicología. Para la literatura comparada se ha de tener en cuenta que la recreación de un tipo mitológico preexistente debe estar sujeta a una cierta metamorfosis, si quiere responder a los parámetros de las expectativas del lector y, por tanto, entenderse y analizarse desde las coordenadas histórico-culturales que le dan sentido y lo determinan.

Asimismo, a lo largo de estas páginas hemos pretendido ir más allá y acercarme a los mecanismos ideológicos que orientan la visión masculina de la mujer en cada uno de estos cortes históricos. Y hablamos de visión masculina de la mujer fatal, porque no existe el arquetipo de la mujer fatal tal y como lo hemos definido y estructurado, en la literatura escrita por mujeres, no en imitación de la literatura masculina, como se hizo durante siglos, sino en la producción propia y personal, porque esta es una figura de creación varonil, un reflejo de los deseos, anhelos y terrores que la mujer y su imagen han inspirado al hombre durante milenios. En el momento en el que esa mujer mala se parapeta en sus circunstancias, en sus motivos, en el momento en el que actúa impulsada por algo más que el deseo de venganza o la querencia por la maldad, ya no es nuestro arquetipo de *femme fatale*, será una mujer realistamente perversa, aunque no adscrita al arquetipo que venimos tratando.

Independientemente de que las circunstancias la acercaran más a ello o no, para el autor clásico la mujer era proclive a la maldad y la promiscuidad sexual. Estaba en su naturaleza y solo una vida de fe y constricciones podía salvarla. El cambio hacia la visión renacentista del mundo trajo consigo el cambio de visión, no tanto en el resultado (sigue habiendo por doquier mujeres malas y peligrosas que nos llegan desde sus páginas) sino en la motivación. Ahora hay un porqué que el hombre debe entender, o al menos conocer, si pretende librarse de sus sensuales garras.

En la Edad Media la mujer mala podía ser la bella seductora al estilo de Salomé y Judith o la bruja infernal; dos caras de un mismo poder, claro reflejo de la idiosincrasia coetánea y el papel de la mujer en la literatura y la sociedad. Demonios hermosos que podían transformarse en terribles fieras para devorar a los hombres a los que seducían.

En una visión más humana, más acorde con la visión antropocentrista del momento, Boccaccio, Chaucer y Juan Ruiz copan a la mujer de motivos reales y palpables para actuar con esa falta de moral tan reprochada. Las han humanizado restándole poder a los básicos instintos perversos, pertenecientes a una naturaleza primigenia y oscura, perdida en las nieblas del tiempo, para darles motivos más que reales para tramar, engañar, traicionar o asesinar sin que deban terminar por arrepentirse, ya que han sido las circunstancias (y por tanto los hombres que han creado y sobreexplotado esas circunstancias) quienes las han conducido hasta allí.

Mucho se ha discurrido –dentro y fuera de estas páginas– sobre la inherente maldad de la mujer y su tendencia, sea natural o cultural, al engaño y la crueldad. Aquí hemos distinguido dos tipos de mujeres malas en esta historia: las que lo son porque las circunstancias o la sociedad las empujan a realizar actos que atentan contra la moral imperante (adulterio, engaño, asesinato incluso...) pero no llegan a ser en ningún momento completamente responsables de la maldad de sus actos; y las verdaderamente malvadas, aquellas que sopesan, deciden y actúan conociendo en mayor o menor medida –según sea su grado de profundidad psicológica– las perversas repercusiones de sus actos. A este grupo pertenece la esencial mujer fatal que debe ser, además, hermosa; de forma real o alucinógena para engañar a sus víctimas, pero visible para el hombre, al que necesariamente ha de seducir pues ella es, por encima de todo, un animal sexual.

Desde la larga colección de amantes que se le cuentan a la diosa Istar hasta la negativa de Lilith a yacer junto a Adán tras haber probado los placeres prohibidos del Mar Rojo, la más aterradora y reveladora característica del arquetipo es ese ansia sexual insatisfecha. Sin ella, la crueldad y la saña del personaje y, por tanto, también el frío y oscuro temor que despierta, no tendrían razón de ser, pues básicamente Lilith representa a lo largo de sus distintas apariciones y sus diferentes reencarnaciones históricas la desconfianza del hombre hacia la sexualidad femenina.

Interpretaciones para este hecho hay decenas, sino más, pero pertenecen al campo de la psicología y la sociología. Desde la teoría de la literatura sí podemos observar que este miedo cerval es casi atávico, anterior a la propia civilización[281]. Y que ha estado presente con una serie clara de patrones de repetición, por encima de la intertextualidad y los cruces de influencias,

---

281 Como ya mencionamos al hablar de la mitología grecolatina, las figuras femeninas más temibles de su imaginario son casi todas preolímpicas, divinidades que llegan desde un recóndito rincón del sustrato mitológico premesopotámico, incluso.

para crear una figura reconocible e identificable en diversas literaturas, en distintos idiomas, culturas y países.

Sexuales son las mujeres perversas de la literatura clásica, aunque no sea su principal herramienta para logar sus fines ni para hacer daño a quienes las rodean: Clitemnestra utiliza la atracción que ejerce sobre Egisto, Fedra intenta seducir a su hijastro o los celos de Medea por las infidelidades de Jasón. Estas son las distintas facetas del preeminente papel que juega el sexo en el desarrollo de estas historias.

La actividad sexual vigorosa y voluntaria y las alusiones constantes formarán parte de las mujeres fatales al estilo de la Comadre de Bath. El imprescindible personaje de Chaucer tiene la agresividad en la expresión y la sensualidad en la mirada y, aunque el autor no nos dice directamente que sea venenosa o mortal para sus amantes, al fin y al cabo ha sobrevivido a cinco matrimonios y anda haciendo cábalas para comenzar el siguiente. Todo un ejemplo de moral femenina disoluta, como nos hacen ver en algún momento sus compañeros de peregrinaje.

El sexo será también la herramienta mediante la que escapar de sus diminutas y constrictas vidas para las mujeres de Boccaccio. El juego de la seducción, tan del estilo ovidiano, vuelve a la palestra entre Filomena, Elissa y Fiammetta. Sus mujeres no son ya sombras oscuras, poderes ctónicos llegados al mundo para perder y corromper al hombre. El antropocentrismo también las ha favorecido a ellas y ahora sabemos que son malas porque están aburridas. O encerradas. Son malas porque son infelices, como recogerán casi compulsivamente los autores del realismo decimonónico.

Las *femme fatales* renacentistas y barrocas mantienen los mitemas estructurales en cuanto a la sexualidad y en cuanto a la maldad; que tenga motivos demostrados para ser malas no hará en ningún caso que dejen de serlo, o que el autor se permita exculparlas totalmente. No es ya la mujer ese *instrumento diaboli*, sino que puede llegar a ser ella misma un diablo, como veremos a través de la masculinizada y violenta Lady Macbeth que olvida, según avanza su viril locura de poder, lo que la convierte en mujer y hace de ella una virago emparentada en fuerza con Clitemnestra, que si bien sedujo en su momento al hombre que debía ayudarla a alcanzar su meta (Egisto / Lord Macbeth) ha olvidado esos rasgos femeninos para dejarse arrastrar por la ira y la desesperación.

Rescatada por el teatro isabelino, la figura hermosa y terrible de la reina nubia reunió en sí mitemas estructurales y ornamentales, anteriores y coetáneos de la *femme fatale* y llego, rica en matices e influencias, hasta la explosión literaria del romanticismo. En *Antonio y Cleopatra* vemos a una mujer que ostenta el poder no solo sexual sino político (reflejo del momento vivido en Inglaterra bajo el reinado de Isabel), un orden que rompe el equilibrio natural y que, por tanto, está condenado a destruirse constantemente.

La maternidad negativa (como ausencia o rechazo) será otra característica recurrente. La mujer fatal es estéril en la mayor parte de los casos, y si llega a ser madre, jamás será una buena madre. Es este un rasgo que apareció recurrentemente durante cientos de años, pero que ya en algunas obras del siglo XVIII como *Moll Flanders* se reveló como algo más circunstancial. La que comenzó a ser llamada como la New Woman podía vivir o no la maternidad sin que ello influyera en su nivel de maldad: mujeres malas y egoístas podían ser madres al tiempo que desgajaban el corazón de sus víctimas o mujeres sin hijos podían sentirse perfectamente realizadas y perversas en su soledad.

El siglo XIX vivió una gran explosión, la especificación y concreción del arquetipo de la *femme fatale* se vio tan matizado y utilizado que no tuvo más remedio que segmentarse en distintas facetas o matices para sobrevivir. En cada uno de ellos mantiene los dos mismos mitemas estructurales (el deseo de hacer el mal y la sexualidad activa/agresiva) con una serie de mitemas circunstanciales que en algunos casos llegan a los autores como influencia directa de la cultura clásica (la atracción por la belleza medusea, la imagen de la lamia-vampiro, la hermosa dama que engaña y secuestra durante siglos al caballero incauto...), en otros son adiciones propias de un autor que recogieron y agrandaron coetáneos y discípulos (el interés morboso por las mujer de vida alegre, la profesional del amor, que destaca en autores como Baudelaire, Flaubert o Zola), la juventud perversa (las ninfas malvadas que retrata Moureau y que se personalizan en la carnal y perversa niña Salomé), el adulterio, el sadismo, la necrofilia, el lesbianismo...

El mito de Lilith, contrariamente a otros mitos de origen etno-religioso que son rescatados como mitos literarios cuando el sustrato que los creó deja de estar presente en la sociedad, siempre ha estado presente en la literatura. Como mito parabíblico construido con la intención sociológica de marcar lo moralmente inaceptable en la conducta femenina, su sitio ha estado siempre en la narración, primero en los relatos orales que se usan para advertir y asustar a las niñas, y después en todo tipo de obra literaria. Y ha sido esta asimilación entre literatura y religión lo que ha asegurado no solo la transmisión de su identidad mítica sino también su pervivencia a través de sus distintas versiones históricas.

Como hemos dicho la mujer fatal va a ser mala, a dañar física o moralmente a sus enemigos sin ningún tipo de arrepentimiento. Entre sus atributos físicos destaca, principalmente su belleza. Es hermosa, porque debe ser sexualmente atractiva, lo que desembocará en todo tipo de catástrofes y desgracias para quienes se sientan atraídos por ella. Características destacadas de esta beldad serán siempre los cabellos, largos, espesos, lo bastante como para atar y asfixiar al hombre con él (en Lilith, la *Belle Damme Sans Merci*, Salomé, incluso en Medusa, el pelo cobra una fuerza e importancia especial); su color, en la mayoría de los casos, será el que representa la pasión, el fuego y el pecado: el rojo. Otras características ornamentales que la describen físicamente, y que encontramos de forma reiterada y con mucha más presencia en la literatura desde finales del siglo XVIII hasta el momento actual, suelen ir de la mano: la tez pálida y los ojos verdes y fríos, de serpiente, el animal con el que más habitualmente se la asocia desde mucho antes del incidente de la manzana. De su boca, pequeña, sonrosada y atractiva, solo surgen palabras dulces y engañosas, incitaciones para que el hombre abandone el buen camino. Estas mismas serán las características con las que las representen los artistas pictóricos de los siglos XVIII y XIX, que harán de la imagen de la mujer su tema más recurrente.

A veces estos mismos mitemas se pervierten y nos los encontramos invertidos, como en el caso de la fea y contrahecha bruja europea, en aras de alcanzar el objetivo de los mitos moralizantes: educar o asustar, según el caso. Otras veces solo cambian de forma para amoldarse al gusto del momento (la *Dark Lady* de tez oscura pasa a contraponerse a la divina belleza petrarquista), pero siempre se presentan como características amenazantes y desazonadoras.

Finalmente, el arquetipo de la *femme fatale* que había sobrevivido a 3000 años de historia murió como tal a mediados del siglo XX tras una larga y agónica decadencia. Desde nuestro punto de vista, las razones que contribuyeron a esto fueron varias: la primera de ellas es la obsesiva panfeminización que conllevó el auge y la popularidad del Art Noveau a finales del siglo XIX y comienzos del XX. Su simbología se debilita. Este estilo artístico trajo consigo la repetición constante de la imagen femenina en representaciones muchas veces cargadas de referencias mitológicas clásicas diversas, pero cuyo aspecto excesivamente decorativo, dulce y naíf hizo que el arquetipo perdiera gran parte de su fuerza subterránea, oscura y agresiva; en cuanto a la literatura, tras los geniales autores decimonónicos, las obras consiguientes se convirtieron en muchos casos en una sucesión de tópicos maniqueos que ya no simbolizaban nada digno de ser desentrañado.

Para terminar, la última piedra del ataúd mítico de la *femme fatale* llegó con la aparición de la *New Woman* y su correspondiente lugar en el panorama de la literatura y la crítica literaria. La mujer fatal se había convertido, no ya en el arquetipo mitológico que fue, la representación de un ser casi pretemporal, la encarnación de la lujuria y el pecado, sino en el tópico en el que el escritor (varón) la había transformado. Y no hay lugar para tópicos patriarcales en la nueva literatura. Su versión cinematográfica y los *best-sellers* terminaron por sepultarla.

BIBLIOGRAFÍA

AGUIAR E SILVA, Vítor Manuel: *Teoría de la literatura*. Madrid: Gredos, 2005.

ALBERTO MAGNO: *Secreta mulierum et virorum*. Lyon: Jacques Moderne, 1526.

ALDRIGE, Alfred Owen (ed.): *Comparative literature: matter and method*. Urbana: University of Illinois Press, 1969.

ALLEN, Prudence: *The concept of Woman*. Edesa Press, 1985.

ÁLVAREZ DE TOLEDO, Lorenzo: *De manzanas y serpientes*. Madrid: Juan Pastor, 2008.

ANDERSEN, Hans Christian: "La Reina de las Nieves", en *La Reina de las Nieves y otros cuentos*. Madrid: Alianza. 1997.

APOLODORO: *Biblioteca Mitológica*. Madrid: Alianza editorial, 1987.

APULEYO: *El asno de oro*. Madrid: Alianza editorial, 2000.

ARCE, Joaquín: *Perfil humano de Boccaccio frente a Petrarca y Dante*. Madrid: Prensa de la ciudad, 1975.

— *Una interpretación de Boccaccio y su tiempo*. Madrid: Albor, 1976.

ARMSTRONG, Guyda: "Boccaccio and the Infernal Body: the Widow as Wilderness", en STILLINGER y PSAKI, 83-104.

ARMSTRONG, Karen: *Los orígenes del fundamentalismo en el judaísmo, cristianismo y el Islam*. Barcelona: Tusquets, 2004.

ARNAUD, Daniel; BRON, François; DEL OLMO LETE, Gregorio; TEIXIDOR, Javier: *Mitología y religión del Oriente Antiguo. II/2. Semitas Occidentales*. Barcelona: Ausa, 1995.

AUBERT, Jean-Marie: *La femme. Antiféminisme et Christianisme*. Paris, 1975.

AUERBACH, Erich: *Mímesis. La representación de la realidad en la literatura occidental*. México: FCE, 2006.

AUERBACH, Nina: *Woman and the Demon. The Life of a Victorian Myth*. Cambridge: Harvard University Press, 1984.

AURAIX-JONCHIÈRE, Pascale: *Lilith, avatars et métamorphoses d'un mythe entre Romanticisme et décadence*. Clémont-Ferrant: PUBP, 2002.

BACHELARD, Gaston: *La intuición del instante*. México D.F.: F.C.E., 1999.

BACHOFEN, Johann Jakob: *El Matriarcado. Una investigación sobre la ginecocracia en el mundo antiguo según su naturaleza religiosa y jurídica*. Madrid: Akal, 1987.

— *Mitología arcaica y derecho materno*. Barcelona: Anthropos, 1988.

BADE, Patrick: *Femme Fatale. Images of evil and fascinating women*. New York, 1979.

BALZAC, Honoré de. *Esplendores y miserias de las cortesanas*. México D. F.: Trillas, 1987.

BARING, Anne y CASHFORD, Jules: *El mito de la diosa*. Madrid: Siruela, 2005.

BARTHES, Roland: *Mitologías*. México: Siglo XXI Editores, 1983.

BASSNETT, Susan: "¿Qué significa literatura comparada hoy?", en D. ROMERO LÓPEZ, 87-101.

BAUDELAIRE, Charles: *Las flores del mal*. Madrid: Cátedra. 1998.

BELLER, Manfred: "Von der Stoffgeschichte zur Thematologie", en *Arc*, V, 1970, 1-38.

— "Tematología" en M. Schmeling (ed.), *Teoría y praxis de la Literatura Comparada*. Barcelona: 1984, 101-118.

BELTRÁN ALMERÍA, Luis: "Pandora en la encrucijada de los tiempos", en *Culturas Populares. Revista Electrónica*2 (mayo-agosto 2006), (http://www.culturaspopulares.org/textos2/articulos/beltranalmeria.pdf)

BERGER, Pamela: *The Goddess Obscured: Transformation of the Grain Protectress from Goddess to Saint*. Boston: Beacon Press, 1988.

BERMEJO BARRERA, José Carlos y DÍEZ PLATAS, Fátima: *Lecturas del mito griego*. Madrid: Akal, 2004.

BERMEJO BARRERA, José: "Mito e historia: Zeus, sus mujeres y el reino de los cielos", en *Gerión*, 11, 1993. 37-74.

BLANCHOT, Maurice: *El espacio literario*. Barcelona: Paidós, 1992.

BLOOM, Harold: *El canon occidental*. Barcelona: Anagrama, 2005.

BLUMENBERG, Hans: *Trabajo sobre el mito*. Barcelona: Paidós, 2003.

BOCCACCIO, Giovanni: *Decameron*. Madrid: Cátedra, 1994.

BODKIN, Maud: *Archetypal Patternd in Poetry. Psycological Studies of Imagination*. New York: AMS Press, 1978.

BORNAY, Erika: *Las hijas de Lilith*. Madrid: Cátedra, 2004.

BOSCH, Maria del Carme y FORNÉS, Maria Antónia (coord.): *Homenatge a Miquel Dolç. Actes del XII Simposi de la Secció Catalana I de la Secció Balear de la SEEC*. Palma de Mallorca: Conselleria d'Educació, 1997.

BOTTÉRO, Jean: *Mesopotamia: la escritura, la razón y los dioses*. Madrid: Cátedra, 2004.

— y KRAMER, Noah: *Cuando los dioses hacían de hombres. Mitología mesopotámica*. Madrid: Akal, 2004.

BOUSOÑO, Carlos: *El irracionalismo poético (El símbolo)*. Madrid: Gredos, 1981.

BOYER, Alain-Michel: *Éléments de littérature comparée. III. Formes et genres*. París: Hachette, 1996.

BRANDON-SAMUEL, George Frederick: *Diccionario de religiones, Vol. I*. Madrid: Editorial Cristiandad, 1975.

BREGAZZI, Josephine: *Shakespeare y el teatro renacentista inglés*. Madrid: Alianza, 1999.

BREMOND, Claude: *Logique du récit*. Paris: Seuil, 1973.

— "Concept and Theme" en W. Sollors (ed.), *The Return of Thematic Criticism*. Cambridge: Harvard UP, 1993, 46-59.

— y LANDY, Joshua y PAVEL, Thomas (eds.): *Thematics: new approaches*. Albany: SUNY Press, 1995.

BRIL, Jacques: *Lilith, ou, la mère obscure*. París: Payot, 1984.

BRÖNTE, Emily: *Wuthering Heights*. Oxford: Oxford University Press, 1995.

BRUNEL, Pierre: *Mythocritique. Théorie et parcours*. Paris: PUF, 1992.

— *Mythes et Littérature*. Paris: PUPS, 1994.

— *Le dissertation de littérature générale et comparée*. Paris: Armand Colin, 1996.

— y CHEVREL, Yves (dirs): *Compendio de literatura comparada*. México D.F./Madrid: Siglo XXI, 1994.

BURGOS, Jean: *Méthodologie de l'imaginaire*. París: Circé, 1969.

— *Pour une poétique de l'imaginaire*. París: Éditions du Seuil, 1984.

— *Imaginaire et création. Le poéte et le peintre au jeu des possibles*. Saint-Julien: Les Lettres du Temps, 1998.

BURCKHARDT, Jacob: *La cultura del Renacimiento en Italia*. Madrid: Akal, 2004.

CADOR, Michel: *La recherche en littérature générale et comparée en France*. Paris: SFLGC, 1983.

CALERO SECALL, Inés y ALFARO BECH, Virginia (coord.): *Las hijas de Pandora: historia, tradición y simbología*. Málaga: Universidad de Málaga, 2005.

CAMPELL, Joseph: *Las máscaras de Dios: Mitología occidental*. Madrid: Alianza editorial, 1992.

CARMONA   FERNÁNDEZ,   Fernando: *Pervivencias medievales: Chretien de Troyes, Boccaccio y Cervantes*. Murcia: Universidad de Murcia, 2006.

CARO BAROJA, Julio: *Las brujas y su mundo*. Madrid: Alianza, 2003.

CARRUTHERS, Mary: "The Wife of Bath and the painting of lions", en *Publication of the Modern Language Association of America*, 94, 2, 1979, 209-222.

CASSIRER, Ernst: *Filosofía de las formas simbólicas*. México D.F.: F.C.E., 1998, 3 vols.

CASTELLO-JOUBERT, Valeria e IBARLUCÍA, Ricardo (eds): *Vampiria: de Polidori a Lovecraft*. Buenos Aires: Adriana Hidalgo Editora, 2002.

CATALÁN, Miguel: *Antropología de la mentira*. Madrid: Mario Muchnik, 2005.

CAVALLERO, Pablo A.: "*Medea de Eurípides*: la 'Atéstesis' de versos y la construcción gradual de la venganza", en *Emérita*, 71, 2, 2003, 283-312.

CAZALE BERARD, Claude: "*Pour une approche de la thématique dans intratextualité et l'extratextualité*", en *Strumenti critici*, IV, n.s. 60, 1989, 312-320

CERDÁ, Hugo: *Ideología y cuentos de hadas*. Madrid: Akal, 1985.

CHARDIN, Philippe: "Temática comparatista", en P. BRUNEL e Y. CHEVREL, 132-147.

CHAUCER, Godfrey: *The Canterbury Tales*. Barcelona: Bosch, 1978.

CHAVALAS, Mark W. y LAWSON YOUNGER, K. (eds.): *Mesopotamia and the Bible*. Grand Rapids, Mich: Baker Academic, 2002.

CHERNUS, Ira. *Mysticism in Rabbinic Judaism: studies in the History of Midrash*. Berlin: Walter de Gruyter, 1982.

CHEVREL, Yves: *La Littérature comparée*. Paris: PUF, 1989.

— "Problemas de una historiografía literaria comparatista: ¿es posible una historia comparada de las literaturas en lenguas europeas?", en P. BRUNEL e Y. CHEVREL, 347-373.

CIPLIJAUSKAITÉ, Biruté: *La mujer insatisfecha. El adulterio en la novela realista*. Barcelona: Edhasa, 1984.

CIRLOT, Juan Eduardo. *Diccionario de símbolos*. Barcelona: Labor. 1970.

COFFMAN, Georges F.: "*Chaucer and Cortly Love Once More. The Wife os Bath's Tale*" en *Speculum*, XX, 1945, 43-50.

CONCHA MUÑOZ, Ángeles (de la): "Cultura y violencia de género. Literatura y mito en la génesis de un conflicto secular", en *Circunstancia: revista de ciencias sociales del Instituto Universitario de Investigación Ortega y Gasset*, . 12, 2007.

COURTÉS, Joseph: "*Le motif, unite narrative et/ou culturelle?*", en *Bulletin du groupe de Recherches sémio-linguistiques (EHESS)*, 16, 1980, 44-54.

CRISTÓBAL LÓPEZ, Vicente: "Recreaciones novelescas del mito de Fedra y relatos afines", en Cuadernos de filología clásica, . 24, 1990, 111-126

CURTIUS, Ernst-Robert: *Literatura latina y Edad Media europea*. México: F.C.E., 1976, 2 vols.

DABEZIES, André: *Visages de Faust au XX siècle. Littérature, idéologie et mythes*. París: PUF, 1967.

DALLEY, Stephanie: *Myths from Mesopotamia: Creation, The Flood, Gilgamesh and others*. Oxford : Oxford University Press, 1991.

D'ANNUNZIO, Gabriel. *Obras inmortales*. Madrid: Edaf, 1969.

DE GRÈVE, Claude: *Éléments de Littérature Comparée. Thèmes et Mythes*. París: Hachette, 1995.

DE PACO SERRANO, Diana: "Caracterización de Clitemnestra y Agamenón de Esquilo a Séneca", en *Myrtia*, 18, 2003, 105-127.

DEFOE, Daniel: *Moll Flanders*. Barcelona: Ramón Sopena D.L., 1972.

DEL CASTILLO, Hernando (ed): *Cancionero general*. Madrid: Real Academia Española, 1958.

DEL OLMO LETE, Gregorio (ed.): *Mitos, leyendas y rituales de los semitas occidentales*. Madrid, Trotta, 1998.

DELCOURT, Marie: "Œdipe ou la légende du conquérant", en *Revue de l'histoire des religions*, 132, 1-3, 1946, 185-194.

DEREK, Jarrett: *England in the Age of Hogarth*. Frogmore: Paladin, 1976.

DÉTIENNE, Marcel: *La invención de la mitología*. Barcelona: Península, 1985. DEVERAUX, Georges: *Mujer y mito*. México: Fondo de Cultura Económico, 1984.

DEYERMOND, Alan D.: "Women and Gómez Manrique", en *Cancionero Studies in Honour of Ian Macpherson*, London: Queen Mary and Westfield College, 1998, 69-87.

DIEGO, Rosa y VÁZQUEZ, Lydia: *Figuras de Mujer*. Madrid: Alianza Editorial, 2002.

DIJKSTRA, Bram: *Ídolos de perversidad. La imagen de la mujer en la cultura de fin de siglo*. Madrid: Debate, 1994.

DOLEŽEL, Lubomir: "A Semantics for Thematics: The case of the double", en C. BREMOND, J. LANDY y Th. PAVEL (eds.), 89-102.

DUBY, Georges y PERROT, Michelle: *Historia de las mujeres. Volumen 2. Edad Media*. Madrid: Taurus, 2000.

DUMÉZIL, Georges: *Mito y epopeya. Vol.1, La idelogía de las tres funciones en las epopeyas de los pueblos indoeuropeos*. Barcelona: Seix Barral, 1977.

DURAND, Gilbert: *La imaginación simbólica*. Buenos Aires: Amorrortu editores. 1971.

— *De la mitocrítica al mitoanálisis*. Barcelona: Anthropos. 1993.

— *Lo imaginario*. Barcelona: Ediciones del Bronce. 2000.

— *Las estructuras antropológicas del imaginario*. Madrid: FCE, 2005.

DUYOS VACCA, Diane: "Carnal Reading: On Interpretation, Violence, and Decameron V.8.", en STILLINGER y PSAKI, 167-187.

EETESSAM PÁRRAGA, Golrokh: "Lilith en el arte decimonónico: Estudio del mito de la *femme fatale*", en *Signa*, 18, 2009, 229-249.

— "La seducción del mal: la mujer vampiro en la literatura romántica", en *Dicenda*, 32, 2014, 83-93.

EIGELDINGER, Marc: *Lumières du mythe*. Paris: PUF, 1983.

ELIADE, Mircea: *Imágenes y símbolos: Ensayos sobre el simbolismo mágico-religioso*. Madrid: Taurus, 1983.

— *Aspectos del mito*. Barcelona: Paidós, 2000.

— *Lo sagrado y lo profano*. Barcelona: Paidós, 2005.

ESTEBAN SANTOS, Alicia: "Mujeres terribles", en *Cuadernos de Filología Clásica: estudios griegos e indoeuropeos*, 15, 2005, 63-93.

ESTEVA, María Dolores: "La mujer: elogio y vituperio a la luz de textos medievales renacentistas", en *Actas del IX Simposio de la SELGyC*, Zaragoza: Universidad de Zaragoza, 1994, 150-170.

EURÍPIDES: *Tragedias VI*. Salamanca: CSIC, 2007.

— *Orestes, Medea, Andrómaca*. Buenos Aires: Espasa Calpe, 1946.

— *Obras completas*. Madrid: Cátedra, 2004.

FERNÁNDEZ ÁLVAREZ, Manuel: *Casadas, monjas, rameras y brujas: la olvidada historia de la mujer española en el Renacimiento*. Madrid: Espasa Calpe, 2002.

FERRERES, Rafael: "La mujer y la melancolía en los modernistas", en L. LITVAK. 171-184.

FLAUBERT, Gustave: *La tentation de Saint-Antoine*. París: Charpentier, 1874.

— *Noviembre: fragmentos de un estilo cualquiera*. Barcelona: Muchnik, 1986.

— *La educación sentimental*. Madrid: Cátedra, 1990.

— *Obras*. Madrid: Cátedra, 2005.

— *Salammbó*. Madrid: Cátedra, 2007. FONTANE, Theodor: *Effi Briest*. Madrid: Alianza, 2004.

FONTEROSE, Joseph: *The ritual theory of myth*. Berkeley; London: University of California Press, 1966.

FRECCERO, John: "Medusa: The Letter and the Spirit", en JACOFF, 119-135.

FRENZEL, Elisabeth: *Stoff-, Motiv-, und Symbolforschung*. Stuttgart: Metzler, 1963.

— *Stoff- und Motivgeschichte*. Nerlín: E. Schimidt, 1966.

— *Diccionario de argumentos de la literatura universal*. Madrid: Gredos, 1976.

— *Diccionario de motivos de la literatura universal*. Madrid: Gredos, 1980.

— *Vom Inhalt der Literatur: Stoff, Motiv, Thema*. Freiburg: Herder, 1980.

FRUGONI, Chiara: "La mujer en las imágenes, la mujer imaginada", en G. DUBY y M. PERROT, 431-443.

FRYE, Northorp: *Tables of Identity. Studies in Poetic Mythology*. Harcourt: Brace & World, 1963.

— *El Gran Código. Una lectura mitológica y literaria de la Biblia*. Barcelona: Gedisa, 1988.

GAJERI, Elena: "Los estudios sobre mujeres y los estudios de género", en A. GNISCI, 441-486.

GALLEGO, Julián: "Figuras de la tiranía, lo femenino y lo masculino en la *Orestía* de Esquilo", en *Stvdia historica: Historia Antigua*, 18, 2000, 65-90.

GALLEGO MOYA, Elena: "El mito de Escila en Ovidio (Met. VIII 1-151)", en *Cuadernos de Filología Clásica. Estudios Latinos*, 18, 2000, 217-237.

GAMBERA, Disa: "Women and Walls: Boccaccio's *Teseida* and the Edifice od Dante's Poetry", en STILLINGER y PSAKI, 39-68.

GARCÍA BERRIO, Antonio: *Teoría de la literatura (La construcción del significado poético)*. Madrid: Cátedra, 1989.

GARCÍA ESTÉBANEZ, Emilio: *¿Es cristiano ser mujer?*. Madrid: Siglo XXI, 1992.

GARCÍA TEIJEIRO, Manuel: "De maga a bruja. Evolución de la hechicera en la Antigüedad clásica", en A. PEDREGAL RODRÍGUEZ y M. GONZÁLEZ GONZÁLEZ, 33-53.

GARCÍA TEIJEIRO, Manuel: "El tema de la amante fantasma desde Flegón", en M. del C. BOSCH y M. A. FORNÉS, 195-198.

— "La figura de la maga en las literaturas griega y latina", en *TIMHΣ XAPIN. Homenaje al profesor Pedro A. Gazarain,* Servicio Editorial Universidad del País Vasco: Vitoria, 2002, 181-192.

GAUTIER, Téophile: *Le Roman de la Momie*. París: Classiques Garnier, 1955.

GÉLY, Véronique: "Pandore et Psyché: sources Néo-platoniciennes de la rencontre des deux mythes dans l'art de la Renaissance", en *Revue de littérature comparée*, 65, 1, 1991, 21-32.

— *Pour une mythopoétique: quelques propositions sur les rapports entre mythe et fiction*, en *Vox poetica*, 2006. (www.vox-poetica.org/sflgc/biblio/gely.html).

GENETTE, Gérard: *Nuevo discursos del relato*. Madrid: Cátedra, 1998.

GIRARD, René: *Literatura, mimesis y antropología*. Barcelona: Gedisa, 1984.

GNISCI, Armando (ed.): *Introducción a la Literatura Comparada*. Barcelona: Crítica, 2002.

GOETHE, Johann W.: *Fausto*. Barcelona: Planeta, 1996. (http://www.digbib.org/Johann_Wolfgang_von_Goethe_1749/Faust_I)

GONZÁLEZ, Aurelio, VON DER WALDE, Lilian y COMPANY, Concepción: *Palabra e imagen en la Edad Media*. Actas de las IV Jornadas Medievales. México D.F.: Universidad Autónoma, 1995.

GONZÁLEZ DORESTE, Dulce María: "¿Palas o Minerva?: la recreación del mito clásico en dos textos literarios franceses de la Edad Media". *Revista de Filología Románica*, 14, II, 1997, 183-195.

GONZÁLEZ GONZÁLEZ, Marta: "Lo bello y lo siniestro. Imágenes de la Medusa en la Antigüedad", en A. PEDREGAL RODRÍGUEZ y M. GONZÁLEZ GONZÁLEZ, 121-138.

GONZÁLEZ RUIZ, José María (ed.): *Evangelio según San Marcos*. Estella: Verbo Divino, 1988.

GOÑI ZUBIETA, Carlos: *Alma femenina: la mujer en la mitología*. Madrid: Espasa Calpe, 2005.

GRAVES, Robert: *Los mitos griegos*. Madrid: Alianza Editorial, 2006.

— y PATAI, Raphael: *Los mitos hebreos*. Madrid: Alianza Editorial, 2000.

GREIMAS, Algirdas Julien: *La semántica estructural: investigación metodológica*. Madrid: Gredos, 1976.

GRIMAL, Pierre: *Mitologías: Del Mediterráneo al Ganges*. Madrid: Gredos, 2008.

GUILLÉN, Claudio: "De influencias y convenciones", en *1616, Anuario de la SELGyC*, II, 1979, 87-97.

— *Entre el saber y el conocer: Moradas del estudio literario*. Valladolid: Universidad de Valladolid, 2001.

— *Entre lo uno y lo diverso. Introducción a la literatura comparada (ayer y hoy)*. Barcelona: Tusquets, 2005.

GUYARD, Marius-François: *La literatura comparada*. Barcelona: Vergara, 1957.

HARRISON, Jane Ellen: «The Ker as Gorgon», en *Prolegomena to the study of the Greek religion*. Cambridge: Harvard University Press, 1903, 187-197.

HERNÁNDEZ ESTEBAN, María: "Seducción por obtener / Adulterio por evitar en Sendebar 1, Lucanor L y Decameron 1, 5", *Prohemio*, 6, 1, 1975, 45-66.

HERNÁNDEZ PEREZ, Mª Beatriz: "Alice de Bath o el poder de la palabra", en *Atlantir, Revista de la Asociación Española de Estudios Anglo-Norteamericanos*, Dec-2002, 117-132.

HERRERO CECILIA, Juan, MORALES PECO, Montserrat (et al): *Reescrituras de los mitos en la literatura: estudios de mitocrítica y de literatura comparada*. Cuenca: Universidad de Castilla-La Mancha, 2008.

HESÍODO: *Obras y fragmentos. Teogonía. Trabajos y días. Escudo. Fragmentos. Certamen*. Ed. y trad. de A. Pérez Jiménes y A. Martínez Díez. Madrid: Gredos, 1990.

HILTON, Timothy: *Los prerrafaelitas*. Barcelona: Destino, 1993. HOMERO: *Odisea*. Ed. y J. M. Pabón. Madrid: Gredos, 1982.

HUET-BRICHARD, Marie-Catherine: *Littérature et mythe*. París: Hachette, 2008.

HUNTER, Richard: *The Hesiodic Catalogue of women: constructions and reconstructions*. Cambridge-New York: Cambridge University Press, 2005.

HUTCHEON, Linda: *Formalism and the freudian aesthetic. The example of Charles Mauron*. New York: Cambridge, 1984.

HUYSMANS, Joris-Karl: *A contrapelo*. Madrid: Cátedra, 2012.

IRIARTE GOÑI, Ana: *De Amazonas a ciudadanos. Pretexto ginecocrático y patriarcado en la Grecia Antigua*. Madrid: Akal, 2002.

JACOFF, Rachel (ed.): *Dante: The Poetics of Conversion*. Cambridge (MA): Harvard University Press, 1986.

JARDINE, Lisa: *Still harping on Daughters. Women and Drama in the Age of Shakespeare*. Worcester: Harvester-Wheastheaf, 1983.

JEUNE, Simone: *Littérature générale et littérature comparée. Essai d'orientation*. Paris: Minaras, 1968.

JIMÉNEZ BARIÑAGA, David: "Prometeo: estudio iconográfico", en *Espacio, Tiempo y Forma (Historia Antigua)*, 12, 1999, 181-202.

JOSEFO, Flavio: *Antigüedades judías*. Ed. y trad. de J. vara Donado. Madrid: Akal, 1997.

JOST, François: *Introduction to comparative literature*. Indianapolis: Bobbs-Merril, 1974.

KEATS, John: *Poesía completa. Edición bilingüe*. Tomo 2. Barcelona: Ediciones 29,1978. *Poemas escogidos*. Madrid: Cátedra, 2007.

KIRKHAM, Victoria: "María a.k.a. Fiametta: The Men behind the woman", en STILLINGER, Thomas C. y PSAKI, Regina F., 13-27.

KRAMER, Samuel Noah: *Sumerian mythology: a study of spiritual and literary achievement*. Westport, Ct : Greenwood Press, cop.1972.

— *La historia empieza en Sumer*. Barcelona: Aymá, 1978.

KRIEGER, Murray: *The tragic vision: Variations on a theme in literary interpretation*. New York: Columbia UP, 1960.

KRISTEVA, Julia: "Stabat Mater", en *Poetics Today*, 6, 1-2, 1985, 133-152.

LUCENDO LACAL, Santiago: *El vampiro como imagen-reflejo: estereotipo del horror en la modernidad* (tesis doctoral). Madrid: UCM, 2009.

LACHS, Samuel T.: "Serpent folklore in Rabbinic literature", en *Jewish Social Studies*, 27, 1967, 168-183.

LALANDE, André: *Vocabulaire technique et critique de la philosophie*. París: PUF, 1988.

LÁZARO, Fernando: "Los amores de Don Melón y doña Endrina. Nota sobre el arte de Juan Ruíz", *Albor*, 18, 62, 1951, 210-237.

LAUGIS, Unhae: "Shakespeare and Prudential Psycology: Ambition and Akrasia in Macbeth", en *Shakespeare Studies*, 2012, 40-54.

LEA, Henri-Charles: *Histoire de l'Inquisition au Moyen Age. I. Origines et procédure de l?Inquisition*. París: Société Nouvelle de Librairie d'Érudition, 1900.

LECOUTEUX, Claude: *Hadas, Brujas y hombres lobo en la Edad Media: Historia del Doble*. Palma de Mallorca: José J. de Olañeta, 1999.

LELAND, Charles G: *Aradia: el evangelio de las brujas* (http://es.scribd.com/doc/125729412/2240438-Leland-Charles-G-Aradia-Evangelio-de-Las-Bru jas#scribd)

LEVACK, Brian P.: *La caza de brujas en la Europa moderna*. Madrid: Alianza Editorial, 1995. LEVY, Bernard: "Chaucer's Wife of Bath, the Loathly Lady and Dante's Siren", en *Symposium*, 19, 4, 1965, 359-374.

LEVI, Primo: *Lilít y otros relatos*, Barcelona: Ediciones 62, 1989.

LÉVI-STRAUSS, Claude: "The Structural Study of Myth", en *The Journal of American Folklore*, 68, 270, 1955, 428-444
— *Antropología estructural*. México D.F.: F.C.E., 1979.
— *El pensamiento salvaje*. México D.F.: F.C.E., 2005.
— *Mito y significado*. Madrid: Alianza, 2008.
LEWIS, C. S.: *Las Crónicas de Narnia. El león, la bruja y el espejo*. Barcelona: Planeta, 2005.
LEWIS, Mathew G.: *El monje*. Madrid: Valdemar, 2009.
LITVAK, Lily (coord.): *El Modernismo*. Barcelona: Taurus, 1981.
LIZÁRRAGA, Guadalupe: "Yo Clitemnestra: culpable", en *Razón y palabra*, 44, 2005. (http://www.razonypalabra.org.mx/anteriores/n44/glizarraga.html)
LÓPEZ GALOCHA, María Dolores: "Estudio socio-político de la MEDEA de Eurípides", en *'ILU*, 0, 1995, 117-127.
LÓPEZ LÓPEZ, Aurora: " La Fedra de Séneca: una ruptura del prototipo", en I. M. CALERO SECALL y V. ALFARO BECH, 255-276.
LÓPEZ MARTÍNEZ, María Isabel: *El tópico literario: teoría y práctica*. Madrid: Arco Libros, 2007.
LÓPEZ SANTOS, Miriam: "Teoría de la novela gótica" en *Estudios humanísticos*, Filología, 30, 2008, 187-210.
LUNA, Rosa: *El velo de Isis*. Madrid: Pueyo, 1923.
MADELÉNAT, Daniel: "Literatura y sociedad" en BRUNEL y CHEVREL, 71-100.
MAHONEY, John: *"Alice of Beth: her 'secte' and 'gentiltext' "*, en *Criticism*, 6, 2, 1964, 144-155.
MALINOWSKI, Boris: *Magia, ciencia y religión*. Barcelona: Planeta, 1985.
MARCOS CASQUERO, Manuel Antonio: *Lilith. Evolucion histórica de un arquetipo femenino*. León: Universidad de León, 2009.
MARTÍNEZ-FALERO, Luis: "Literatura y mito: desmitificación, intertextualidad, reescritura", en *Signa*, 22, 2013, 481-496.
MARTINEZ VICTORIO, Luis: «Decadentismo y misoginia: visiones míticas de la mujer fatal en el Fin de Siglo», en *Amaltea*, 2010. (http://pendientedemigracion.ucm.es/info/amaltea/documentos/seminario20/Sem100324_Decad entismo_Victorio.pdf)
MAURON, Charles: *Des métaphores obsédantes au mythe personnel. Introduction à la Psychocritique*. Paris: Corti, 1963.
MELETINSKI, Eleazar M.: *El mito: literatura y folclore*. Madrid: Akal, 2001.
MÉRIDA JIMÉNEZ, Rafael M.: "Elogio y vituperio de la mujer medieval: hada, hechicera y puta", en *Actas del IX Simposio de la Sociedad Española de Literatura General y Comparada*, Zaragoza: Universidad de Zaragoza, 1994, 269-276.
MIAJA DE LA PEÑA, Mª Teresa: "«Doñeguil, loçana, falaguera e donosa», la imagen de la mujer en el *Libro de buen amor* de Juan Ruiz, Arcipreste de Hita", en *Palabra e imagen en la edad media*. México D.F.: UNAM, 1995, 381-394.
MICHELET, Jules: *La bruja*. Madrid: Akal, 2009.
MIGNE, Jacques-Paul: *Patrologia latina. Vol. XXIV*. París: Garnier, 1845.
MILLICENT, Marcus: "*Mysogyny as Misreading a Gloss on Decamern VIII. 7*" en STILLINGER y PKASI, 129-143.
MIRANDA, Lidia Raquel: "Eva en el Paraíso y la naturaleza de la culpa en la exégesis de Ambrosio", en *Circe clásicos y modernos*, 14, 2, 2010, 154-167.
MIRBEAU, Octave: *El jardín de los suplicios*. Madrid: Impedimenta, 2010.
MOLL, Nora: "Imágenes del 'otro'. La literatura y los estudios interculturales" en A. GNISCI, 347-390.

MOOG-GRÜNEWALD, Maria: "Investigación de las influencias y de la recepción", en M. SCHMELING, 69-100.

MORFORD, M.P.O.: *The Poet Lucan. Studies in Rhetorical Epic.* Oxford: Oxford University Press, 1969.

MOTTE, André: *Prairies et jardíns de la Grèce antique. De la religion à la philosophie.* Bruselas: Academie Royale de Belgique, 1973.

MUÑOZ ACEBES, Francisco Javier: "El motivo de la mujer vampiro en Goethe", en *Revista de Filología Alemana*, 8, 2000, 115-128.

MUÑOZ LLAMOSAS, Virginia: "La transgresión de *aidós* en situaciones de máxima tensión: Ifigenia, Casandra, Clitemnestra, Polixena y Helena", en *Habis*, 32, 2001, .

NAUPERT,   Cristina: *La tematología comparatista entre teoría y práctica.* Madrid: Arco/Libros, 2001.

— *Tematología y comparatismo literario.* Madrid: Arco/libros, 2003.

NIETO IBÁÑEZ, Jesús Mª: *Jornadas de Filología Clásica. Estudios sobre la mujer en la cultura griega y latina*: [XVIII Jornadas de Filología Clásica de Castilla y León, del 2 al 5 de noviembre 2004]. León: Universidad de León, Secretariado de Publicaciones, 2005.

OPITZ, Claudia: "De la misoginia del 'Martillo de Brujas' a la filoginia de Agrippa von Nettesheim", en *Acta Historica et Archæologica mediævalia*, 19, 1998, 355-363.

OWEN, Charles A.: "The Crucial Passages in Five of the *Canterbury Tales*", en *Journal of English and German Philology*, 52, 1953, 294-311.

PAGEAUX, Daniel-Henri: "De la imaginería cultural al imaginario" en BRUNEL y CHEVREL, 101-131.

PAGLIA, Camille: *Vamps & tramps.* Madrid: Valdemar, 2001.

— *Sexual personae: arte y decadencia desde Nefertiti a Emily Dickinson.* Madrid : Valdemar, 2006.

PAGNINI, Marcello: *Estructura literaria y método crítico.* Madrid: Cátedra, 1975.

PALACIOS BERNAL, Concepción: "Amor y prostitución en la Literatura francesa. Manon, Margarita y Nana: tres heroínas frente al amor", en *Anales de Filología Francesa*, 9, 1998-2000, 267-276.

PANDO CANTELI, María Isabel: "*The* Mujer Esquiva *or elusive woman: From Petrarcha's conceptions to dramatic portrayals*" en R. WALTHAUS y M. CORPORAAL, 15-31.

PANOFSKY, Erwin y PANOFSKY, Dora: *La caja de Pandora: aspectos cambiantes de un símbolo mítico*, Barcelona, Barral, 1975.

PANTINI, Emilia: "La literatura y las demás artes", en A. GNISCI, 215-240.

PARAÍSO, Isabel: *Psicoanálisis de la experiencia literaria.* Madrid, Cátedra, 1994.

PEDREGAL RODRÍGUEZ, Amparo y GONZÁLEZ GONZÁLEZ, Marta (eds): *Venus sin espejo. Imágenes de mujeres en la Antigüedad clásica y el cristianismo primitivo.* Oviedo: KRK, 2005

PELLEGRINO, Matteo: "*Il mito di Medea nella rappresentazione parodica dei commediografi greci*", en *CFC (G): Estudios griegos e indoeuropeos*, 18, 2008, 201-216.

PELLIZER, Ezio: "Il fodero e la spada. Metis amorosa e ginecofobia nell'episodio di Circe, *Od.*

X 133s", en *Quaderni Urbinati di Cultura Classica*, 30, 1979, 67-82.

PEREIRA, Filomena María: *Lilith: the edge of forever.* Las Colinas (Texas): Ida House, 1998.

PÉREZ GALLEGO, Cándido: *Notas para una sociología del teatro isabelino.* Santander: La isla de los ratones, 1967.

PÉREZ JIMÉNEZ, Aurelio: "Odiseo y las sirenas. Interpretaciones griegas de una escena mítica", en M. del C. BOSCH y M. A. FOERNÉS, 139-153.

PÉREZ ROMERO, Carmen: "El motivo de la mujer morena como antiheroína petrar-quista: retrato y epopeya", en *Actas del IX Simposio de la Sociedad Española de Literatura General y Comparada*. Zaragoza: Universidad de Zaragoza, 1994, 301-312.

PERKOWŚKI, Jan L.: *The Darkling: A Teatrise on Slavic Vampirism*. Columbus (Ohio): Slavica Publishers, 1989.

PHILLIPS, John: *Eve: The History of an Idea*. London: Harper-Collins, 1985.

PLÁCIDO, Domingo: "La construcción cultural de lo femenino en el mundo clásico", en A.

PEDREGAL RODRÍGUEZ y M. GONZÁLEZ GONZÁLEZ, 17-32.

POLO GARCÍA, Iris: *La reescritura de Medea en Séneca*. Barcelona: Universitat Autòno-ma de Barcelona, 2014. (https://ddd.uab.cat/pub/tfg/2014/119197/TFG_irispolo.pdf).

POMEROY, Sara B.: *Diosas, rameras, esposas y esclavas. Mujeres en la Antigüedad clásica*. Madrid: Akal, 1999.

PRADA, José Manuel (de la): *Mitos y leyendas de Mesopotamia*. Barcelona: MRAl, 1997.

PRAWER, Siebert Salomon: *Comparative Literary Studies*. London: Duckworth, 1973.

PRAZ, Mario. *La carne, la muerte y el diablo en la literatura romántica*. Barcelona: El Acantilado, 1999.

PULIDO TIRADO, Genara: *Tematología, una introducción*, Jaén, Universidad de Jaén, 2006.

RADFORD, Rosemary: *Religion and Sexism. Images of Woman in the Jewish and Christian Traditions*. Nueva York: Simon & Schuster, 1974.

RÉAU, Louis: *Iconografía del arte cristiano. Iconografía de la Biblia. El Antiguo Testamento*. Barcelona: Serbal, 2000.

REYNAL, Vicente: *Las mujeres de Arcipreste de Hita. Arquetipos femeninos medievales*. Bar-celona: Puvill, 1991.

RIVIÈRE GÓMEZ, Aurora: *Caídas, miserables, degeneradas. Estudio sobre la prostitución en el siglo XIX*. Madrid: Horas y Horas, 1994.

ROJAS, Fernando (de): *La Celestina*. Madrid: Espasa Calpe, 1994.

ROMANO, Vicente: *Sociogénesis de las brujas*. Madrid: Editorial Popular, 2007.

ROMERO LÓPEZ, Dolores (comp.): *Orientaciones en literatura comparada*. Madrid: Arco/libros, 1998.

ROUSSET, Jean: *Le Mythe de Don Juan*. París: Armand Colin, 1978.

RUIZ DE ELVIRA, Antonio: "Helena. Mito y Epopeya", en *Cuadernos de filología clásica: Estudios latinos*, 1974, 6, 295-328.

— "La ambigüedad de Fedra". *Cuadernos de filología clásica: Estudios latinos*, 1974, 7, 337-343.

SACHER-MASOCH, Leopold Von: *La Venus de las pieles y otros relatos*. Madrid: Vla-demar, 2010.

SÁNCHEZ CIRUELO, Pedro (Maestro Ciruelo): *Reprobación de las supersticiones y he-chicerías*. Madrid: Joyas Bibliográficas, 1952.

SÁNCHEZ ORTEGA, María-Helena: "La mujer como fuente del mal; el maleficio", en *Manuscrits*, 9, 1991, 41-81.

SANSONI, Lydia: *La primera fue Lilith: la lucha de las mujeres en el mito y en la historia*. Madrid: Libros Dogal, 1978.

SCHMELING, Manfred (dir.): *Teoría y praxis de la literatura comparada*. Barcelona: Edi-torial Alfa, 1981.

SCHMITT-VON MÜLENFELS, Franz: "La literatura y las otras artes", en M. SCHME-LING, 169-194.

SEGRE, Cesare: *Notizie dalla crisi. Dove va la critica letteraria?*. Torino: Einaudi, 1993.

SHAKESPEARE, William: *The Complete Works*. Ed. de S. Wells y G. Taylor. Oxford: Clarendon Press, 1991.

SHELLEY, Mary (ed.): *Posthumous Poems of Percy Bysshe Shelley*. London: John and Henry L. Hunt, 1824.

SHELLEY, Percey Bysshe: *Prose Works. Vol IV*. London: H. Buxton Forman, 1880.

— *Shelley's poetry and prose*. New York-London: W. W. Norton, 1977.

— *No despertéis a la serpiente*. Madrid: Hiperión, 1997.

— *Prometeo liberado*. Madrid: Hiperión, 1998.

— *Crítica filosófica y literaria*. Madrid: Akal, 2002. SICURETI, Roberto: *Lilith: la luna negra*. Roma: Astrolabio, 1980.

SIERRA GONZÁLEZ, Ángela: "Medea y el derecho materno", en I. M. CALERO SECALL y

V. ALFARO BECH, 77-88.

SILVINA DEL BUENO, María: "El barbarismo en Medea de Eurípides o el paradigma invertido en Medea de Christa Wolf", en *Cartapacio de Derecho*, 18, 2010, 1-19. (http://www.cartapacio.edu.ar/ojs/index.php/ctp/article/view/1211/1490).

SMARR, Janet Levarie: "Speaking Women: Three Decades of Authoritative Females", en STILLINGER y PSAKI, 29-38.

SOLA BUIL, Ricardo: *Dinámica social en los "Cuentos de Canterbury"*. Zaragoza: Universidad de Zaragoza, 1981.

SOLARES, Blanca: *Los lenguajes del símbolo. Investigación de hermenéutica simbólica*. Barcelona: Anthropos, 2001.

SOLLORS, Werner (ed.): *The Return of Thematics Criticism*. Cambridge: Harvard UP, 1993.

SPARKS, H.F.D. (ed.): *The Apocryphal Old Testament*. Oxford: Clarendon Press, 1989.

SPENCER, Herbert: *The evolution of society*. Chicago: The University of Chicago Press, 1974. SPERBER, Dan: *El simbolismo en general*. Barcelona: Anthropos, 1988.

STILLINGER, Thomas C. y PSAKI, Regina F. (eds.): *Boccaccio and Feminist Criticism*. Chapell Hill (CN): Annali di Italianistica, 2006.

STRELKA, Joseph: *Literary Criticism and Myth*. Pennsylvania: Pennsylvania University Press, 1980.

SWINBURNE, Algernon Charles: *The Complete works of Algernon Charles Swinburne. Vol. VIII. Tragedies*. London: William Heinemann LTD, 1926.

— *Select Poems of Algernon Charles*. London: John Lane the Bodley head LTD, 1929.

THOMAS, Joël (dir.): *Introduction aux méthodologies de l'Imaginaire*. París: Ellipses, 1998.

TODOROV, Tzvetan y DUCROT, Oswald: *Diccionario enciclopédico de las ciencias del lenguaje*. México: Siglo XXI, 1983.

TOLSTOI, Leon: *Ana Karenina*. Madrid: Editorial Juventud, 1997.

TOMACHEVSKI, Boris: *Teoría de la literatura*. Prólogo de F. Lázaro Carreter. Madrid: Akal Editores, 1982.

TREBOLLE BARRERA, Julio: *Imagen y palabra de un silencio. La Biblia en su mundo*. Madrid: Trotta, 2008.

— "Teatralidad en la Biblia y la Biblia en el teatro. Eslabones olvidados", *'Ilu. Revista de Ciencias de las Religiones*, 18, 2013, 219-238.

TROCCHI, Anna: "Temas y mitos literarios", en A. GNISCI, 129-169.

TROUSSON, Raymond: *Thémes et mythes*. Bruselas: Eub, 1981.

TYRRELL, W. Blake: *Amazons: a study in athenian mythmaking*. Baltimore-London: The Johns Hopkins University Press, 1989.

TWICHELL, James R.: *The living Dead. A Study of the Vampire in Romanic Literature*. Durham: Duke University Press, 1981.

VALCARDE, Mercedes: "Los cuentos de hadas y el conflicto envidioso", en *Cuadernos de psiquiatría*, 31-32, 2001, 221-249.

(http://www.sepypna.com/articulos/cuentos-hadas-conflicto-envidioso/) VALLE-INCLÁN, Ramón María (del): *La cara de Dios*. Madrid: Taurus, 1972.

VÉLEZ NÚÑEZ, Rafael: *La imaginación mítica. Pervivencia y revisión de los mitos en la literatura de habla inglesa*. Cádiz: Servicio de Publicaciones de la Universidad de Cádiz, 2002. VERNANT, Jean Pierre: *El individuo, la muerte y el amor en la Antigua Grecia*. Barcelona: Paidós, 2001.

— y VIDAL-NAQUET, Pierre: *Mito y tragedia en la Grecia Antigua*. Barcelona: Paidós, 2002.

VIAS MAHOU, Berta: *La imagen de la mujer en la literatura occidental*. Madrid: Anaya, 2000.

VILLALBA, Estefanía: *Claves para interpretar la literatura inglesa*. Madrid: Alianza, 2009.

VILLEGAS LÓPEZ, Sonia: *El sexo olvidado. Introducción a la teología feminista*. Sevilla: Ediciones Alfar, 2005.

VV.AA.: *El Vampiro*. Madrid: Siruela, 2001.

VV. AA. *Vampiras. Antología de relatos sobre mujeres vampiro*. Madrid: Valdemar, 2001.

VV.AA.: *Felices pesadillas. Los mejores relatos de terror*. Madrid: Valdemar, 2003.

WALTER, Philippe: *Arthur, l'ours et le roi*. París: Imago, 2008.

WALTHAUS, Rina y CORPORAAL, Marguérite (eds.): *Heroines of the Golden Ages. Women and Drama in Spain and England (1500-1700)*. Kessel: Ed. Reichenberg, 2008.

WEBER, Jean-Paul: *Genèse de l'ouvre poétique*. Paris: Gallimard, 1960.

WEIMANN, Robert: "*Shakespeare (De)Canonized: Conflicting Uses of 'Authority' and 'Representation'* ", en *New Literary History*, 20: 65-81.

WELLEK, René: *Discriminations: Further Concepts of Criticism*. New Haven, CT and London: Yale University Press, 1970.

WELLERSHOFF, Dieter: *Literatura y Praxis*. Madrid: Guadarrama, 1975. WHEELWRIGHT, Philip: *Metáfora y realidad*. Madrid: Espasa Calpe, 1979.

WILCOX, Helen y WALTHAUS, Rina: "*Gendered Authoriry: Cleopatra in English and Spanish Golden Age Drama*" en R. WALTHAUS y M. CORPORAAL, 32-49.

WITTGENSTEIN, Ludwig: *Investigaciones filosóficas*. Barcelona: Crítica, 2008.

WOLF, Virginia: *Orlando*. Madrid: Alianza, 2003.

— *Un cuarto propio*. Madrid: Alianza, 2003.

WULFF ALONSO, Fernando: "Circe y Odiseo, diosas y hombres", en *Baética. Estudios de arte, geografía e historia*, 8, 1985, 269-280.

— "Calipso y Odiseo, dioses y hombres", en *Baética. Estudios de arte, geografía e historia*, 10, 1987, 247-260.

ZIOLKOVSKI, Theodore: *Imágenes desencantadas: una iconología literaria*, Madrid: Taurus, 1980.

ZOLA, Émile: *Les Rougon-Macquart*. Ed. de A. Lanoux y A. Mitterand. París: Gallimard, 1960-1967, 5 vols.

— *Nana*. Ed. de F. Caudet. Madrid: Cátedra, 1988.

DEDICATORIAS Y AGRADECIMIENTOS

A los hombres de mi vida.

A mi hijo Darío, que con su sola presencia me ha dado la fuerza y el empuje necesario para empezar esta increíble experiencia. A mi padre y sus sabios consejos. A Luis Martínez-Falero por creer en mí cuando más lo necesitaba. A Javi por acompañarme en el camino y leer con paciencia infinita cada una de mis correcciones. A todos mis buenos profesores.

A las mujeres de mi vida.

A mi madre por sus críticas duras, justas e imparciales. A mis hermanas Maryam y Leyla por ser un ejemplo a seguir, en lo bueno y en lo malo. A mi lectora y correctora incondicional, Ainara, por su ánimo, esfuerzo e interés. A todas mis brillantes profesoras.

Está claro que tú eres el mal. Para empezar, eres mujer.
J.P.

14 abril 2011

ÍNDICE

Lilith
de Goly Eetessam Párraga,
compuesto con tipos Montserrat en créditos
y portadillas, y Cormorant Garamond
en el resto de las tripas,
bajo el cuidado de Dani Vera,
se terminó de imprimir
el 8 de marzo de 2024.

LAUDATA SIT DEA